LA CIENCIA
DE HACER FELIZ
A SU PERRO

LA CIENCIA
DE HACER FELIZ
A SU PERRO

Prólogo del doctor Marty Becker

ZAZIE TODD

© Editorial Pinolia, S.L.

© 2020 Zazie Todd

© Prólogo 2020 Marty Becker

© Fotografías 2020 como se acredita

Primera edición: abril de 2022

www.editorialpinolia.es
editorial@editorialpinolia.es

Diseño y maquetación: Irene Sanz Cerezo

Diseño Cubierta: Álvaro Fuster Fabra

Depósito Legal: M-2869-2022
ISBN: 978-84-18965-23-4

Impresión y Encuadernación: QP Quality Print Gestión y Producción Gráfica, S. L.

Printed in Spain. - Impreso en España

*Para Fantasma
y también para Bodger.*

PRÓLOGO

Mi amor por los animales me llevó a convertirme en veterinario, y he tenido la gran suerte de pasar mi vida defendiendo su bienestar y conociendo a muchos otros que también lo hacen. Soy autor de veinticinco libros sobre animales de compañía, he sido el veterinario residente de *Good Morning America* durante diecisiete años y he tenido una columna sobre animales de compañía/veterinarios publicada a nivel nacional durante casi veinte años. También soy el fundador de Fear Free, una iniciativa cuyo objetivo es hacer que las visitas al veterinario sean menos estresantes para las mascotas, por lo que conozco la importancia de enseñar a los propietarios de mascotas a cuidar de su salud física y emocional. Por eso estoy encantado de ver este libro de la doctora Zazie Todd.

Como lector habitual del fascinante blog de Todd, *Companion Animal Psychology*, sé que nada le gusta más que escribir sobre perros, ciencia y felicidad. Y en este libro, Todd explica de forma clara y experta la ciencia que nos indica cómo garantizar la felicidad de nuestros perros, profundizando en muchos de los temas que trata en sus artículos del blog y tocando también muchos otros nuevos. Comienza explicando cómo y por qué debemos pensar en el bienestar de nuestros perros, y luego nos invita a hacer un recorrido por lo que la ciencia nos dice acerca de todos los aspectos de la vida de un perro. Desde la toma de decisiones acertadas a la hora de elegir un cachorro hasta la correcta socialización, pasando por la importancia del juego y las mejores maneras de enriquecer el cerebro de los perros, así como la forma de mantener interacciones seguras y felices con personas de todas las edades, este libro lo tiene todo. Cada capítulo termina con consejos prácticos que los propietarios de mascotas pueden aplicar en su vida diaria.

Dada la formación de Todd en Psicología, la importancia del bienestar emocional es algo que conoce muy bien. Cuando la gente sabe cómo aumentar el bienestar positivo de sus mascotas, esto supone una diferencia para su perro —en lo que respecta a la salud física y emocional— y mejora el vínculo humano-animal. Esta obra ofrece a los propietarios de perros los conocimientos y las herramientas necesarios para aumentar el bienestar de sus perros con el objetivo de conseguir una felicidad y un enriquecimiento óptimos.

Cuando me entrevistó en 2018 sobre mi libro más reciente, *From Fearful to Fear Free: Un programa positivo para liberar a tu perro de la ansiedad, los miedos y las fobias,* le conté la auténtica historia que hay detrás de *Fear Free,* y mi asombrosa constatación de que no cuidar la salud emocional de las mascotas puede causarles daños físicos. Aumentar los sentimientos de felicidad y calma es la clave del bienestar animal (y también una parte integral de *Fear Free Happy Homes,* que ayuda a la gente a enriquecer la vida de sus mascotas). La investigación sobre el bienestar y el comportamiento de los animales es un campo que cambia rápidamente y la investigación para este texto ha sido meticulosa e incluye los últimos avances científicos sobre los perros. Además, Todd ha entrevistado a científicos caninos, veterinarios, expertos en comportamiento animal, gestores de refugios y adiestradores de perros para averiguar qué es lo que más quieren que la gente sepa sobre los perros. Ya sea que hablen de su investigación desde el punto de vista de un perro o que compartan el único consejo que creen que haría el mundo mejor para los perros, sus perspectivas son esclarecedoras y a veces sorprendentes.

Todd no solo es una escritora científica atractiva y alentadora que se apasiona por el bienestar de los animales, sino que también trabaja con perros. Es miembro del Fear Free Advisory Group, entrenadora de perros certificada y propietaria de varias mascotas. Por ello, su obra está repleta de anécdotas personales sobre los propios perros de Todd, el pastor australiano Bodger y Fantasma, un cruce de husky siberiano y malamute de Alaska. Nos enteramos de cómo llegaron a su vida, de los retos durante sus sesiones de adiestramiento y de sus peculiaridades caninas. El amor de Todd por los perros brilla en estas encantadoras historias.

Si, como yo, se preocupa por el bienestar emocional de los perros, querrá leer estas páginas. Este es un libro científicamente preciso y bellamente escrito, una rara mezcla de ciencia y alma. Siga leyendo para descubrir cómo Zazie Todd puede ayudarle a tener un perro aún más feliz.

Marty Becker, DV

INTRODUCCIÓN

Enamorarse de los perros

Todos los perros cambian tu vida en mayor o menor medida. Nunca imaginé que un hermoso cruce de husky siberiano y malamute de Alaska cambiaría la mía de forma tan significativa, pero así fue. Era un día caluroso cuando llevamos a Fantasma a casa. Lo dejamos salir del coche en el garaje y lo llevamos fuera para que hiciera un rápido descanso para ir al baño con correa antes de meterlo dentro. Me pareció que se sentía aliviado de llegar a una casa y no a una perrera; después de todo, ya había sido trasladado de un control de animales a otro. Tenía cuatro años, o al menos eso nos dijeron, aunque creció un poco en sus primeros meses con nosotros. Estaba comprensiblemente nervioso al llegar a un nuevo lugar con gente que aún no conocía, y pasé muchos de esos primeros días acariciándolo. Se tumbaba de lado, extendido por la habitación, y yo me arrodillaba para acariciar su suave y espeso pelaje. Por mucho tiempo que pasara, cuando dejaba de hacerlo, levantaba la cabeza, se relamía y a veces me daba un zarpazo para pedir más. Pero, aunque le gustaban las caricias, en otras circunstancias, se alejaba de nuestras manos como si fuéramos a hacerle daño.

Dondequiera que íbamos, la gente halagaba su aspecto. No podía creer que un perro tan increíble hubiera esperado tantas semanas para que alguien lo adoptara. Era simpático, guapo y ocupaba mucho espacio. No establecía contacto visual, pero

17

tenía la sensación, siempre que me daba la espalda, de que me observaba. Tenía unos preciosos ojos azul pálido, casi blancos, rodeados de delineador negro. Cuando se movía, dejaba pequeños trozos de pelo; la muda continuó durante todo el verano y cada vez que lo cepillaba, parecía quitarle suficiente pelo como para hacer otro perro entero. Él no sabía muy bien qué hacer y nosotros tampoco. Cuánto alimentarlo, cuántos paseos dar al día, qué tipo de juegos le gustarían… todo esto teníamos que descubrirlo. No le interesaba la gente que conocíamos en los paseos, aunque toleraba sus caricias, pero le encantaba conocer a otros perros. Varias veces sentí que me tiraba del brazo para oler a otro perro. Pronto decidimos que necesitaba un amigo.

Un pastor australiano aparecía en la lista de nuestro refugio local, sin una foto en línea ni ninguna información todavía. Parecía ser una raza apta para el adiestramiento según mis investigaciones en Internet, así que llevamos a Fantasma a conocerlo. El perro estaba en la peluquería, y esperamos en las sillas de la recepción a que volviera. Fantasma descansaba pacientemente en el suelo. El regreso del pastor australiano se retrasó y mientras volvíamos a casa, recibimos una llamada telefónica diciendo que debíamos volver enseguida. Ya era casi la hora de cerrar y llevamos al pastor australiano, muy bien peinado y con un pañuelo, a dar un paseo muy corto. A Fantasma pareció gustarle, así que eso fue todo. Lo llamamos Bodger. En seis semanas, habíamos pasado de no tener perros a tener dos. (Ah, y dos gatos, porque mientras esperábamos a conocer a Bodger, un gato atigrado no dejaba de mirar a Fantasma a través del cristal, así que también lo llevamos a casa. Y como necesitaba un amigo, rápidamente le siguió un bonito gato carey).

No dejaban de desconcertarme las cosas que leía sobre los perros o que veía en la televisión. Se suponía que tu perro no debía ir delante de ti en un paseo, salvo que Fantasma fuera un perro de trineo. Tenías que comer antes que tu perro, pero eso no era conveniente ya que no se adaptaba a nuestra rutina de alimentar primero a los animales. Deberías poder quitarle a tu perro cosas como los huesos de la boca. ¡Eso me parecía una estupidez! Fantasma tenía grandes dientes y no iba a arriesgarme a descubrir lo que podrían hacer. Además, estaba de acuerdo cuando se trataba de intercambiar cosas. Si quería que le devolviera la pelota, la cambiaría con gusto por algunas golosinas. ¿Por qué ser contable cuando no es necesario?

Voy a ser sincera: Bodger estaba un poco loco. Era nervioso, ladraba sin parar y parecía tirar de la correa en todas las direcciones a la vez. Nos daba constantes codazos para llamar la atención, pero se apresuraba a gruñir cuando lo mirábamos. Si se le dejaba solo por un momento, se metía la cola en la boca y daba vueltas en círculos interminables. Algunos de los que lo conocieron en esas primeras semanas pensaron que lo llevaríamos directamente al refugio. Es cierto que era una tentación, pero sentíamos que ahora teníamos una responsabilidad con él. No había sido bien socializado y nadie le había enseñado qué hacer. Teníamos que enseñarle. Por lo menos, estaba entrenado en casa. Y parecía entender la parte en la que su trabajo era hacer compañía a Fantasma. De repente, la vida consistía en mantener contentos a los dos perros, lo cual no era tan fácil como podría pensarse.

Me gustaría decir que esos mitos sobre comer antes que el perro y demás que veía en la televisión se han desvanecido, pero siguen siendo ampliamente comunes. Y, al mismo tiempo, lo que sabemos sobre los perros —es decir, lo que realmente sabemos— ha aumentado drásticamente. Aunque todavía se desconoce mucho, conocemos mejor que nunca a los perros.

APRENDER SOBRE LOS PERROS

Cuando hice mi doctorado en Psicología Social en la Universidad de Nottingham, enseñé una serie de temas de psicología básica. Incluso ayudé a los estudiantes a diseccionar cerebros de oveja y les enseñé a identificar las diferentes partes, como el hipocampo (importante para la memoria y las emociones) y el bulbo olfativo (importante para el olfato, como puede adivinarse por el nombre). Todavía recuerdo el olor a conservante y el color gris-amarillento de esos cerebros. Además, he impartido tutorías de Psicología 101 con estudiantes de primer curso sobre temas como la forma en que aprenden los animales, incluidos los humanos.

Seis estudiantes a la vez se agolpaban en mi despacho para su tutoría, una pequeña clase participativa que es un estándar en el sistema universitario británico. Para el tema del aprendizaje animal, pedí a los alumnos que vinieran con ejemplos de tipos de refuerzo y castigo. Uno de mis ejemplos fue el de mi gato blanco y pelirrojo, Snap. Por la noche, cuando llegaba la hora de entrar, lo llamaba y agitaba el paquete de golosinas. Cuando entraba por la puerta de la cocina, le daba una. Este es un ejemplo de refuerzo positivo, porque al darle una golosina era más probable que viniera cuando lo llamaba la noche siguiente. Aunque la mayoría de los alumnos habían pensado en ejemplos humanos, algunos tenían ejemplos de su perro familiar. Esta información es muy útil para todos los que tienen una mascota. Es una de las muchas razones por las que me gustaría que todo el mundo estudiara algo de psicología básica, porque cuando entendemos las reglas del comportamiento, la relación con el perro es más feliz.

Aparte de los tutoriales ocasionales o las charlas a las que asistí, no pensé mucho en el aprendizaje de los animales hasta que adoptamos a Fantasma. Fue entonces cuando me enfrenté tanto a la realidad de tener un perro de verdad que cuidar como a las dificultades para encontrar buenos consejos. En 2012, menos de un año después de adoptar a Fantasma, inicié mi blog *Companion Animal Psychology* con el objetivo de averiguar más sobre lo que la ciencia nos dice acerca de cómo cuidar a perros y gatos. Encontré un rico filón de ciencia canina y felina sobre el que escribir, y mucha gente deseosa de aprender más. El floreciente campo de la ciencia canina significa que hay algo nuevo que aprender, incluso para los amantes de los perros de toda la vida.

Por un lado, esos principios de refuerzo y castigo son fundamentales para la forma en que vivimos con las mascotas y, por otro, lo que sabemos sobre los pensamientos y sentimientos de los animales se ha transformado por completo. De pensar que los animales simplemente responden a los estímulos, como creía el psicólogo estadounidense Burrhus Frederic (B. F.) Skinner, ahora reconocemos a los animales como seres sensibles. Sabemos que nuestras mascotas tienen pensamientos y sentimientos, incluso sobre nosotros. Y eso significa que tenemos una responsabilidad aún mayor de cuidarlos de forma que los reconozcamos como lo que son: seres inteligentes que se apegan a nosotros y tienen necesidades complejas propias.

Uno de los descubrimientos que despertó el interés de los científicos por los perros se produjo en 1998, cuando el doctor Brian Hare y el profesor Ádám Miklósi descubrieron simultáneamente, pero por separado, que los perros pueden seguir gestos con el dedo, algo que los chimpancés, nuestros parientes más cercanos, no pueden hacer. Desde entonces, la investigación sobre los perros —sus comportamientos, emociones, respuestas a los humanos, etc.— ha florecido. Y no solo sobre los perros, sino sobre todo tipo de animales. Cuando ayudaba a los estudiantes a diseccionar cerebros de ovejas, se consideraba que los humanos y los demás animales estaban muy alejados, y que muchas habilidades se atribuían únicamente a los humanos. Es como si, con el paso del tiempo, la brecha entre los humanos y los demás animales se hubiera reducido sustancialmente (por supuesto, lo que ha cambiado es nuestra percepción).

Para los amantes de los perros, es difícil imaginar que los científicos solían pensar que los animales no experimentaban emociones. Pero ahora los científicos se interesan por todo lo relacionado con los perros, desde los orígenes de la domesticación hasta la «mirada culpable», desde el desarrollo de los cachorros hasta el comportamiento de juego. Una de las grandes cuestiones de la ciencia canina es que gran parte de ella tiene implicaciones para el bienestar de los animales y la forma en que podemos cuidar mejor de nuestros perros.

El mismo año que empecé mi blog, comencé a trabajar como voluntaria en la rama local de la British Columbia Society for the Prevention of Cruelty to Animals (BC SPCA), una de las principales asociaciones protectoras de animales de Norteamérica. Quería tener más experiencia con perros y gatos, y me sentía agradecida con ellos, ya que eran la fuente de tres de mis mascotas. Un año más tarde, tuve la suerte de ganar una beca para la prestigiosa Academia de Adiestradores de Perros de Jean Donaldson, un curso basado en la ciencia que enseña el adiestramiento rápido y eficaz de los perros, así como la modificación del comportamiento para problemas como el miedo, la vigilancia de la comida y la agresividad. Y, por último, creé mi empresa, Blue Mountain Animal Behaviour, para ayudar a los propietarios de perros y gatos a resolver los problemas de sus mascotas. Mientras tanto, he publicado en mi blog casi todos los miércoles y he iniciado un segundo blog en *Psychology Today*.

Si me hubieran dicho cuando era más joven que un día estaría escribiendo sobre la ciencia de cómo hacer felices a los perros, me habría sorprendido mucho. Como mucha gente, en el pasado subestimé a los perros. No soy la única persona a quien sus perros han impulsado a aprender más sobre adiestramiento y comportamiento, así que este libro es para todos los que quieran saber más. Tengo la suerte de estar en una posición que me permite entender (y contribuir) a la ciencia, y de haber trabajado con todo tipo de perros. Me encanta ver la diferencia que puede suponer, tanto para el humano como para el perro, que un propietario comprenda mejor las necesidades de su perro.

Este libro trata de lo que la ciencia nos dice sobre los perros y lo que significa para su bienestar. Los diferentes capítulos tratan sobre cómo conseguir un perro, cómo entrenar a su mascota, el comportamiento social de los perros y cómo saber cuándo están jugando, qué comen los perros, cuánto duermen y cómo hacer más fáciles las visitas al veterinario. Incluso, hay un capítulo sobre cuestiones relacionadas con el final de la vida para aquellas personas que se enfrentan a este difícil momento (lo ideal sería leerlo mucho antes de tener que pensar en ello). Aunque escribo sobre estudios científicos específicos, he intentado que sean fáciles de entender y que no se queden en detalles técnicos. El libro también incluye muchas citas de expertos que respondieron a mi pregunta: ¿qué es lo que haría que el mundo fuera mejor para los perros?

Cada capítulo termina con una serie de puntos que indican cómo aplicar la ciencia en casa. Son realistas y se basan en pruebas. Al final del libro, hay una lista de comprobación que le ayudará a pensar en cómo aplicar estas ideas. El último capítulo resume las cosas más importantes que puede hacer por su perro.

Cuando termine de leer el libro, seguramente tendrá una idea más clara de cómo hacer feliz a su perro (o incluso más feliz). Por supuesto, un libro no sustituye la opinión de un profesional. Si le preocupa su perro, acuda a su veterinario, a un adiestrador de perros o a un especialista en comportamiento, según corresponda.

Y recuerde que siempre estamos aprendiendo. Todo lo que creíamos saber sobre los perros está sujeto a cambios y, como verá en este libro, algunos de esos avances son emocionantes, sorprendentes y relevantes para nuestra vida cotidiana. Empecemos por ver las cosas que tienen que confluir para tener un perro que sea feliz, no solo en el momento, sino durante toda la vida.

CAPÍTULO 1
PERROS FELICES

A Fantasma le encantaba la nieve y su grueso pelaje estaba hecho para ella. Saltaba, brincaba y se revolcaba en ella, comía la nieve fresca y olfateaba con cuidado la nieve amarilla, moviendo la nariz delicadamente mientras se fijaba en cada detalle. Hay una foto en la que aparece tumbado en la nieve profunda de nuestro patio trasero, con un aspecto largo y delgado como siempre. Está mirando fijamente a la cámara y tiene la boca cerrada como si dijera: «¿Por qué me apuntas con esa cosa?». Pero excepto en ese momento, cuando la cámara estaba lejos, estaba extasiado en su elemento.

A Bodger le encanta perseguir bolas de nieve. Cuando lanzo la nieve al aire, intenta atraparla y, a medida que aumenta la emoción, hace *boing, boing,* viendo cómo crujen mis pies sobre la nieve. Y en cualquier época del año, le encanta que le persigan, especialmente si tiene un palo. Deja que me acerque bastante y de repente se aleja por el césped, con el palo en la boca, mientras da una vuelta de victoria antes de calmarse para tentarme a acercarme de nuevo.

Pero la felicidad no consiste solo en esos momentos de deleite, sino también en la satisfacción cotidiana. Hay varios ingredientes para tener un perro feliz: debe tener sus necesidades de bienestar satisfechas, lo que solo puede hacerse cuando tenemos un buen conocimiento del comportamiento canino y una comprensión de lo que necesita nuestro perro individual; un perro feliz, por supuesto, debe ser feliz, algo que debemos ser capaces de reconocer, y debe tener una buena relación con su dueño, porque de lo contrario corre el riesgo de ser realojado o eutanasiado.

La gente quiere que sus perros sean felices. Gastamos más que nunca en nuestras mascotas. La Asociación Americana de Productos para Mascotas estima que los estadounidenses gastarán más de 75 000 millones de dólares en mascotas en 2019 (un enorme aumento respecto a hace veinte años, cuando la cantidad era de solo 23 000 millones).[1] Se calcula que hay 89,7 millones de perros en Estados Unidos, 8,2 millones en Canadá y 9 millones en el Reino Unido.[2] Son muchos perros para mantenerlos felices.

Cómo detectar a un perro feliz

Es fácil reconocer a un perro feliz en el momento. Los ojos están relajados y la boca abierta de manera también relajada. Se ven algunos dientes y parte de la lengua, pero los labios no están echados hacia atrás para mostrar todos los dientes en un gruñido. Tal vez la cola se mueva con un adorable y suelto movimiento que hace que todo el cuerpo esté en movimiento. La postura es normal, no bajada por el miedo, y las orejas están relajadas.

Reconocer el miedo en los perros es más difícil, algo en lo que las personas con experiencia profesional son mejores que los propietarios habituales de perros.[3] Incluso en situaciones en las que la gente podría esperar razonablemente que su perro tuviera miedo, como en el veterinario o cuando hay fuegos artificiales, un número considerable de personas pasa por alto las señales.[4] Hay muchas maneras en las que los perros telegrafían el miedo, la ansiedad y el estrés: metiendo la cola, echando las orejas hacia atrás, lamiéndose los labios o la nariz, poniendo ojos de ballena (ojos muy abiertos que muestran el blanco de los ojos), mirando hacia otro lado, levantando una pata, temblando o sacudiéndose, teniendo una postura corporal baja, bostezando, jadeando, acicalándose, olfateando, buscando a las personas (buscando el consuelo de su dueño), escondiéndose, no moviéndose (a menudo se confunde con estar en calma), tener una postura rígida o congelada, orinar y defecar. Cuando las personas no detectan estos signos, no son capaces de ayudar a su perro a estar menos estresado.

Los ojos relajados y la boca abierta
de esta perra demuestran que es feliz
(Fuente: Bad Monkey Photography).

A Gemma no le gusta la cámara,
así que mira hacia otro lado
(Fuente: Christine Michaud).

Aunque se ven los dientes,
la boca está abierta de forma relajada
(Fuente: Bad Monkey Photography).

Señales de estrés. El perro mira
hacia otro lado, tiene la boca cerrada, se
le ve el ojo de ballena y las orejas están
echadas hacia atrás
(Fuente: Kristy Francis).

No todos los meneos son amistosos; un meneo corto y rápido con la cola en alto es una señal de amenaza. Sin embargo, algunos perros son criados para tener solo una cola rechoncha o en forma de sacacorchos, mientras que a veces se utilizan procedimientos cosméticos para cortar las colas y/o recortar las orejas. Estos cambios cosméticos y de cría pueden interferir con nuestra capacidad (y la de otros perros) de leer el lenguaje corporal canino. Algunas jurisdicciones, como la Columbia Británica y Nueva Escocia en Canadá, han prohibido el recorte de orejas y el corte de cola, pero siguen estando permitidos en muchos lugares. Cuando los investigadores crearon un perro robot que podía tener una cola corta y rechoncha o una cola larga (normal) descubrieron que la cola marcaba la diferencia en el comportamiento de los demás perros.[5] Con la cola larga, los demás perros se acercaban al robot cuando este la movía de forma amistosa y se alejaban cuando la cola estaba quieta y erguida (una señal de amenaza). Pero cuando el perro robot tenía la cola corta, los perros se acercaban con cautela, como si no estuvieran seguros de si sus intenciones eran amistosas o no, independientemente de lo que hiciera la cola.

Damos por sentado que los perros experimentan felicidad y miedo. Charles Darwin creía que los animales humanos y no humanos habían desarrollado la capacidad de experimentar emociones, pero a lo largo de los años muchos científicos se han mostrado escépticos, en parte debido a nuestra incapacidad para conocer la experiencia subjetiva de los animales (y quizá también por las creencias históricas sobre que los humanos son únicos y especiales en comparación con otros animales).[6] Sin embargo, cada vez tenemos más pruebas de que los animales no humanos experimentan emociones, y los científicos están poniendo más énfasis en la investigación de las emociones positivas en lugar de las negativas, como el dolor. Y esto significa que la emoción debe formar parte de nuestros modelos de bienestar animal.

El difunto neurocientífico Jaak Panksepp —quizá más conocido por sus investigaciones sobre las cosquillas a las ratas— identificó siete sistemas emocionales primarios en el cerebro de los animales (y de las personas).[7] Cuatro de ellos son positivos: BUSCAR (incluye la curiosidad, la anticipación y el entusiasmo), JUGAR, DESEAR y CUIDAR (como cuidar a las crías). Los otros tres sistemas son negativos: IRA, MIEDO y SOLEDAD O TRISTEZA. Se escriben en mayúsculas porque se refieren a sistemas específicos del cerebro, no al sentido cotidiano de las palabras. En caso de que se pregunte por las cosquillas de las ratas, estas tienen que ver con el sistema PLAY. La investigación de Panksepp en neurociencia afectiva demuestra que debemos tomarnos en serio la idea de la conciencia y las emociones animales.

BIENESTAR DE LOS ANIMALES

Los emocionantes avances de la ciencia del bienestar animal se aplican a nuestros perros de compañía. Desde la década de 1960, el bienestar de los animales se ha enmarcado en términos de prevención de la crueldad. El marco en el que pensamos sobre el bienestar de los perros proviene de las cinco libertades, propuestas en el Informe Brambell del Reino Unido de 1965 sobre el bienestar de los animales de granja.[8] La frase fue tomada de un discurso de 1941 de Franklin D. Roosevelt, quien se refirió a las cuatro libertades para los ciudadanos estadounidenses. Las cinco libertades (véase el recuadro) se concibieron originalmente para los animales de granja y se consideran aplicables también a los animales de compañía.

LAS CINCO LIBERTADES

• No tener sed, ni hambre, ni desnutrición, fácil acceso a una dieta para mantener la plena salud y el vigor.

• No tener molestias térmicas y físicas, vivir en un entorno adecuado que incluya un refugio y una zona de descanso confortable.

• Liberarse del dolor, las lesiones y las enfermedades mediante la prevención o el diagnóstico y tratamiento rápidos.

• No tener miedo ni angustia, garantizando condiciones que eviten el sufrimiento mental.

- Libertad para expresar (la mayoría) de los comportamientos normales, en un espacio suficiente, con instalaciones adecuadas y la compañía de animales de su misma especie.

De estas cinco cosas, la libertad de expresar la mayoría de los comportamientos normalistas es la menos conocida. En una encuesta británica, solo el 18 % de las personas la reconocieron como una necesidad de bienestar.[10] Las otras cuatro necesidades fueron identificadas por la mayoría, y solo el 4 % de los propietarios de animales de compañía dijeron no estar interesados en saber más sobre cómo proporcionar un buen bienestar a los animales.

Más recientemente, el profesor David Mellor, de la Universidad de Massey (Nueva Zelanda), propuso el modelo de los cinco dominios (véase la figura).[11] Ambos enfoques son complementarios. Una de las principales diferencias es la idea de que no solo debemos pensar en prevenir el daño, sino también en proporcionar buenas experiencias. En otras palabras, para el bienestar, los animales (incluidos los perros de compañía) deben hacer cosas que les hagan felices.

Visión general del modelo de los cinco dominios

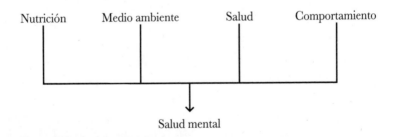

Fuente: Basado en Mellor (2017).[12]

El profesor Mellor me dijo: «Si hablamos de una buena nutrición, un buen entorno, una buena salud y un comportamiento adecuado, lo que tenemos que distinguir es lo que necesitamos para que los animales sobrevivan, y lo que necesitamos no solo para que sobrevivan, sino para que prosperen».

Según Mellor, los estados negativos no pueden eliminarse por completo. Por ejemplo, la sed: sin la sensación de sed, los animales (incluidos nosotros) no beberían; cuando bebemos, la sensación de sed desaparece y dejamos de estar motivados para buscar agua. Del mismo modo, sin hambre, los animales no comerían. Aunque no podemos eliminar estas experiencias por completo, podemos minimizarlas y crear experiencias positivas, por ejemplo, con diferentes tipos de comida.

Hay que tener en cuenta otro tipo de estado interno negativo. La percepción que el animal tiene de su entorno y de lo que ocurre en él puede provocar emociones negativas como el miedo, la ansiedad, la depresión, el aburrimiento y la soledad. A menudo somos responsables de las situaciones que provocan estas emociones, pero eso también significa que podemos cambiarlas, por ejemplo, enriqueciendo el entorno para evitar el aburrimiento. Según Mellor, «aquí es donde podemos tener bastante influencia en el hecho de que los animales puedan tener o no experiencias positivas».

Mellor me habló de las oportunidades de comportamiento que les gustan a los perros. «Controlamos muchas de estas cosas —me dijo—, pero eso no significa que un perro, para tener una vida feliz y plena, deba tener acceso a todas esas experiencias positivas. Pero cuanto más se le pueda dar al perro, de acuerdo con las circunstancias, mejor será su vida».

Los estados negativos, como el miedo o el dolor, pueden impedir que los perros experimenten estados positivos. Por ejemplo, un perro con dolor no jugará, puede alejarse de otros animales y personas, y puede no comer. Por eso es importante minimizar al máximo los estados negativos, no solo en sí mismos, sino también para que el perro pueda experimentar placeres. «¿Y cómo sabemos que pueden tener experiencias positivas? —dice Mellor—. Porque están realizando los comportamientos que esas oportunidades les permiten hacer».

Así pues, para tener un perro feliz, debemos proporcionarle una buena nutrición, buena salud, un buen entorno, compañía, la posibilidad de expresar un comportamiento adecuado y oportunidades para experimentar emociones positivas. La sensación de bienestar no se refiere solo al bienestar psicológico. Entre los orangutanes que viven en zoológicos, los que sus cuidadores consideran *felices* viven más tiempo.[13] Y tanto en el caso de los capuchinos marrones como en el de los chimpancés en cautividad, las calificaciones de sus cuidadores sobre su *felicidad* subjetiva están relacionadas con las evaluaciones de su bienestar positivo y negativo.[14] Aunque no disponemos de los mismos estudios sobre los perros, sabemos que lo contrario es cierto: los perros estresados viven menos.[15] Por lo tanto, hacer que nuestros perros sean felices puede ayudarlos a tener una vida más larga y saludable. En el intrincado equilibrio entre el bienestar físico y el emocional, cualquier cosa que podamos hacer para mejorar el bienestar puede aportar beneficios adicionales.

Hay muchos problemas de bienestar para los perros de compañía: métodos de adiestramiento de confrontación que provocan miedo, estrés y agresividad; prácticas de cría que reducen la diversidad genética y aumentan el riesgo de enfermedades hereditarias; cambios en la vida laboral y en los espacios vitales que hacen que los perros se queden solos en casa durante más tiempo y tengan que encontrarse con muchos otros perros en los paseos; corte de rabo, orejas y descortezado (cuando estos procedimientos son legales) que causan dolor y reducen la capacidad de comunicación; y la incapacidad de las personas para reconocer los signos de miedo, ansiedad y estrés en su perro o, incluso, que las personas encuentren estos signos divertidos. Algunos de estos problemas se deben a la falta de comprensión de los perros.

ENTENDER EL COMPORTAMIENTO CANINO

Entender a los perros de compañía —quiénes son y por qué se comportan como lo hacen— es también fundamental para darles una vida feliz. Esta idea fue destacada por el doctor Sam

Gaines, jefe del Departamento de Animales de Compañía de la Real Sociedad para la Prevención de la Crueldad contra los Animales (RSPCA) del Reino Unido: «Muchos de los problemas que vemos o de los que oímos hablar —dijo—, no saldrían necesariamente a la luz si la gente conociera mejor al perro que tiene en su casa. Así, por ejemplo, la gente va y compra por impulso un cachorro sin investigar y, de repente, acaba con esta pequeña criatura en su casa de la que no tiene ningún conocimiento, o muy poco, lo que significa que es muy difícil para ellos satisfacer sus necesidades de bienestar».

Y, por desgracia, también hay mucha desinformación, lo que significa que los conocimientos populares sobre los perros suelen ser erróneos. Gaines dijo: «En un mundo ideal, lo que me gustaría hacer… es hacer borrón y cuenta nueva en lo que respecta a [lo que la gente sabe sobre] los perros. Como en *Men in Black*, cuando se pulsa el bolígrafo, cada memoria o cualquier cosa asociada desaparece, y entonces puedes darles un nuevo conocimiento y comprensión de lo que es un perro».

Una de las grandes cuestiones de la ciencia canina es que los investigadores estudian temas que son importantes para la vida cotidiana de los perros. Por mucho tiempo que se conozca a los perros, hay algo nuevo y emocionante que aprender.

LAS NECESIDADES DEL PERRO INDIVIDUAL

Al igual que las personas, cada perro es un individuo. Algunos perros son sociables, amistosos y les encanta conocer a gente nueva y a otros perros, por lo que deberíamos intentar darles más experiencias de este tipo. Por otro lado, algunos perros son tímidos y no les gustaría verse obligados a conocer a otras personas y perros todos los días. No pasa nada, porque lo importante es que reconozcamos las necesidades del perro que tenemos y las atendamos.

Las diferencias individuales eran evidentes con Fantasma y Bodger. Mientras que Fantasma era tranquilo, a veces distante con otras personas, Bodger estaba desesperado por convertirse en su amigo. Habiendo aprendido que es necesario sentarse antes de que le den una palmadita, espera en secreto el momento justo para saltar y lamer en la cara a la persona desprevenida. Y mientras que Fantasma siempre estaba encantado de conocer a otros perros, Bodger era muy exigente en cuanto a quién permitía entrar en su espacio.

Las necesidades de un perro individual tienen dos vertientes. La primera tiene que ver con la minimización de las experiencias que el perro considera negativas, como la prevención de situaciones en las que el perro tiene miedo (lo que puede incluir evitar la situación, enseñar al perro a que le guste la situación en su lugar, y/o utilizar medicación bajo la dirección de un veterinario). La segunda tiene que ver con saber con qué disfruta ese perro en particular. ¿Le gusta jugar a la pelota o prefiere ir a nadar? ¿Le gustan las clases de agilidad o prefiere merodear por una pista forestal? Depende de nosotros saber qué le gusta a nuestro perro y darle la oportunidad de experimentarlo.

La importancia del vínculo humano-animal

Cuando tenemos un perro, nos imaginamos una larga y hermosa amistad, algo así como el equivalente canino de caminar hacia el atardecer para vivir felices para siempre. Pero, aunque pensemos en los perros como nuestros mejores amigos, la relación suele romperse. Lo sabemos:

• La Sociedad Americana para la Prevención de la Crueldad contra los Animales (ASPCA, por sus siglas en inglés) afirma que 670 000 perros son eutanasiados cada año en los refugios estadounidenses porque no tienen un hogar. [16]

• La Sociedad Veterinaria Americana de Comportamiento Animal afirma que los problemas de comportamiento son la principal causa de muerte en perros menores de tres años en Estados Unidos.[17] En el Reino Unido, los problemas de comportamiento son responsables del 14,7 % de las muertes de perros menores de tres años (en comparación con el 14,5 % por problemas gastrointestinales y el 12,7 % por accidentes de tráfico), según el *Veterinary Journal.*[18]

• La American Humane descubrió que el 10 % de los perros y gatos recién adoptados en Estados Unidos ya no están en su nuevo hogar seis meses después (devueltos al refugio, perdidos, muertos o entregados a otra persona), mientras que la BBC informa de que el 19 % de las personas del Reino Unido que compran un cachorro ya no lo tienen dos años después.[19]

Está claro que para muchas personas que empiezan con grandes esperanzas en una relación con un perro, las cosas van mal. En parte, esto puede deberse a la falta de preparación. Entre el 18 y el 39 % de los propietarios no investigan en absoluto antes de adquirir un perro.[20] Por supuesto, otras cuestiones, como la falta de viviendas de alquiler que admitan mascotas o el hecho de que las personas enfermen y no puedan seguir cuidando de su mascota, también pueden influir. Ayudar a evitar que las relaciones con nuestras mascotas se rompan nos hará más felices a nosotros y a nuestros perros.

Creo que todos queremos hacer felices a nuestros perros, aunque en el camino lo demostremos de diferentes maneras y, a veces, hagamos lo incorrecto. Nos encanta ver una mirada feliz en la cara de nuestro perro y, admitámoslo, la alegría saltarina de un perro es suficiente para hacernos felices a nosotros también. Como guardianes, somos responsables de todo en la vida de nuestro perro, y es un eufemismo decir que somos importantes desde la perspectiva de nuestro perro. Así que este libro no trata solo de su perro, sino de usted y su perro, de la asociación humano-canina y de lo que significa la felicidad canina.

¡Piensa en el perro! A pesar de la gran cantidad de investigaciones sobre el perro doméstico y de una mayor comprensión de cómo se comportan, piensan, sienten e interactúan con nosotros y con sus congéneres, muchos propietarios/tutores siguen tratando a los perros como si fueran lobos o personitas y/o no comprenden ni reconocen lo que los perros son en realidad. Esto puede tener un gran impacto en su salud física y mental. Por ejemplo, décadas de considerar a los perros como lobos han contribuido a un uso generalizado de técnicas de gestión y adiestramiento que ponen a los perros en grave riesgo de no gozar de bienestar. Del mismo modo, nuestra incapacidad para entender lo que es un perro y lo que constituye un comportamiento normal puede significar una mala calidad de vida por la falta de salidas para comportamientos fuertemente motivados, como jugar, olfatear e investigar. Si los perros son realmente nuestros mejores amigos y queremos que sean realmente felices, tenemos que pensar en ellos.

Sam Gaines, PhD, jefe del Departamento
de Animales de Compañía, RSPCA

CAPÍTULO 2
CONSEGUIR UN PERRO

Cuando tenía treinta años, soñaba con tener un perro. En aquel momento no estaba en casa para cuidar de un perro como es debido, así que soñaba con el que tendría cuando mi estilo de vida cambiara. Daríamos largos paseos juntos por el campo y luego me acurrucaría en el sofá con mi perro y un buen libro.

Desde el principio decidí que mi perro ideal sería como Diefenbaker en el programa de televisión *Due South*, que era popular en el Reino Unido, donde yo vivía. En la televisión, Dief era un hermoso perro mitad lobo, mitad de trineo, leal, independiente y sordo (¿o quizá solo cuando no quería oír?). A lo largo de los años, Diefenbaker fue interpretado por seis huskies siberianos diferentes. Investigué un poco sobre la raza: «No es para dueños de perros por primera vez. Artistas del escape, independientes y *difíciles*». Por no hablar de la muda de pelo. Aunque parte de esta información me desanimaba, pensé que podría arreglármelas.

Por supuesto, no encontré ningún perro que cumpliera las exigencias de un perro televisivo. Resulta que mucha gente es así y, por desgracia, esto suele ir en detrimento de los perros. Lo que sé ahora es que, si queremos a Diefenbaker, solo existe en la televisión. Tuve una suerte increíble al conseguir a Fantasma en su lugar. Y no es raro que me influya la televisión y que piense tanto en la apariencia de un perro feliz, hay muchos factores que hay que tener en cuenta a la hora de elegir qué tipo de perro y dónde adquirirlo. Pero mucha gente se deja influir por la biología o la moda.

La biología y el amor a los perros

Sabemos que los perros son descendientes de los lobos, pero en el proceso de domesticación han cambiado de aspecto. Ahora, sea cual sea su preferencia por el aspecto, hay una raza que se ajusta a ella (incluso si el propósito original de la raza era el trabajo). Algunos de los rasgos físicos de los perros son más parecidos a los de los cachorros que a los de los lobos, lo que puede responder a nuestro deseo natural de ayudar a criaturas parecidas a los bebés. ¿Es solo un accidente que los perros hayan evolucionado con estos rasgos diferentes, y que afecta a la forma en que nos sentimos con ellos?

El experimento del zorro ruso es pionero en el proceso de domesticación que comenzó en lo que entonces era la Unión Soviética y continúa en la actualidad.[1] El genetista Dmitri Belyaev tuvo la idea de que la selección de animales para su domesticación también provocaría cambios hormonales y de otro tipo. Comenzó un programa para criar zorros plateados. Solo se seleccionaron los más mansos de cada generación para la cría y, sobre todo, no se modificó nada más, por lo que se trataba de una prueba puramente genética y no de manejo u otros factores. Se crio una segunda línea de zorros eligiendo los animales más agresivos. Durante los primeros siete u ocho meses, hasta que alcanzaron la madurez sexual, los zorros fueron probados para ver cómo respondían. Luego, se elegía cuáles serían criados para la siguiente generación.

Con el tiempo, a medida que los zorros se volvían más mansos, también se producían otros cambios. El profesor Lee Alan Dugatkin, biólogo evolutivo y autor, junto con Lyudmila Trut, de un libro sobre este estudio, *How to Tame a Fox (and Build a Dog): Visionary Scientists and a Siberian Tale of Jump-Started Evolution*, me habló de los cambios: «Lo único que hacen [los científicos] para determinar quiénes van a ser los padres de la siguiente generación en el experimento es probar su comportamiento con los humanos. Eso es todo, es lo único que seleccionan. Pero lo que ha ocurrido a lo largo de las generaciones es que se han producido muchos otros cambios además de conseguir animales más tranquilos y dóciles. Al principio, por ejemplo, algunos de los primeros cambios fueron que los animales tenían colas más rizadas y tupidas, el tipo de colas que te imaginas cuando piensas en un perro moviendo la cola porque está emocionado de verte. Algunos animales empezaron a tener las orejas más caídas, más flojas. Además, empezaron a tener un color de pelaje mucho más parecido al de los chuchos». También había diferencias en las hormonas del estrés que mostraban que los zorros estaban menos estresados.

Es posible que algunos de los rasgos que vemos en los perros sean también subproductos de la domesticación. Sin embargo, otra posibilidad es que a lo largo del camino hayamos seleccionado algunos de estos rasgos. Para comprobar esta idea, los científicos se fijaron en uno de los rasgos propios de los bebés en muchos perros, los ojos. El estudio, publicado en *PLOS ONE*, se fijó en una expresión facial en la que los perros levantan el interior de la ceja, haciendo que los ojos parezcan más grandes.[2] Los investigadores contaron con la ayuda de cuatro centros de acogida de perros y los filmaron durante dos minutos con un investigador de pie junto a la perrera. Contaron el número de veces que los perros realizaron esta expresión durante ese tiempo. Luego, esperaron a ver cuánto tiempo tardaban en ser adoptados los perros. Los resultados mostraron que los perros que hicieron este movimiento de cejas cinco veces durante dos minutos fueron adoptados en cincuenta días, en comparación con los treinta y cinco días de los que lo hicieron diez veces y veintiocho días si lo hicieron quince veces. Al parecer, el movimiento de cejas similar al de un bebé hace que la gente se sienta más atraída por esos perros. Esta fue la primera vez que los científicos demostraron una relación entre los rasgos de un perro parecidos a los de un bebé y la selección activa de un perro por parte de la gente.

Cómo afecta la moda a los perros que elegimos

La biología es solo una parte de la historia. La moda también afecta a la popularidad de las razas. Según un estudio publicado en *PLOS ONE*, donde se analizan las películas relacionadas con perros desde 1927 hasta 2004 y las correspondientes inscripciones del Kennel Club, la aparición de una raza de perro en el cine puede aumentar su popularidad hasta diez años después.[3] Los estrenos de películas como *101 Dálmatas* y *El perro peludo* fueron seguidos de enormes aumentos en la popularidad de los dálmatas y los perros pastores ingleses, respectivamente. Y el «efecto de la película» se mantiene incluso si la popularidad de la raza había disminuido antes del estreno de la película.

Una revisión de los registros de razas de perros entre 1926 y 2005, publicada en *PLOS ONE*, reveló que la popularidad de una raza no se ve afectada por su salud, su mayor longevidad o su mejor comportamiento (como la capacidad de adiestramiento, el miedo o la agresividad).[4] En otras palabras, la tenencia de mascotas no solo tiene una explicación biológica, sino que también está mediada socialmente, según un estudio publicado en *Animal Behavior and Cognition*.[5] Sin embargo, el mero hecho de aparecer en los medios de comunicación no garantiza la popularidad de una raza. Por ejemplo, ganar el *Best in Show* en la prestigiosa y televisada Exposición Canina del Westminster Kennel Club no suele tener ningún efecto, como se indica en el *Journal of the American Veterinary Medical Association*.[6]

El doctor Hal Herzog, profesor emérito de psicología, autor de *Some We Love, Some We Hate, Some We Eat: Why is it that Hard to Think Straight about Animal*, que lleva más de tres décadas investigando nuestras interacciones con los animales y participó en este estudio sobre la popularidad de las razas de perros, me dijo que esta investigación tuvo un profundo efecto en su propia opinión sobre el papel de la biología frente a la cultura: «Durante muchos años me he considerado un psicólogo evolucionista y todavía lo hago, pero creía firmemente que la mayor parte de nuestro comportamiento estaba determinado por factores biológicos que moldeaban la mente de nuestros antepasados. Y ya no lo creo. Y la verdadera clave para cambiar de opinión al respecto es que estudié cómo la gente elige las razas de perros como mascotas. Y lo que comprendí es que el papel de la cultura era realmente mucho más importante de lo que yo había pensado».

Las tendencias en la elección de perros no son necesariamente buenas para los perros, como ocurre con la creciente popularidad de los perros con caras aplastadas, llamados rasgos braquicéfalos, como los bulldogs franceses.[7] Los perros braquicéfalos pueden sufrir dificultades médicas, como problemas respiratorios, oculares y cutáneos, como consecuencia de su aspecto. Varias de estas razas (bulldogs franceses, bulldogs y pugs) se encuentran entre las más populares en Estados Unidos, Canadá y el Reino Unido (véase la tabla).

Las razas de perro más populares en EEUU, Canadá y Reino Unido en 2018		
	EE UU	Canadá	Reino Unido
1	Retriever (Labrador)	Retriever (Labrador)	Bulldog francés
2	Perro pastor alemán	Perro pastor alemán	Retriever (Labrador)
3	Retriever (Golden)	Retriever (Golden)	Spaniel (Cocker)
4	Bulldog francés	Caniche	Bulldog
5	Bulldog	Bulldog francés	Spaniel (Springer inglés)
6	Beagle	Habanero	Pug
7	Caniche	Perro pastor de Shetland	Retriever (Golden)
8	Rottweiler	Pastor australian o	Perro pastor alemán
9	Pointer (alemán de pelo corto)	Perro de montaña de Berna	Dachshund (Miniatura de pelo liso)
10	Yorkshire Terrier	Perro de aguas portugués	Schnauzer miniatura

Fuente: Información del American Kennel Club, Canadian Kennel Club y Kennel Club.[8]

La doctora Jessica Hekman, veterinaria que estudia el papel de la genética y el entorno en la personalidad de los perros en Darwin's Ark, recomienda a los clubes de raza que apoyen los proyectos de cruces externos. En lugar de criar perros emparentados entre sí, el *outcrossing* consiste en cruzar dos perros completamente no emparentados (es decir, que no tienen relaciones dentro de un pedigrí de cuatro generaciones). Esto puede aportar nuevas variantes de genes que mejoren la salud de la raza y ayuden a prevenir problemas debidos a la endogamia.

Podemos hacer que el mundo sea mejor para los perros haciendo que los perros que encajan en el mundo sean mejores. Me encantaría ver a los propietarios de perros trazar una línea en la arena e insistir en perros con bozales lo suficientemente largos como para permitirles respirar con normalidad, o perros que no nazcan con un 60 % de posibilidades de desarrollar un cáncer en algún momento de su vida debido a su raza, o perros cuyas cabezas no sean demasiado grandes como para nacer sin una cesárea. Me encantaría que más criadores tomaran cartas en el asunto y empezaran a experimentar con la forma de criar perros en lugar de seguir utilizando perros de razas que carecen de diversidad genética. Me gustaría que más clubes de razas apoyaran proyectos de cruces externos para aportar diversidad genética y alelos saludables a su raza. Me gustaría que más amantes de los perros fueran conscientes de los problemas que existen en la cría de perros, incluso los criadores más responsables. Este año es el momento de cambiar.

Jessica Hekman, DVM, PhD, asociada posdoctoral
en el Laboratorio Karlsson, MIT, y escritora en el blog The Dog Zombie

Bienestar de los animales y otras consideraciones

Nadie quiere que los bulldogs, los bulldogs franceses y los pugs tengan una mala apariencia; son razas encantadoras con grandes personalidades. Pero no deberían sufrir por su aspecto y hay que hacer algo para mejorar la salud de estas razas.

Adquirir un perro es a menudo una decisión impulsiva, por lo que la gente no tiene en cuenta la salud. Una investigación publicada en *PLOS ONE* analizó cómo la salud de una raza influye en la decisión de adquirir un perro.[9] En el estudio participaron cuatro razas. Se eligieron los cairn terrier porque suelen estar sanos, los bulldogs franceses y los chihuahuas porque suelen tener problemas de salud relacionados con su aspecto, y los cavalier king charles spaniel porque suelen tener problemas de salud no relacionados con su aspecto.

Una encuesta realizada a los propietarios de estas razas reveló que algunos de los problemas eran bastante graves. Por ejemplo, el 29 % de los perros de raza bulldog francés había tenido una enfermedad o lesión repentina en el año anterior y el 33 % de los chihuahuas había tenido problemas dentales.

Entonces, ¿por qué la gente decide tener este tipo de perros? El 12 % de los propietarios de un cavalier king charles spaniel y el 28 % de los propietarios de un chihuahua afirmaron que «no hubo realmente ninguna planificación» en la decisión de adquirir un perro. La personalidad del perro, su aspecto, los atributos de la raza y la conveniencia fueron factores que se mencionaron como parte de la decisión de la gente. Los propietarios de bulldogs franceses, chihuahuas y cavalier king charles spaniel suelen elegir estas razas por su aspecto adorable, sus rasgos de bebé y la moda. Además, las personas motivadas por el aspecto distintivo de la raza y por los atributos de esta estaban muy apegadas a su perro. Estos resultados muestran que la gente no tiene en cuenta la salud de la raza. Los científicos creen que esto se debe a que la conexión emocional que se tiene con un perro como resultado de su aspecto puede hacer que una raza resulte irresistible.

> En la actualidad, los perros se crían para satisfacer las ideas humanas de belleza, con narices aplanadas, ojos saltones, patas cortas... A menudo estos rasgos físicos son causa de mala salud y sufrimiento, como las dificultades que tienen los perros braquicéfalos para respirar (¿quién no conoce a un bulldog que resopla y resopla?), además de otros muchos ejemplos. Además, los perros de raza son, por definición, descendientes de un pequeño grupo de animales de la misma raza, lo que provoca directamente una mayor incidencia de algunas enfermedades (como el cáncer en los retrievers de pelo liso). Si los humanos dejaran de preocuparse tanto por el aspecto bonito y la «pureza de raza» de los cachorros, la población canina resultante sería más sana, y los perros también serían más felices.
>
> Pete Wedderburn, BVM&S, CertVR, MRCVS,
> veterinario, columnista de prensa y autor de
> *Pet Subjects: Animal Tales from the Telegraph's Resident Vet*

La doctora Rowena Packer, del Royal Veterinary College del Reino Unido, ha estudiado la percepción que tiene la gente de las razas braquicéfalas y las razones por las que se eligen estas u otras razas de perros. En un estudio, descubrió que, aunque muchos propietarios de razas braquicéfalas informan de que sus perros resoplan y roncan, más de la mitad afirma que su perro no tiene dificultades respiratorias, lo que sugiere que la gente piensa que estos comportamientos son «normales para la raza» (y también que algunos perros no reciben el tratamiento veterinario necesario para estos problemas).[10] En una investigación posterior, descubrió que el tipo de persona que adquiere una raza braquicéfala tiene más probabilidades de ser propietario de un perro por primera vez que los que eligen otras razas.[11] Además, los que eligieron un perro braquicéfalo tenían más probabilidades de que los que eligieron otras razas de haber utilizado un sitio web de venta de cachorros, y menos probable que hayan visto a la madre del cachorro o preguntado por los controles de salud.

«Lo que se desprende de este análisis —dice Packer— es que los propietarios de perros braquicéfalos consideran que la apariencia es la primera razón por la que se sienten atraídos por esos animales. Y supongo que lo preocupante desde el punto de vista del bienestar es que daban menor prioridad a la salud o la longevidad de sus perros. Sigue siendo relativamente baja la cantidad de personas que dicen arrepentirse de su decisión, lo que es interesante. Mucha gente no puede separar el amor por sus animales individuales de los comportamientos que se dieron al comprarlos. Y creo que lo vemos mucho con los animales con enfermedades crónicas; los propietarios dirán que lo volverían a hacer y no se arrepienten a pesar de que el animal esté muy mal, porque quieren a su mascota.» Si tienen problemas, es probable que culpen al criador.

Cuando le pregunté a Packer qué debería hacer la gente si tiene una raza braquicéfala me dijo: «Si ya tienen una de esas razas, creo que deberían estar muy atentos y asegurarse de que no se les escapa ningún problema que puedan tener esos perros. Ahora, hay mucha más información en Internet sobre los problemas de salud que afectan a las distintas razas». También sugiere llevar cualquier problema a un veterinario si no se está seguro y obtener asesoramiento veterinario independiente: «Cuanto antes se diagnostiquen muchos de ellos, mejor será el pronóstico para cualquier intervención».

La conclusión es que cualquier persona que piense en adquirir una raza de perro determinada debe investigar específicamente si existen problemas de salud asociados a esa raza y si hay pruebas genéticas que el criador debería hacer. El Instituto de Biología Canina mantiene una lista de bases de datos genéticos en su sitio web. Además, organizaciones como la ASPCA describen los costes asociados a la posesión de perros de distintos tamaños (pequeños, medianos o grandes).

Otra cosa que hay que tener en cuenta es si es el momento adecuado para tener un perro. ¿Tiene tiempo y energía para dedicar a un nuevo perro? ¿Cómo cree que las mascotas existentes responderán a la llegada de un nuevo perro? ¿Tiene previsto algún cambio importante en su estilo de vida que pueda afectar a su capacidad para cuidar de una mascota? Por ejemplo, si sabe que se va a mudar de casa, es mejor esperar hasta que se haya instalado para que el nuevo perro no tenga ningún trastorno adicional.

También debe pensar en las necesidades energéticas del perro para encontrar uno que se adapte a su estilo de vida. Y piense en el pelaje del perro, porque algunos cubrirán su ropa y sus muebles con pelo y necesitarán muchos cepillados y recortes, y otros necesitarán muy poco aseo. También hay que tener en cuenta las alergias, lo cual es complicado porque no se sabrá realmente hasta que llegue a casa. Es mejor conseguir una mascota a la que sepas con certeza que nadie es alérgico. Para tomar una buena decisión sobre un cachorro, también hay que pensar en la socialización.

TODO SOBRE LOS CACHORROS: LA SOCIALIZACIÓN ES LA CLAVE

El periodo comprendido entre las tres y las doce o catorce semanas, aproximadamente, es sin duda el más importante de la vida de un perro. Es el periodo sensible para la socialización, aunque hay cierta incertidumbre sobre el momento exacto en que termina (véase la tabla de las etapas de la vida de los perros jóvenes).[12] Es el momento en que los cerebros de los cachorros son especialmente receptivos al aprendizaje del tipo de mundo social en el que vivirán cuando sean mayores. Durante este tiempo también se habitúan o se acostumbran a cualquier cosa que puedan encontrar en su vida posterior (sonidos diferentes, superficies, etc.). Se trata de una etapa importante en el desarrollo del cerebro, en la que este es muy plástico y establece muchísimas conexiones nuevas, algunas de las cuales se eliminarán más adelante.

La idea de un periodo sensible a veces sorprende a la gente, por lo que es útil saber que otros animales también los tienen. En el caso de los gatitos, el periodo sensible de socialización se sitúa entre las dos y las siete semanas. Esto suele ocurrir antes de que el gatito vaya a vivir a su casa, lo que demuestra lo importante que es conseguir gatitos de alguien que los haya socializado. Los niños también tienen periodos sensibles de desarrollo, durante los cuales se produce un importante desarrollo cerebral en respuesta al entorno. Estas primeras experiencias de la vida proporcionan el andamiaje para el desarrollo futuro. Si los bebés tienen muchas experiencias positivas con los adultos, muy poco estrés y una buena nutrición para ayudar a construir una arquitectura cerebral fuerte, cuando empiezan a ir a la escuela están en mejor posición para aprender que si no hubieran tenido esas experiencias.

En el caso de los perros, muchas experiencias felices y positivas durante el periodo de socialización sensible hacen que el cachorro tenga más probabilidades de crecer como un perro feliz, amistoso y seguro de sí mismo. Las malas experiencias, o simplemente la falta de experiencias positivas, pueden conducir a un perro temeroso, como sabemos por las investigaciones clásicas de los años cincuenta y sesenta.[13] Por lo tanto, es muy importante que durante este tiempo los cachorros se socialicen con otros perros seguros y con todo tipo de personas: hombres, mujeres, niños, adultos mayores, personas con barbas, sombreros, mochilas y bastones, etc.

Las etapas de desarrollo de un perro joven	
Período prenatal	- Aunque los cachorros aún no han nacido, ya existen influencias en su comportamiento posterior (véase el capítulo 13 para conocer los efectos de las hormonas del estrés que atraviesan la placenta). - Puede producirse un aprendizaje prenatal: los cachorros expuestos al olor del anís (añadido a la comida de la madre) pueden reconocerlo después del nacimiento.
Etapa neonatal: 0- 2 semanas	- Los cachorros nacen con los ojos y los oídos cerrados y son incapaces de regular su propia temperatura. - La madre les proporciona alimento e inicia la eliminación mediante el lamido. - Los cachorros pasan la mayor parte del tiempo durmiendo junto a su madre y sus compañeros de camada.
Etapa de transición: 2- 3 semanas	- Los ojos y los oídos se abren. Los cachorros tienen una respuesta de sobresalto. - El comportamiento motor comienza cuando los cachorros empiezan a moverse. - El comportamiento social se inicia cuando los cachorros pueden mover la cola.
Periodo sensible de socialización: 3- 12 o 14 semanas	- Época de cambios en la que los cachorros descubren el mundo. - Los cachorros se destetan en algún momento entre las semanas 4 y 8 (varía según la raza). - Los comportamientos motrices y sociales se desarrollan y se vuelven más parecidos a los de los adultos. - Los cachorros muestran más interés por las personas. - Los perros aprenden el comportamiento social a través del juego con compañeros de camada. - Las vacunas comienzan a las 6-8 semanas y continúan hasta las 16 semanas (con refuerzos según sea necesario).
Período juvenil: 14 semanas hasta los 6- 12 meses	- A pesar de que el periodo sensible ha finalizado, los resultados positivos y experiencias durante este período siguen siendo importantes, ya que su cerebro sigue desarrollándose. - Las experiencias positivas permitirán a los cachorros generalizar respuestas a partir de sus experiencias durante el período de socialización. - Los cachorros se vuelven más independientes. - Un cachorro bien socializado querrá interactuar con otras personas y animales. - El periodo juvenil continúa hasta la pubertad (aunque el momento en el que termina el crecimiento varía según la raza y es más tardío para las razas más grandes).
Período de la adolescencia: 6- 12 meses hasta 18- 24 meses	- Post-pubertad. Algunas perras pueden entrar en celo a partir de los 5-6 meses.

Fuente: Serpell *et al.* (2017), Bradshaw (2011).[14]

Los cachorros suelen ser adoptados a las ocho semanas. Dado que esas primeras semanas son importantes para la socialización, debe investigar de dónde procede su cachorro. Los que han pasado este periodo en una fábrica de cachorros o en un establo en lugar de en una casa, y luego en una jaula en una tienda de animales, habrán perdido oportunidades de socialización (o incluso podrían haber tenido experiencias perjudiciales). Lo ideal es que su cachorro provenga de un hogar (o de un hogar de acogida, si se trata de un cachorro de un refugio) en el que se hayan seguido buenas prácticas de socialización para que tenga el mejor comienzo posible en la vida.

Tiendas de mascotas y comportamientos problemáticos

Los investigadores utilizan al cachorro de una tienda de animales como sustituto del cachorro procedente de un criador comercial. Los estudios demuestran que los comprados en tiendas de animales son más propensos a tener problemas de comportamiento que los adquiridos directamente a un criador responsable. Según los datos de un estudio, publicado en el *Journal of the American Veterinary Medical Association*, los perros de las tiendas de animales eran más propensos que los obtenidos de criadores privados a ser agresivos con su dueño, los extraños, otros perros y otros animales que viven en la misma casa. Los perros de las tiendas de mascotas también eran más propensos a tener problemas de adiestramiento y de separación y a ser sensibles a las caricias.[15] Por supuesto, también puede haber diferencias entre las personas que adquieren su cachorro en una tienda de animales y las que lo obtienen de un criador (así como en la información que reciben).

Un estudio publicado en el *Journal of Veterinary Behavior* tuvo en cuenta algunos de estos factores relacionados con el propietario y, aun así, se descubrió que el 21 % de los cachorros procedentes de tiendas de mascotas mostraban agresividad hacia su propietario, en comparación con el 10 % de los obtenidos de criadores.[16] Además, este estudio descubrió que los cachorros procedentes de tiendas de mascotas tenían más problemas de ensuciamiento de la casa, relacionados con la separación y lamidos corporales; estos problemas concretos eran más comunes entre los propietarios que no asistían a clases de adiestramiento de perros, solo llevaban a su perro a dar paseos cortos y lo castigaban al volver a casa. Así pues, existe una interacción entre la procedencia del perro y la forma en que el propietario lo trata.

Aunque las condiciones de los establecimientos comerciales de cría varían, algunas son nefastas (y probablemente sea un eufemismo). Eche un vistazo a la página web de la ASPCA sobre las fábricas de cachorros para hacerse una idea. Según un informe publicado en el *Journal of Veterinary Behavior*, la falta de oportunidades de socialización durante el periodo sensible es una de las razones de los problemas de comportamiento posteriores.[17] Otras razones son los factores genéticos (por ejemplo, la cría de animales que ya tienen miedo a las personas); los cambios epigenéticos debidos al estrés (por ejemplo, el estrés de la madre durante el embarazo); el destete del cachorro y su separación de la madre y el resto de la camada a una edad demasiado temprana; el estrés del transporte a la tienda de mascotas o el sometimiento a un entorno restrictivo en el hogar y/o en la tienda de mascotas, y la falta de información que se da a los nuevos propietarios sobre cómo cuidar de su cachorro en comparación con si hubieran visitado a un criador o un refugio.

La única forma de estar seguro de que su perro se ha criado en un buen entorno es ver ese entorno. Un estudio publicado en *Veterinary Record* descubrió que cuando las personas no veían ni a la madre ni al padre del cachorro antes de adquirirlo, el perro tenía 3,8 veces más probabilidades de haber sido derivado por un problema de comportamiento en la edad adulta; si solo se veía a la madre, el perro seguía teniendo 2,5 veces más probabilidades de haber sido derivado.[18]

Si adquiere un cachorro, asegúrese de verlo con la madre (y desconfíe si el vendedor le sugiere reunirse en un lugar «conveniente», como un aparcamiento). Investigue los controles sanitarios recomendados para esa raza y pregunte por ellos. Un buen criador —o un buen refugio o rescate— conocerá la importancia de la socialización y criará a los cachorros en un entorno doméstico en el que se acostumbrarán a los sonidos y actividades de un hogar normal, así que pregunte sobre la socialización.

El poder de una mayor socialización

Un estudio de la Asociación de Perros Guía para Ciegos del Reino Unido analizó los efectos de que los cachorros recibieran un programa de socialización adicional al ya existente (excelente).[19] Participaron seis camadas de cachorros, todos ellos labradores retrievers, golden retrievers o perros guía. Entre el nacimiento y las seis semanas de edad, todos los cachorros recibieron el programa de socialización estándar y la mitad de cada camada también recibió el programa adicional. Para asegurarse de que no era solo el tiempo con las personas lo que marcaba la diferencia, los cachorros que solo recibían el programa estándar tenían a alguien sentado con ellos durante el mismo tiempo que duraba el nuevo programa y actuaba con ellos si los cachorros se relacionaban con la persona.

El nuevo programa de socialización adicional solo requirió de cinco minutos por cachorro al día durante la primera semana, y aumentó a quince minutos por cachorro al día en la quinta y sexta semana. Teniendo en cuenta lo que se sabe sobre el desarrollo de los cachorros, y utilizando recursos fácilmente disponibles, el programa incluía tener un teléfono móvil cerca del cachorro; acariciar al perro con los dedos, con una toalla y con la mano en un guante de goma; y examinar las orejas y los dientes del cachorro.

En el nuevo programa, los cachorros experimentaban estas cosas solos, lejos del nido y de sus compañeros, en comparación con el programa estándar en el que los cachorros se socializaban juntos. Esto puede haber ayudado a los cachorros a ser más resistentes a los problemas relacionados con la separación.

Los resultados fueron sorprendentes. Al final de las seis semanas, ya había diferencias entre los dos grupos de cachorros. Pero las realmente importantes se observaron en los cuestionarios cumplimentados por el adiestrador de cada cachorro cuando el perro tenía ocho meses. Los cachorros que habían recibido el nuevo programa eran menos propensos a tener ansiedad general, distraerse, tener comportamientos relacionados con la separación o tener sensibilidad corporal (problemas de manejo). Estas cosas son muy importantes para los adiestradores de perros guía, pero también son beneficiosas para todos los propietarios de perros. Estos resultados demuestran que la socialización adicional durante esas primeras semanas marca la diferencia en el comportamiento del cachorro cuando se convierte en un perro joven.

El periodo de socialización le proporciona unas semanas cruciales en casa para asegurarse de que su cachorro tiene muchas experiencias positivas diferentes. Si su cachorro es tímido —y muchos lo son— tenga especial cuidado de que no se sienta abrumado. Puede utilizar el juego o la comida para intentar convertir las situaciones en una experiencia positiva (más información sobre esto en el capítulo 3). Dé a su cachorro opciones, anímelo a interactuar, pero no lo fuerce si no quiere hacerlo. Incluso si su cachorro es tímido, darle una opción le permitirá salir por sí mismo cuando esté preparado, y es precisamente entonces cuando la experiencia será buena para él.

Muchas sociedades humanitarias y la SPCA tienen directrices sobre cómo elegir un cachorro, así que vale la pena buscar en Internet una guía de una organización que le guste. Algunas de ellas, como la RSPCA en el Reino Unido, también ponen a disposición un contrato que puede utilizarse al comprar un cachorro. Entre otras cosas, el contrato incluirá algo sobre lo que ocurre con el cachorro si las cosas no funcionan; un buen criador o un rescate se harán cargo de él. Dedicar tiempo a investigar ahora le ayudará a encontrar la mascota adecuada para usted y a garantizar que su cachorro tenga un buen comienzo en la vida.

TODO SOBRE LOS RESCATES

Cuando adoptamos a Fantasma, me sorprendió que algunas personas reaccionaran de forma muy negativa al hecho de que viniera de un refugio, a pesar de que allí mismo, delante de ellos, había un perro increíblemente hermoso y bien educado. Un hombre, incluso, me dijo que seguro que Fantasma me mordería (para que lo sepa, nunca lo hizo). Aparte de lo maleducados que fueron, también se equivocaron: un perro de refugio puede ser una buena elección.

Las investigaciones demuestran que una de las cosas que suele motivar a la gente a elegir un perro de rescate es salvar una vida; no solo le das al perro un nuevo hogar, sino que dejas espacio en el refugio para que otro perro en riesgo o abandonado espere un nuevo hogar. Le pregunté a la doctora Sam

Gaines, de la RSPCA, qué consejo daría a las personas que van a adoptar un perro. Me habló del folleto de preadopción de la RSPCA, que incluye información sobre lo que hay que hacer durante las primeras semanas del perro, incluida la importancia de establecer normas básicas y de que todos los habitantes de la casa sean coherentes. Al mismo tiempo, agrega, la gente debe prestar atención a lo que se le dice sobre el perro concreto que va a adoptar.

Gaines dijo: «Deja a un lado cualquier idea preconcebida sobre el perro y su aspecto, y supongo que hasta cierto punto sobre la raza que pueda tener. En su lugar piensa en quién es el perro individual que acabas de adoptar». Añadió que es importante trabajar con la información que te han dado. Por ejemplo: «Esto es lo que hemos observado en ese perro durante el tiempo que ha estado con nosotros; así es su personalidad, las cosas que le gustan hacer»; en lugar de suponer: «Bueno, es un labrador, así que seguro que es muy simpático y le encantará jugar con la pelota y estará muy seguro con mi familia». Hay que alejarse de eso y pensar en su comportamiento individual y sus necesidades de bienestar, además del comportamiento y las necesidades de bienestar de la especie.

Sé realista sobre el perro que vas a adquirir
Al igual que cuando se adquiere un cachorro, es conveniente pensar en el compromiso que se está dispuesto a asumir. Los perros llegan a los refugios por todo tipo de razones, como cuando su dueño se ha puesto enfermo, ha fallecido o no ha podido encontrar una vivienda de alquiler que admita mascotas. Pero si el refugio le dice que el perro tiene un problema de comportamiento, es importante considerar si usted es la persona adecuada para ese perro.

El doctor Carlo Siracusa, veterinario conductista en la Facultad de Medicina Veterinaria de la Universidad de Pensilvania, además de enseñar a los estudiantes de veterinaria y atender a los clientes, realiza investigaciones sobre los resultados de los perros con problemas de comportamiento. «Tenga en cuenta que, en muchos casos, si ve que el perro parece muy nervioso, si tiene un historial, por ejemplo, de problemas de comportamiento, no es que no haya sido adiestrado, es que esa es la personalidad del perro. Así que si cree que no puede lidiar con un perro así o si no es un perro que quiera —como nuestros clientes dicen, "esta no es la forma en que imaginamos la relación con nuestro perro"— entonces tal vez no debería conseguir ese perro. Hay personas que probablemente tienen más experiencia, que ya han tratado con un perro más agresivo, con un perro ansioso, con un perro con ansiedad por separación grave, y sienten que pueden hacerlo. Entonces está bien. Pero no piense que porque quiera al perro va a encontrar un adiestrador que hará magia y solucionará el problema», asegura.

Un estudio realizado en 2015 entre personas que habían adoptado un perro de un refugio unos cuatro meses antes reveló que el 96 % dijo que su nuevo perro se había adaptado bien o muy bien a su nuevo hogar y el 71 % dijo que cumplía sus expectativas: la mayoría de los perros eran amables con los visitantes de la casa y nunca mostraron ningún comportamiento problemático.[20] Aunque el 72 % de los encuestados dijo que había un comportamiento que les gustaría que su perro cambiara —los más comunes eran el comportamiento destructivo, el miedo, ladrar demasiado y tirar de la correa—, algo más de tres cuartas partes de las personas de este estudio dijeron que volverían a adoptar de un refugio.

Otro estudio sobre personas que adoptaron perros de refugios, publicado en *Applied Animal Behaviour Science*, informó de que el 65 % estaba muy satisfecho con el comportamiento de su nuevo perro y menos del 4 % estaba insatisfecho. Por término medio, la gente calificó su satisfacción con el perro de 4,8 sobre 5. Este estudio también indica que el 53 % de los perros tenía un problema de comportamiento, en su mayoría tirones de la correa, masticar o arañar los muebles, o hacer el aseo de forma inapropiada.[21] Estos resultados sugieren que las personas se dan cuenta de que pueden tener que enseñar a su perro a adaptarse a su hogar, y que muchos problemas de comportamiento no son especialmente graves.

No conozco ningún estudio correspondiente que registre el grado de satisfacción de las personas después de traer a casa un nuevo perro, pero todos necesitan que se les enseñe a estar en su casa. En el próximo capítulo, veremos cómo aprenden los perros.

CÓMO APLICAR LA CIENCIA EN CASA

• Considere si tiene el tiempo, la economía y el entorno doméstico adecuados para un perro. ¿Tiene tiempo para hacer ejercicio, asearlo y jugar con él? Si algunos días va a estar fuera de casa durante mucho tiempo, ¿puede hacer los arreglos necesarios, por ejemplo, con un paseador de perros? ¿Está dispuesto a aprender lo que necesita el perro? Tal vez quiera cuidar al perro de un amigo durante un tiempo para adquirir experiencia en el cuidado.

• Investigue la salud física y de comportamiento de la(s) raza(s) que le interesa(n). Anote las pruebas genéticas recomendadas para la raza y pregunte siempre por ellas. Si una raza tiene tendencia a los problemas de salud, es posible que quiera elegir el criador con cuidado, contratar un seguro, prever facturas veterinarias más elevadas o, incluso, elegir una raza diferente. Si adquiere una raza mixta para evitar problemas hereditarios, asegúrese de que la otra raza o razas no tienen los mismos problemas (por ejemplo, un cruce de dos razas braquicéfalas es probable que siga siendo braquicéfalo).

• Recuerde que hay muchas razas entre las que elegir. Si la tendencia de una raza concreta a los problemas de salud hereditarios le hace pensárselo dos veces, reflexione sobre lo que le atrajo de esa raza. Si quería un perro pequeño, investigue otras razas pequeñas. Si quería un perro que no necesitara mucho ejercicio, considere razas apropiadas de todos los tamaños (o tal vez un perro viejo de un refugio sea el adecuado para usted). Si está pensando en tener hijos dentro de unos años, elija una raza que se describa como amistosa, y haga un esfuerzo especial para asegurarse de que el cachorro tenga experiencias agradables con los niños durante el periodo de sensibilidad (véase el capítulo 8).

- Aproveche las consultas previas a la compra que ofrecen algunos veterinarios y adiestradores de perros para que lo ayuden a pensar en el perro adecuado para usted.
- Observe siempre a un cachorro con su madre en su entorno familiar antes de llevárselo a casa. Considere la posibilidad de utilizar un contrato para cachorros (disponible en algunas organizaciones de bienestar animal).
- Pregunte al criador (o al hogar de acogida) cómo están socializando al cachorro. El periodo sensible para la socialización del cachorro es de las tres hasta las doce o catorce semanas. Haga planes para continuar la socialización una vez que el cachorro esté con usted. Una buena clase para cachorros puede formar parte de sus planes (véase el capítulo 3).
- Dé al cachorro la posibilidad de elegir, anímelo (no lo fuerce) y proteja a un cachorro tímido. Recuerde que la socialización significa dar a su perro experiencias felices y positivas.
- No olvide que los refugios también son buenas fuentes de perros familiares; en algunos casos, un perro mayor puede ser mejor para su familia que un cachorro.

CAPÍTULO 3
CÓMO APRENDEN LOS PERROS

Independientemente de que traigamos a casa un cachorro o un perro adulto, tenemos que decidir cuáles son las normas y entrenarlos para que se comporten como nosotros queremos. Por desgracia, mucha gente sigue creyendo en el mito de los perros como miembros de una manada de lobos, que intentan ser dominantes todo el tiempo y compiten con su humano para liderar la manada. Es una lástima, porque esta idea establece de inmediato una relación humano-canina de confrontación. Pero se supone que los perros son nuestros mejores amigos. Así que empecemos por ver cómo aprenden los perros.

Introducción al aprendizaje de los animales

Los perros están aprendiendo todo el tiempo, tanto si les enseñamos deliberadamente como si no. Aprenden a lo largo de su vida, pero también nacen con algunos comportamientos específicos de la especie llamados los patrones de acción modal (antes llamados patrones de acción fija, pero el nombre ha cambiado para reflejar el hecho de que tienen cierta flexibilidad). Los patrones de acción modal tienen una base genética y se encuentran en todos los miembros de la especie, pero pueden modificarse mediante el aprendizaje. La caza es un ejemplo, porque algunos aspectos de la secuencia de caza son genéticos, pero también se modifican con el tiempo a medida que los perros practican sus habilidades de caza. Otros comportamientos son totalmente aprendidos, ya sea mediante la interacción con el entorno o con nosotros. Los perros aprenden de diferentes maneras: aprendizaje no asociativo y aprendizaje asociativo.[1]

Aprendizaje no asociativo

El aprendizaje de un solo evento es cuando un perro aprende algo después de que ocurra una sola vez. Puede ocurrir después de haber comido algo que le ha sentado mal, al igual que ocurre con las personas cuando una intoxicación alimentaria o la ingesta excesiva de una determinada bebida alcohólica les aleja de ese alimento o bebida en el futuro.

La habituación es un tipo de aprendizaje sencillo que se produce cuando los perros se acostumbran gradualmente a algo que es repetitivo y no les da miedo, por lo que ya no le prestan mucha atención, como el ruido de fondo de la nevera o el lavavajillas. Están perdiendo una respuesta conductual que no fue aprendida, como el sobresalto en respuesta al lavavajillas, y se acostumbran al sonido porque aprenden que no significa nada para ellos. A veces, pueden deshabituarse y volver a prestarle atención, pero lo más probable es que al poco tiempo se den cuenta de que sigue sin significar nada y vuelvan a ignorarlo.

Lo contrario de la habituación es la sensibilización, cuando una respuesta conductual no aprendida (como un sobresalto al oír el lavavajillas) empeora cada vez más. Si el lavavajillas fuera peligroso, esto sería una respuesta sensata, ya que ayudaría al perro a evitarlo, pero como no es peligroso solo sería una fuente innecesaria de estrés. A veces, la gente supone que su perro se acostumbrará a algo y, en cambio, lo sensibiliza accidentalmente (véase el capítulo 8 para saber cómo puede ocurrir esto con los niños).

A veces, puede ser difícil saber de antemano si un perro va a habituarse o sensibilizarse a un estímulo. El aprendizaje social significa aprender de otros perros o de los humanos. El refuerzo del estímulo se produce cuando la atención del perro es atraída por algo porque otro perro está manipulándolo, y el refuerzo local significa que el perro es atraído por un estímulo o lugar debido a la presencia de otro perro. La facilitación social significa que el perro tenderá a hacer algo, por ejemplo, unirse a la carrera, porque otros perros también están corriendo. También se ha investigado la capacidad de imitación de los perros, sobre todo en lo que se refiere a preferir determinados alimentos, dar rodeos o manipular equipos para conseguir comida.[2] Los cachorros que observan a su madre realizando tareas de detección de narcóticos son más rápidos en la detección de drogas que los que no lo hacen, aunque no está claro si esto se debe al aprendizaje por observación.[3] El método de adiestramiento canino *Do as I Do* enseña a los perros a copiar un comportamiento realizado por un humano, en la medida en que la anatomía canina lo permita.[4] Sin embargo, es necesario investigar más para comprender plenamente el aprendizaje social y saber si existen mecanismos más simples que lo sustentan.[5]

Aprendizaje asociativo

Los perros aprenden por asociación con los acontecimientos: cuando el coche gira en una dirección determinada, significa que van al veterinario, por ejemplo. Esto se llama condicionamiento clásico y afecta a las emociones del perro más que a su comportamiento. Por ejemplo, si sabemos que un perro tiene miedo a los extraños, podemos asegurarnos de que, cuando vayan a aparecer extraños, le demos al perro comida deliciosa, y con el tiempo aprenderá a que le gusten los extraños.

Los perros también aprenden con las consecuencias: si salto sobre ti, te lamo la cara; si me siento cuando me lo pides, me dan una galleta de mantequilla de cacahuete. Es un concepto sencillo, pero es muy fácil reforzar accidentalmente al perro por hacer algo que realmente no querías. Esto se llama condicionamiento operante. Al enseñar a los perros a comportarse, utilizamos el condicionamiento operante para premiar o castigar los comportamientos.

La extinción se produce cuando el perro aprende que las consecuencias que esperaba ya no se producen. Supongamos que cada vez que su perro ladra a la ventana, usted lo ignora. Su perro seguirá ladrando, pero —si no hay nada más que refuerce el comportamiento— acabará por dejar de ladrar.

Antes de que eso ocurra, es habitual que se produzca lo que se denomina una ráfaga de extinción, en la que se producen aún más ladridos a medida que el perro se esfuerza más y más por hacer que el comportamiento funcione. En este punto, la gente suele pensar que ignorar no funciona, por lo que responden al perro y recompensan inadvertidamente el comportamiento, lo que socava todo el intento de extinción.

Ahora tengo que añadir una salvedad, porque los perros ladran por muchos motivos e ignorar el comportamiento no funcionará si hay algo que lo refuerza (como que la persona a la que ladran se aleje por la calle). También podemos extinguir accidentalmente las conductas que deseamos eliminando el refuerzo, como cuando enseñamos a un perro a *venir* cuando se le llama utilizando una recompensa de comida, y luego simplemente dejamos de dar las recompensas. El perro seguirá viniendo durante un tiempo, esperando esa galleta, pero luego aprenderá que ya no ocurre. Si hay otras cosas más motivadoras para ellos, irán y harán esas cosas en su lugar.

El condicionamiento operante es la base de la mayor parte del adiestramiento canino, mientras que el condicionamiento clásico se utiliza a menudo para ayudar a los perros temerosos. Veamos estos dos tipos de condicionamiento con más detalle.

Condicionamiento clásico: el aprendizaje de Pávlov

La mayoría de la gente conoce la historia de los perros de Pávlov. Ivan Pávlov fue un fisiólogo ruso que descubrió que era posible emparejar un reflejo natural como la salivación con algo totalmente ajeno (el sonido de una campana). Los perros salivan automáticamente al ver y oler la comida, a veces hasta el punto de que se les escapa la baba de la boca. En términos técnicos, en el condicionamiento clásico nos referimos a la comida como el estímulo incondicionado (US) y a la salivación como la respuesta incondicionada (UR). Se trata de una asociación incondicionada porque se produce de forma natural. Pávlov descubrió que, si tocaba una campana justo antes de entregar la comida, los perros salivaban en respuesta al sonido de la campana. En este caso, nos referimos al sonido de la campana como el estímulo condicionado (EC) y a la salivación como la respuesta condicionada (RC). Se llama condicionada porque tiene que ser aprendida. No es normal salivar en respuesta al sonido de una campana, pero los perros aprendieron que significaba que iba a llegar la comida.

El condicionamiento clásico se utiliza más a menudo como contracondicionamiento junto con la desensibilización para ayudar a los perros a superar sus miedos. La desensibilización consiste en presentar el estímulo a un nivel muy bajo con el que el perro se sienta satisfecho, y aumentarlo gradualmente para que el perro se acostumbre a él (lo contrario de la sensibilización). En el contracondicionamiento cada presentación del estímulo va seguida de algo que le gusta al perro (como el pollo o el queso) para que aprenda que el estímulo predice cosas buenas.

Tenga en cuenta que en la desensibilización y el contracondicionamiento no se requiere ningún comportamiento por parte del perro (aparte de ser consciente del estímulo), ya que el objetivo es cambiar las emociones del perro, no su comportamiento.

Desensibilización y contracondicionamiento

• La «cosa» (CS) se produce a un nivel con el que el perro está satisfecho; por ejemplo, una grabación muy silenciosa de fuegos artificiales o un extraño que se queda quieto en la distancia.

• En cuanto el perro se da cuenta de la «cosa», recibe comida (US), que al perro le gusta (UR). Con el tiempo, el perro aprende a querer la «cosa», que es la respuesta condicionada (RC).

• Una gran manera de hacer esto en la vida real es utilizar la técnica de la barra abierta/barra cerrada de Jean Donaldson. En cuanto el perro note el estímulo, inicie el flujo de pollo o queso (o cualquier golosina que esté utilizando) como «la barra está abierta». Mantenga el flujo hasta que el estímulo desaparezca o se detenga, y entonces detenga el flujo de golosinas («la barra está ahora cerrada»). Esta técnica ayuda a que la relación predictiva entre el estímulo y la comida sea obvia para el perro. Todo esto debe ocurrir mientras el perro está contento con el nivel del estímulo. Si accidentalmente sobrepasa el umbral, reduzca inmediatamente el nivel del estímulo (por ejemplo, baje el volumen o ponga distancia entre usted y el extraño), y luego alimente como de costumbre.

Condicionamiento operante: aprendizaje de Skinner

Una de las cosas que más me gusta enseñar a un perro es una breve sentada-espera, especialmente si es nervioso y saltarín porque puede marcar una gran diferencia en la facilidad de interacción con ese perro. También es divertido, con pasos iniciales que dan al perro la oportunidad de ganar muchas recompensas en un minuto. A algunos perros les resulta muy difícil quedarse quietos mientras cuelgo un trozo de pollo delante de ellos durante solo un segundo; a otros les resulta difícil cuando empiezo a moverme un poco y quieren saltar y seguirme. Con el tiempo, a medida que el hecho de quedarse quieto se convierte en una historia de refuerzo, ocurre más a menudo, incluso cuando no se lo he pedido. Esto coincide con una de las primeras leyes del comportamiento animal, enunciada por el psicólogo estadounidense Edward Thorndike como la ley del efecto: los comportamientos que obtienen consecuencias agradables se repetirán más a menudo, mientras que los que tienen consecuencias desagradables se darán menos.

B. F. Skinner elaboró las ideas de Thorndike e hizo el trabajo clásico sobre el condicionamiento operante. Delineó lo que los adiestradores de perros suelen denominar cuadrantes: refuerzo positivo, refuerzo negativo, castigo positivo y castigo negativo.

El refuerzo positivo (R+) significa añadir algo inmediatamente después de que se produzca un comportamiento para aumentar la frecuencia de este. Técnicamente, el término se divide en dos partes. Refuerzo significa que el comportamiento continúa o se hace más frecuente. Y positivo significa que se añade algo. Por ejemplo, se le pide al perro que se siente, el perro se sienta y se le da una golosina (se añade algo). Es más probable que el perro se siente la próxima vez que se lo pidas (el comportamiento se ha reforzado). Aquí, las palabras positivas y negativas no se utilizan como términos evaluativos (bueno y malo), sino como descripciones neutrales sobre si se ha añadido o quitado algo.

Castigo significa algo que reduce la probabilidad de que un comportamiento se repita; en otras palabras, el comportamiento se vuelve menos frecuente. Por lo tanto, el castigo positivo (P+) significa añadir algo después de que el perro realice un comportamiento que disminuya la frecuencia del comportamiento. Por ejemplo, si el perro salta cuando usted entra por la puerta y le da un rodillazo en el pecho, y la siguiente vez que entra por la puerta el perro no salta, ha castigado positivamente el salto. Ha añadido algo (la desagradable sensación de un rodillazo en el pecho) y ha reducido la frecuencia del comportamiento. Tenga en cuenta que no estoy abogando por esto como una manera de entrenar a un perro, y vamos a llegar a las razones de por qué en un momento. Y también puede no funcionar (por ejemplo, si el perro lo percibe como un juego y sigue saltando). En el lenguaje cotidiano, cuando decimos la palabra «castigo» nos referimos al castigo positivo.

El refuerzo negativo (R-) significa quitar algo que aumenta la frecuencia del comportamiento. Un ejemplo sería presionar el trasero del perro hasta que se siente, momento en el que se suelta. Suponiendo que el perro se siente más a menudo, el comportamiento de sentarse se refuerza al eliminar la presión sobre el trasero del perro. Y el castigo negativo (P-) significa quitarle algo que hace que el comportamiento disminuya en frecuencia. Por ejemplo, su perro salta sobre usted y usted se aparta de él o incluso sale de la habitación durante treinta segundos cada vez. Está quitando su atención y es menos probable que el perro salte en el futuro (¡pero recuerde lo que dije antes sobre las ráfagas de extinción!).

Ejemplos de condicionamiento operante: el entrenamiento basado en la recompensa utiliza R+ y P-			
Antecedentes	Comportamiento	Consecuencia	Resultado
Dices «Siéntate»	- El perro se sienta	- R+ - Consecuencia positiva para el perro (consigue una golosina, un momento de atención y caricias o un rato de juego)	- El comportamiento se producirá con más frecuencia.
Vuelve a casa	- El perro salta sobre ti	- P- - Consecuencia positiva. No más golosinas, atención ratos de juego.	- El comportamiento se producirá con menos frecuencia.
Saluda al perro	- El perro salta sobre ti	- P+ - Consecuencia negativa. Por ejemplo, un tirón de la correa, presión en la parte trasera del perro o una descarga del collar electrónico.	- El comportamiento se producirá con más frecuencia.
Dices «Siéntate» mientras tiras del collar electrónico y aplicas presión a la parte trasera del animal.	- El perro se sienta	- R- - Consecuencia negativa. Se reducen los tirones de la correa, las descargas del collar electrónico o la presión en la parte trasera del animal.	- El comportamiento se producirá con menos frecuencia.

La tabla tiene ejemplos de refuerzo y castigo. Tenga en cuenta que la consecuencia debe tener un efecto en el comportamiento. Por ejemplo, si se acaricia al perro con la intención de que sea un refuerzo positivo, pero no tiene ningún efecto en el comportamiento del perro, entonces las caricias no fueron realmente un refuerzo para el perro.

Las consecuencias no son la única forma de cambiar los comportamientos; también podemos cambiar los antecedentes, algo que los adiestradores de perros llaman arreglos de los antecedentes. Por ejemplo, supongamos que el perro tiene el hábito de beber de la taza del cuarto de baño. El antecedente es que la tapa está levantada y permite el acceso al agua del inodoro. Un sistema de antecedentes muy sensato sería asegurarse de que la tapa no se deja nunca levantada, de modo que el perro no pueda beber del agua del retrete. Por supuesto, también debe asegurarse de que el perro tenga acceso a un suministro de agua adecuado.

Adiestramiento de perros: la relación entre los métodos de adiestramiento y el comportamiento

Los métodos basados en la recompensa son los que utilizan el refuerzo positivo (R+) y/o el castigo negativo (P-), o las estrategias de gestión humanitaria (como poner una tapa en el cubo de la basura para evitar que los perros asalten la misma, o utilizar un arnés antitirones para los perros que tiran de la correa).[6] El ejercicio y el enriquecimiento suelen ser también parte de la solución para resolver los problemas de comportamiento (véanse los capítulos 9 y 10).

El 88 % de los propietarios de perros realizan al menos algún tipo de adiestramiento en casa, según un informe del *Journal of Veterinary Behavior*, pero parece que la mayoría no utiliza exclusivamente métodos basados en la recompensa.[7] Desgraciadamente, cuando la gente utiliza métodos anticuados para adiestrar a los perros, quizá porque no se dan cuenta de que la ciencia recomienda los métodos basados en la recompensa, están usando métodos que dependen del miedo y el dolor. Dicen que solo es un golpe, una corrección o una información. Pero los collares de púas, los collares de ahogo, las correcciones con correa, los collares electrónicos y los rollos alfa (hacer rodar al perro sobre su espalda y mantenerlo así hasta que deje de moverse) funcionan porque son dolorosos o temibles para el perro. Son métodos aversivos.

En una encuesta publicada en el *Journal of Veterinary Behavior* se preguntó a los propietarios sobre sus métodos de adiestramiento y su asistencia a clases de obediencia canina.[8] A continuación, se pidió a los propietarios que vieran una lista de treinta y seis posibles problemas de comportamiento de los perros, entre los que se incluían problemas de búsqueda de atención (por ejemplo, saltar, dar la pata o morder al propietario), problemas de miedo (por ejemplo, evitar o esconderse de personas conocidas o desconocidas) y agresividad, y que indicaran cuál o cuáles presentaba su perro. El 78 % de los perros saltaban a la gente, el 75 % daba zarpazos o reclamaba atención y el 74 % se mostraba excitable con los visitantes. Todos estos son comportamientos amistosos y prosociales (al menos a los ojos del perro). Las tres cuestiones de comportamiento más comunes que la gente describió como problemáticas fueron la agresión hacia los miembros de la familia, ensuciar la casa cuando el dueño estaba en ella y morder o destruir cosas cuando el dueño estaba fuera. Los propietarios que solo utilizaban el refuerzo positivo en el adiestramiento eran menos propensos a informar de problemas de comportamiento relacionados con el miedo, la agresión y la búsqueda de atención. Curiosamente, los niveles más altos de miedo, agresividad y búsqueda de atención se dieron en perros cuyos propietarios utilizaron tanto el refuerzo como el castigo positivo (los llamados métodos de adiestramiento «equilibrados»).

Un estudio realizado en Viena y publicado en *Applied Animal Behaviour Science* analizó si el tamaño del perro suponía alguna diferencia.[9] Los propietarios de perros en esa ciudad están obligados a registrarlos, y los investigadores enviaron un cuestionario a una muestra aleatoria de propietarios, lo que significa que los resultados de la encuesta son representativos de la población de esa ciudad. El estudio calificó a un perro como pequeño (hasta 20 kilos o 44 libras de peso) o grande. El 80 % de los propietarios utilizó el castigo para adiestrar a su perro, sobre todo tirando de la correa, regañando y sujetando el hocico del perro. El 90 % de los propietarios utilizó recompensas con frecuencia o muy a menudo. Tanto en el caso de los perros pequeños como en el de los grandes, cuanto más a menudo utilizaban los propietarios el castigo, más agresivo y excitable era el perro. La relación era más fuerte en el caso de los perros pequeños. Por el contrario, cuanto más a menudo utilizaban las recompensas, más obedientes calificaban a su perro, y también menos agresivo y excitable. Otro hallazgo importante es que los propietarios de perros pequeños son menos constantes en el adiestramiento, hacen menos hincapié en él y realizan menos actividades con su perro que los que tienen perros grandes. Y la constancia es importante cuando se trata de la obediencia: cuanto menos constante es el dueño, menos obediente es su perro.

En otro estudio publicado en *Applied Animal Behaviour Science*, se preguntó a cincuenta y tres propietarios de perros cómo los habían adiestrado y se grabó un vídeo en el que se les pedía que se sentaran, se tumbaran y se quedaran.[10] A continuación, los investigadores dieron al propietario una bolsa de golosinas y una pelota para que las utilizara como recompensa si lo deseaba, y les dieron cinco minutos para enseñar a su perro una nueva tarea: tocar una de las dos cucharas a la orden. Todos los participantes habían utilizado en el pasado una mezcla de premios y castigos para adiestrar a su perro. Si los dueños habían tendido a utilizar el castigo con más frecuencia que las recompensas, los perros eran menos juguetones con el dueño y menos interactivos con el investigador. Los perros cuyos propietarios habían utilizado más las recompensas fueron más rápidos en aprender la nueva tarea. Los perros también aprendían mejor la nueva tarea si sus dueños eran pacientes y utilizaban más recompensas. La razón más probable para la mejora de los resultados es la motivación.

Otro estudio, publicado en el *Journal of Veterinary Behavior*, observó a perros en dos escuelas de adiestramiento canino diferentes, una que utilizaba el refuerzo positivo y otra que utilizaba el negativo.[11] Los perros del grupo de refuerzo negativo mostraron más signos de estrés, como una postura corporal baja (manteniendo el cuerpo más cerca del suelo), mientras que los perros del grupo de refuerzo positivo miraban mucho más a sus dueños. Esto es importante porque se necesita la atención del perro para pedirle que haga algo. Así que el refuerzo positivo no solo es mejor para el bienestar del perro, sino también para el vínculo humano-canino.

La mirada es una parte importante de la relación humano-canina (Fuente: Jean Ballard).

Un estudio sobre un cuestionario publicado en *Applied Animal Behaviour Science* descubrió que los métodos de confrontación pueden provocar una respuesta agresiva.[12] Al menos una cuarta parte de los propietarios de perros declararon haber obtenido una respuesta agresiva a un rollo alfa, a la dominación (poner al perro de lado y mantenerlo así), a amordazar al perro, a quitarle algo de la boca por la fuerza y a agarrar al perro por la papada. El 11 % de los perros respondieron de forma agresiva al uso de un collar de ahogo o de púas, y el uso de un collar de choque obtuvo una respuesta agresiva. Las técnicas menos aversivas, como gruñir al perro, mirarlo fijamente o gritarle «¡no!», también obtuvieron a veces una respuesta agresiva (sí, has leído bien, algunas personas gruñen a su perro).

Una revisión en el *Journal of Veterinary Behavior* de diecisiete artículos sobre métodos de adiestramiento de perros, incluidos los mencionados anteriormente, concluyó que los métodos basados en la recompensa son mejores para el bienestar de los perros y, en algunos casos, incluso parecen ser más eficaces.[13] Aunque muchos de estos estudios son correlativos y, por tanto, no pueden demostrar una relación causal entre los métodos de adiestramiento y los signos de miedo, ansiedad o estrés, la investigación existente ha llevado a organizaciones como la Sociedad Veterinaria Americana de Comportamiento Animal y el Gremio de Profesionales de Animales de Compañía a advertir contra el uso de métodos aversivos en el adiestramiento de perros. [14]

LOS RIESGOS DE LOS COLLARES ELECTRÓNICOS

Aunque muchos adiestradores obtienen excelentes resultados sin ellos, algunos siguen utilizando collares electrónicos, también conocidos como collares de choque. A pesar de las afirmaciones de que se limitan a «golpear, estimular o cosquillear», solo funcionan en la medida en que el perro encuentra la sensación desagradable y merece la pena evitarla. De lo contrario, estos collares no tendrían ningún efecto (o el efecto contrario al deseado). Por otra parte, hay quien dice que un collar electrónico es un último recurso, aunque la ciencia no apoya esta opinión.

Una investigación publicada en *PLOS ONE* muestra que, incluso cuando son utilizados por adiestradores experimentados y de acuerdo con las directrices del fabricante, los collares electrónicos suponen un riesgo para el bienestar de los animales.[15] Los investigadores probaron los collares específicamente para el adiestramiento del recuerdo (los perros acuden cuando se les llama) en presencia de ganado (en este caso, ovejas). Había tres grupos de perros: perros entrenados con un collar electrónico por un adiestrador recomendado por la Asociación de Fabricantes de Collares Electrónicos, perros adiestrados con refuerzo positivo por esos mismos adiestradores, y perros adiestrados con refuerzo positivo por adiestradores especializados en el uso de refuerzo positivo. Todos los perros llevaban un collar electrónico activado o desactivado, de modo que los observadores que evaluaron los vídeos no podían saber en qué grupo estaban los perros (es decir, estaban ciegos a la condición). Los perros del grupo con collar electrónico activado mostraron con más frecuencia signos de estrés (como cola baja y bostezos), aunque no hubo diferencias en los niveles de la hormona cortisol (un indicador de excitación). El estudio concluyó que el uso de collares electrónicos tiene riesgos para el bienestar de los animales y no produce mejores resultados que el refuerzo positivo.

¿Qué hay del uso de collares electrónicos como mecanismo de valla para mantener al perro dentro de una zona determinada? La valla se crea enterrando sensores a lo largo de la línea en la que el perro debe permanecer dentro, con marcadores visibles por encima a efectos de adiestramiento. Cuando el perro sobrepasa uno de los sensores, el collar emite una descarga.

Una encuesta realizada a propietarios de perros en Ohio, publicada en el *Journal of the American Veterinary Medical Association*, reveló que el 44 % de las personas que utilizaban una valla electrónica afirmaban que el perro se había escapado, frente al 23 % de los que utilizaban una valla física.[16] Por desgracia, si un perro se escapa de una valla electrónica (por ejemplo, para perseguir a un gato que pasa por allí), puede ser reacio a volver al patio porque recibirá una descarga en el camino de vuelta. Además, estas vallas no impiden la entrada de animales salvajes y otros perros o personas al patio, lo que significa que el perro puede seguir corriendo el riesgo de ser atacado por animales salvajes o perros. Otro riesgo es que el perro puede asociar la descarga con el perro o la persona que acaba de pasar, por lo que puede volverse temeroso o agresivo con otros perros o personas.

Una revisión de la investigación científica sobre los collares electrónicos concluye que su uso no está justificado y sugiere que se prohíban; en su lugar, se fomentan los métodos basados en la recompensa.[17] Los collares electrónicos (incluidas las vallas) están prohibidos en varios países, como Gales, Austria, Dinamarca, Suecia y Suiza (Inglaterra prohibió otros tipos de collares electrónicos, pero no las vallas electrónicas para perros y gatos).

Las ventajas de la formación
basada en la recompensa

Una vez me pasé una hora poniéndole un arnés a un perro y volviéndoselo a quitar. Era una preciosa husky siberiana que tiraba como una loca en los paseos y no estaba muy acostumbrada a que la manejaran. El intento de ponerle el arnés provocó que saltara y se pusiera a morder, así que empecé simplemente mostrándole el arnés y dándole un trozo de pollo por no saltar. A continuación, le atraje la cabeza a través del arnés para darle pollo, luego esperé a que pasara la cabeza por su propia voluntad, y así sucesivamente. Nuestro adiestramiento avanzó rápidamente, ya que le encantaba el pollo, era muy lista y tenía muchas ganas de salir a pasear. Una vez que le puse el arnés, la saqué para que hiciera un rápido descanso para ir al baño, y estaba muy contenta de salir. Luego, volvimos a entrar para seguir practicando cómo ponerle y quitarle el arnés sin que me mordiera las manos.

Aunque estoy acostumbrada a ponerle el arnés a perros nerviosos, quería saber si se quedaría quieta mientras alguien le ponía el arnés. Los huskies siberianos son conocidos por necesitar mucho ejercicio, así que este uso del refuerzo positivo permitió un futuro de largos paseos.

Somos responsables en última instancia de todo lo que experimentan, desde su horario de alimentación y eliminación, hasta su ejercicio y el acceso a cosas tanto maravillosas como aterradoras. Una vez que reconozcamos que los humanos somos responsables de todo ello y que los perros son animales impotentes cuyo bienestar depende de nosotros, la amabilidad y la consideración son naturales. Los perros toman decisiones cuando tienen la oportunidad de estar calentitos, bien alimentados, cerca de las personas y los animales a los que están unidos (¡una decisión importante!), y de estar seguros. Nosotros, los humanos, somos los que presentamos esas oportunidades.

La modificación de la conducta sin fuerza tiene entonces sentido: si quiere influir en lo que hace un perro, ofrézcale opciones adecuadas, dele tiempo para elegir y refuerce la conducta que desea. Si el perro elige mal, inténtelo de nuevo, no lo castigue. El castigo provoca estrés y destruye la confianza, de modo que se inhibe la toma de decisiones. Nosotros también somos capaces de tomar decisiones; elegir entrenar a los perros con amabilidad y generosidad es una decisión importante.

Ilana Reisner, DVM, PhD, DACVB,
Reisner VeterinaryBehavior and Consulting Services

El adiestramiento es bueno para el bienestar de su perro porque lo ayuda a saber cómo comportarse para obtener refuerzos como caricias, juegos o comida. En situaciones en las que el perro no está seguro, adoptará por defecto comportamientos que han sido recompensados en el pasado, como sentarse. Y, según una investigación publicada en el *Journal of Veterinary Behavior*, que analizó los resultados de los perros remitidos a un veterinario especialista en comportamiento, los buenos consejos reducen las eutanasias y mantienen a los perros en los hogares.[18] Además, el adiestramiento basado en recompensas es una actividad divertida que puede enriquecer a su perro. En el mejor de los casos, el adiestramiento con comida o juegos como recompensa puede enseñar a los perros a detectar narcóticos u otras sustancias, a realizar rutinas de estilo libre canino con sus pinzas o, incluso, a aprender palabras, como Rico, el border collie, que aprendió más de doscientas palabras, y Chaser, también border collie, y que conoce más de mil palabras.[19]

El mundo sería un lugar mejor para los perros si todos los propietarios entendieran que el comportamiento de su perro, bueno y malo, está motivado puramente por las consecuencias, no por el deseo de su perro de ser «líder de la manada». El mito de que debemos dominar a los perros, o de lo contrario ellos asumirán la posición alfa, es anticuado e incorrecto. Gracias a la reciente explosión en la profundidad y amplitud de la investigación canina en los últimos quince años, nuestro entendimiento del comportamiento de los perros ha mejorado notablemente.

Ahora sabemos que no intentan ser el jefe; simplemente hacen lo que les funciona. Los comportamientos que tienen una consecuencia deseada se repiten, mientras que los que no la tienen tienden a detenerse. Lo mismo ocurre con los humanos y, de hecho, con cualquier otro ser vivo del planeta. Por eso el adiestramiento con refuerzo positivo es tan eficaz. Cuando se refuerza a los perros (y a otros animales) con cosas que les gustan, por comportarse de una determinada manera, ellos aprenden rápidamente a repetir esos comportamientos.

Estudios recientes también nos ha enseñado que castigar físicamente a los perros (abofetear; hacer saltar la cadena de control) por comportamientos no deseados puede afectar negativamente a su bienestar y al vínculo humano-animal, y el castigo no enseña al perro lo que debe hacer en su lugar. Desgraciadamente, esta comprensión relativamente nueva del comportamiento, el aprendizaje y el adiestramiento de los perros no se ha convertido en un conocimiento común entre la población general y el viejo paradigma persiste. A los que tenemos esta nueva comprensión nos corresponde compartir nuestros conocimientos a lo largo y ancho para hacer del mundo un lugar mejor para los perros.

Kate Mornement, PhD, experta en
comportamiento animal en Pets Behaving Badly

Clases para cachorros

Una buena clase para cachorros puede ayudar a su socialización. Un estudio publicado en *Applied Animal Behaviour Science* descubrió que la asistencia a clases para cachorros se asociaba a un menor riesgo de que los perros fueran agresivos con personas desconocidas en el hogar o fuera de él[20] (este estudio también descubrió que la asistencia a clases de adiestramiento de perros adultos se asociaba a un mayor riesgo de agresividad canina, quizá porque es más probable que la gente asista si tiene problemas con su perro, o por los métodos utilizados en la clase, que no se evaluaron). Y sabemos que una sola clase no es tan eficaz como una clase de cachorros de seis semanas basada en recompensas.[21] Durante una clase de seis semanas, los cachorros tienen la oportunidad de socializar continuamente con otras personas y otros cachorros, y estos encuentros los ayudarán a generalizar esas experiencias. Los cachorros pueden empezar las clases a las siete u ocho semanas de edad y deben recibir sus primeras vacunas una semana antes.[22]

En un estudio realizado por la doctora Janet Cutler, consultora de comportamiento animal en Landmark Behaviour y que disfruta de una beca posdoctoral en la Universidad de Guelph, se preguntó a los propietarios de nuevos cachorros qué hacían para socializarlos, si iban o no a clases para cachorros y —si eran uno de los 49 % que sí lo hacían— qué ocurría allí.[23] Cutler me dijo: «Descubrimos que las personas que asistían a clases para cachorros eran menos propensas a utilizar la disciplina basada en el castigo, en particular gritando a sus perros o sujetando a su perro de espaldas. Además, los cachorros de estas personas eran menos propensos a responder de forma temerosa a algunos ruidos y también al adiestramiento en jaulas». Los resultados son correlativos, y es posible que un tipo diferente de persona elija asistir a clases para cachorros que los que no lo hacen.

La literatura científica no tiene directrices sobre cuánta socialización es suficiente, pero a efectos del estudio de Cutler, «no es suficiente» se definió como hasta diez personas nuevas y hasta cinco perros nuevos en un periodo de dos semanas. «Las personas que asistieron a estas clases para cachorros acabaron exponiendo a sus cachorros a más gente y a más perros», afirma Cutler. Aun así, alrededor de un tercio de los cachorros de este estudio no recibían suficiente socialización. Sin embargo, señaló que la calidad de la experiencia es importante. Obligar a un cachorro a conocer a personas y perros no es socialización sino una experiencia potencialmente aterradora que puede hacer más daño que bien.

Cutler señaló que muchas clases no habitúan a los cachorros a los ruidos fuertes (como los fuegos artificiales), lo que podría ser de ayuda para no tenerles miedo cuando sean perros adultos. También destacó que muchas clases no incluían ejercicios de manejo, que podrían ayudar a que el cachorro se acostumbre al tipo de manejo que experimentará en el veterinario a lo largo de su vida. Pero concluyó: «Recomiendo a todo el mundo que lleve a sus cachorros a clases, siempre que se trate de una que ofrezca experiencias positivas. Yo soy asesora de comportamiento, ahora tengo una cachorra y está inscrita en una escuela local porque no doy clases. Así que voy a clases para cachorros con ella, aunque sé sobre socialización, sé lo que debería hacer. Sigo pensando que son cosas valiosas».

Una buena clase para cachorros se asegurará de que todos se diviertan, manteniendo a los tímidos alejados de los más bulliciosos y dejando que los cachorros se escondan junto a sus dueños si lo desean. Las oportunidades de juego también deben ser positivas para todos los cachorros implicados. Si no está seguro, el adiestrador debe hacer una prueba de consentimiento separando a los cachorros. Si el que parecía haber sido víctima vuelve a jugar, sabrá que el juego fue correcto. Pero si no lo hace, mantenga a los cachorros separados. Un buen adiestrador se asegurará de que los cachorros no sean intimidados y utilizará barreras o corrales de ejercicio según sea necesario.

CÓMO ELEGIR UN BUEN ADIESTRADOR DE PERROS

Las clases de adiestramiento no son solo para cachorros; los perros adultos también pueden beneficiarse de ellas, incluidas las de obediencia o las especializadas en temas como el saludo a los invitados o el gusto por las visitas al veterinario. Para los problemas de comportamiento, probablemente sea más apropiado el adiestramiento privado de perros.

Cuando elija un adiestrador de perros, busque a alguien que utilice la comida para adiestrar a su perro, en parte porque este enfoque evita automáticamente el uso de castigos físicos (como los collares de púas, los collares electrónicos y los rollos alfa) y porque la comida es fácil de administrar como refuerzo oportuno. Para algunos problemas, puede ser necesario acudir al veterinario, a un conductista veterinario o a un especialista en comportamiento animal (o a una combinación de su veterinario y un adiestrador debidamente cualificado). Si no hay nadie disponible a nivel local, algunos adiestradores ofrecen consultas por Internet o por teléfono.

Si su perro es agresivo, tiene miedo o es destructivo, es vergonzoso, salta y se hace el sordo... le prometo que casi seguro que puede mejorar. Su perro puede mejorar y su relación con él también. Si puede comprometerse a adiestrar a su perro, sea como sea —tomando una clase de reactividad o trabajando individualmente con un adiestrador cualificado, por ejemplo—, podrá obtener ayuda. Y cuando salga con nuevas habilidades tanto para el humano como para el perro, una configuración ligeramente diferente en casa y algunas golosinas en el bolsillo, se sorprenderá de que un cambio tan colosal haya sido posible. Así que si las cosas son difíciles y lo que ha intentado no está ayudando, pida ayuda a otra persona. Todo mejorará.

Kristi Benson, CTC, entrenadora de perros y miembro del personal de la Academia de Entrenadores de Perros

Cómo aplicar la ciencia en casa

• Utilice el refuerzo positivo, una forma eficaz de adiestrar a los perros y que no conlleva los riesgos de un enfoque basado en el castigo. Si quiere saber más sobre la ciencia de los métodos de adiestramiento de perros y cómo afectan al bienestar, tengo una lista de artículos de investigación en mi sitio web con lugares donde puede leerlos en línea (busque la página llamada Dog Training Science Resources).

• Para trasladar la teoría a la práctica, intente ver los comportamientos problemáticos desde la perspectiva de su perro. Si hace algo que a usted no le gusta, elimine el refuerzo de la conducta problemática y/o proporcione mejores refuerzos para el comportamiento que sí desea. Piense en formas de gestionar la situación basadas en la recompensa. Si cree que su perro tiene miedo, consulte el capítulo 13.

• Haga preguntas. Cuando busque clases de adiestramiento de perros o contrate a un adiestrador privado, pregunte sobre los métodos que utilizan y asegúrese de que está satisfecho con las respuestas antes de contratarlo.

• Busque un adiestrador de perros certificado que sea miembro de una organización profesional, que participe en el desarrollo profesional continuo y utilice alimentos para adiestrar a su perro. Entre las certificaciones más respetadas se encuentran: el Certificado de Adiestramiento y Asesoramiento (CTC, de la Academia de Adiestradores de Perros); el Certificado de Socio Adiestrador de la Academia Karen Pryor (KPACTP); la designación de Entrenador de Perros de la Academia Victoria Stilwell (VSACDT); y la designación de Entrenador Certificado Pat Miller (PMCT). Todos estos programas tienen sitios web en los que puedes buscar formadores.

• Busque una clase para cachorros que haga hincapié en el refuerzo positivo y la socialización, que separe a los tímidos de los más bulliciosos durante el juego y anime a los cachorros (en lugar de obligarlos) a interactuar con otras personas.

• Dedique un tiempo al día a entrenar. Unas cuantas sesiones cortas son mejores que una sesión larga. Asegúrese de que todos los miembros de la casa están en la misma página, especialmente si los problemas son una cuestión de comportamiento, para no socavar el entrenamiento.

• Considere la posibilidad de llevar a su perro adulto a una clase. Estas clases abarcan desde la obediencia básica hasta actividades divertidas como los trucos o el trabajo de olfato canino (véase el capítulo 10).

CAPÍTULO 4
MOTIVACIÓN Y TÉCNICA

Una vez vi a un hombre paseando a un pastor alemán. Incluso desde la distancia era evidente que el perro estaba nervioso: su postura era baja y la forma en que caminaba me hizo preguntarme qué tipo de equipo llevaba. Mientras esperaba en el semáforo, tuve la oportunidad de verlo. El perro llevaba un collar de púas, apretado, colocado en lo alto del cuello. Hay alternativas fáciles, la más sencilla es un arnés sin tirón. Me pregunté por qué el hombre había elegido la correa.

Sabemos algo sobre las fuentes de información sobre el adiestramiento. Una encuesta publicada en el *Journal of Veterinary Behavior* descubrió que el 55 % de las personas dijeron que obtuvieron la información sobre el adiestramiento de perros por sí mismos.[1] Esta cifra se divide en un 42 % que la obtuvo de Internet, la televisión o un libro, y un 13 % que lo obtuvo «instintivamente». En otro estudio, en *Applied Animal Behaviour Science*, el «yo» también fue muy valorado como fuente de información sobre determinadas técnicas.[2]

Por desgracia, incluso cuando la gente recurre a los libros de adiestramiento de perros, no recibe necesariamente consejos modernos y con base científica, según una investigación publicada en *Society and Animals*.[3] El estudio revisó cinco libros de adiestramiento elegidos por su continua popularidad y se enmarcó en lo que los propietarios de perros necesitan saber. El aspecto positivo es que algunos de los libros contenían muy buena información, y tanto *It's Me or the Dog* (*Soy yo o el perro*) como *Don't Shoot the Dog!: The New Art of Teaching and Training* (¡No dispares al perro!: el nuevo arte de enseñar y adiestrar) de Karen Pryor salieron bien parados. Pero la revisión descubrió que algunos libros populares de adiestramiento de perros incluyen información incoherente, científicamente inexacta o poco clara; sugieren el uso de métodos basados en el castigo, a pesar de su asociación con resultados negativos, y utilizan antropomorfismos y referencias al liderazgo que pueden interferir con la comprensión de los propietarios de perros del comportamiento de su mascota.

La doctora Clare Browne, primera autora del estudio citado, es profesora (equivalente a catedrática adjunta) de la Universidad de Waikato, en Nueva Zelanda, y está especialmente interesada en los perros detectores de olores para la vigilancia. Browne me dijo en un correo electrónico: «Los buenos libros de adiestramiento de perros deben contener información que los lectores puedan entender y aplicar, pero la información también debe tener una base científica. Esta revisión demostró que no todos estos libros populares (que se mantuvieron en los primeros puestos de los sitios web de los grandes minoristas durante años) cumplen estas funciones. Esto es preocupante, porque las personas que leen algunos de estos libros pueden no estar recibiendo la mejor información en términos de eficacia de adiestramiento y bienestar animal». Es decir, esto es una mala noticia para el bienestar de los animales, y también para los propietarios que pueden tener problemas con el comportamiento de su perro por seguir un mal consejo.

APRENDER SOBRE LA TÉCNICA DE ADIESTRAMIENTO DE PERROS

Estoy intentando enseñar a Bodger a saltar por encima de mis brazos, y ahora mismo nos encontramos con un problema. He dividido la actividad en pequeñas etapas y empecé utilizando comida para atraerle a pasar por encima de mi brazo cuando lo mantenía a diez centímetros del suelo. Pronto me di cuenta de que esa tarea era demasiado difícil y tuve que empezar con el brazo apoyado en el suelo y las puntas de los dedos tocando la pared. No es la posición más cómoda para mí, pero ahora Bodger está muy contento de seguir la comida y pasar por encima de mi brazo. En poco tiempo he soltado el señuelo de la comida y él está siguiendo mi mano; una vez que todo él ha pasado por encima de mi brazo (y tengo su cola en mi cara mientras pasa), saco una golosina de mi bolsillo trasero para recompensarlo.

La parte complicada viene con la elevación gradual de mi brazo. Cinco centímetros por encima del suelo está bien porque no perturba su paso natural. Cuando muevo mi brazo un poco más alto para que esté a la altura de la parte inferior de su pecho, la estrategia de Bodger es intentar abrirse paso. «¡Qué pena!» digo, esforzándome por mantener mi brazo en posición. Lo mismo ocurre en el segundo y tercer intento, solo que él se esfuerza aún más por apartar mi brazo. «¡Qué pena!», le digo. Él sabe que esto significa que no se ha ganado su premio. Y ahora es el momento de bajar el brazo antes del siguiente intento, porque estoy siguiendo las reglas de «empujar, soltar, pegar» ideadas por la renombrada entrenadora de perros Jean Donaldson. Si cuatro o cinco intentos son correctos, paso al siguiente nivel; si tres son correctos, nos quedamos; si solo uno o dos son correctos, volvemos al nivel anterior. Es una forma eficaz de adiestrar porque se avanza o se retrocede en función de lo bien que lo esté haciendo el perro, y este método ayuda a mantener la atención del perro porque la importantísima tasa de refuerzo se mantiene alta.

Seguimos así durante unos cuantos intentos —empujar, soltar, empujar, soltar— . Después, voy aumentando progresivamente la posición de mi brazo, para ver si un incremento de altura menor funciona. Bodger está totalmente concentrado todo el tiempo, y es divertido porque incluso cuando se equivoca paso rápidamente a otro intento. Cuando finalmente da un pequeño salto al pasar por encima de mi brazo, estoy encantada. Y él también, porque su ritmo de recompensa ha aumentado.

Este ejemplo muestra todos los aspectos importantes del adiestramiento de perros: utilizar una recompensa que le guste (galletitas de mantequilla de cacahuete), tener un plan de adiestramiento que proceda en pasos graduales, soltar el señuelo de la comida al principio (pero seguir recompensando con comida cada vez), hacerle saber cuándo se equivoca («¡Qué pena!») y pasar rápidamente a otra prueba, y conseguir el momento adecuado para que sea recompensado rápidamente. Y, por supuesto, puede elegir. Si se cansa y quiere parar, no hay problema: el plan de entrenamiento seguirá existiendo otro día.

LO QUE MOTIVA A LOS PERROS:
COMIDA, ELOGIOS Y OTRAS RECOMPENSAS

El concepto básico del adiestramiento —el perro hace lo que se le pide y se le recompensa con comida o un juego de tira y afloja o cualquier otra cosa que le guste— es bonito y fácil. Pero los detalles son más difíciles. Y es importante saber cómo motivar a un perro si se quiere adiestrar. Un estudio de la doctora Erica Feuerbacher y el profesor Clive Wynne, publicado en el *Journal of the Experimental Analysis of Behavior*, incluyó cinco experimentos distintos, cuatro con perros y uno con lobos criados a mano.[4] Se incluyeron dos tipos diferentes de perros: los que vivían en casa con sus dueños y los que estaban en un refugio. Cabría esperar que los perros de los refugios, que recibían menos contacto humano, respondieran especialmente bien a la socialización interacción como recompensa. Pero, si se necesita una relación afectiva para que esa interacción sea valiosa, es de esperar que los perros con dueño respondan más.

A los animales se les encomendó la tarea de un simple toque de nariz a la mano. En la condición alimentaria, los perros y los lobos fueron recompensados con un pequeño trozo de comida. En la condición social, la recompensa consistía en cuatro segundos de caricias a ambos lados de la cabeza y elogios verbales de su dueño o entrenador (uno de los lobos solo recibió elogios porque no le gustaba el contacto físico). Ambas recompensas duraron lo mismo. En los tres grupos de animales —perros de refugio, perros con dueño y lobos—, la recompensa de comida llevó a muchos más toques de nariz y a un intervalo de tiempo más corto entre ellos. Aunque hubo diferencias individuales, la interacción social como recompensa no condujo a muchos toques de nariz.

Otro estudio realizado por los mismos investigadores, esta vez publicado en *Behavioural Processes*, investigó las preferencias de los perros por la comida frente a las caricias.[5] Inicialmente, dos personas —una que ofrecía comida y otra que ofrecía caricias— se sentaban en una habitación y, cuando un perro se acercaba a una de ellas, recibía la recompensa de esa persona mientras se mantuviera a su alcance. Los investigadores variaron el entorno (la guardería del perro frente a una sala de laboratorio de la universidad), la persona que ofrecía las caricias (el dueño del perro o un extraño) y las condiciones previas al experimento (restringir brevemente, o no, el acceso del perro a su dueño y a la comida de antemano). También probaron con perros de refugio. Con el tiempo, la entrega de comida pasó de ser continua al principio a un horario fijo de un trozo cada quince segundos o un minuto, a la extinción (sin comida), y luego de nuevo a la entrega frecuente de comida. Los resultados mostraron que los perros prefieren la comida a las caricias, y aunque tomaron decisiones diferentes cuando existía menor disponibilidad de comida, volvieron a la persona que les entregaba la comida cuando estaba disponible de forma continua. En un entorno familiar, pero con un extraño ofreciendo caricias, los perros preferían la comida, incluso cuando no estaba muy disponible.

Pero los resultados fueron ligeramente diferentes en el caso de los perros de refugio. La doctora Feuerbacher explicó: «Pensaba que iban a elegir la comida casi exclusivamente, y por eso pusimos ese programa de adelgazamiento de la comida para ver si podíamos empujar a los perros, bajo la extinción, hacia las caricias. Y, sin embargo, descubrimos con los perros del refugio que tan pronto como la comida estaba ligeramente restringida, ligeramente menos disponible, optaban por las caricias. Incluso algunos perros prefirieron inicialmente las caricias a la comida. Eso me sorprendió».

En comparación, la comida era mucho más importante para los perros con dueño, y esto solo cambiaba cuando el contexto era desconocido para el perro. Feuerbacher afirma que: «Uno de los otros efectos que observamos fue que los perros con dueño no se cambiaban a las caricias con mucha facilidad.

Esperarían incluso bajo la extinción con la persona que les había dado comida. Y la única forma de producir un comportamiento parecido al de los perros de refugio era que la persona que los acariciara fuera su dueño y ponerlos en un entorno desconocido. Así que realmente creamos una situación en la que las caricias de mamá o papá son mucho más deseables».

En otro estudio, publicado en *el Journal of the Experimental Analysis of Behavior*, Feuerbacher y Wynne analizaron las preferencias de los perros por las caricias o los elogios.[6] Ofrecieron a 114 perros (tanto de refugios como con dueño) la posibilidad de elegir entre una persona que les ofreciera elogios continuos (por ejemplo, «¡Buena chica!») y otra que les ofreciera caricias continuas. Después de cinco minutos, las personas intercambiaron sus papeles. Los perros prefieren quedarse cerca de la persona que les acaricia. Incluso cuando la persona que ofrecía las caricias era un extraño, los perros con dueño preferían quedarse cerca de esa persona. Un estudio de seguimiento con diferentes perros descubrió que había poca preferencia entre los elogios y la ausencia de acción. Este programa de investigación demuestra que, aunque a los perros les gusten las caricias, la recompensa más eficaz es la comida. Otros investigadores también lo han considerado.

Un estudio publicado en el *Journal of Veterinary Medical Science* analizó si el nivel de interés de los perros por la comida podía afectar a su capacidad de adiestramiento.[7] Los investigadores tomaron treinta y cuatro perros que vivían en un entorno de perrera y los dividieron en tres grupos: los que no se acababan un cuenco de comida y tenían sobras, los que comían lentamente y se tomaban su tiempo para acabar la comida, y los que comían rápido y se acababan la comida rápidamente. Durante tres periodos de cinco minutos, pidieron al perro que se sentara cada cinco segundos, con una recompensa de comida cada vez que lo hacía. Luego, durante otra serie de tres periodos de cinco minutos, en lugar de utilizar la comida, el adiestrador decía «bien» y acariciaba al perro si se sentaba como se le pedía.

Los perros del grupo de los que comen rápido respondieron bien a la comida como refuerzo, y cuando el adiestrador cambió a los elogios y las caricias, el índice de respuesta disminuyó sustancialmente. Los perros del grupo de los que comen lentamente respondieron bien a la comida y también a los elogios y las caricias. Por último, los perros del grupo de las sobras no estaban especialmente motivados por ninguna de las dos recompensas. Sin embargo, todos los perros respondieron mejor cuando se utilizó la comida como recompensa en comparación con los elogios y las caricias. Por lo tanto, aunque puede haber diferencias individuales, todos los perros están motivados por la comida.

En otro estudio con quince perros se comparó la comida con los elogios («Buen chico/a») o las caricias, en lugar de la combinación de elogios y caricias del estudio anterior.[8] Los perros recibieron primero un adiestramiento básico de permanencia. A continuación, se dividieron en tres grupos según el tipo de refuerzo utilizado y se les entrenó para venir, utilizando un plan estandarizado, con comida, elogios o caricias como recompensa. Aunque todos los perros necesitaron aproximadamente el mismo número de pruebas para aprender a venir, los perros entrenados con comida vinieron mucho más rápido cuando se les llamó, en comparación con los perros entrenados con comida o entrenados mediante elogios o caricias. Durante el entrenamiento inicial de sentarse y quedarse, los perros entrenados con comida necesitaron menos ensayos para aprender la tarea que los de los otros dos grupos. Los autores sugieren que el tipo de recompensa es lo más importante en las primeras sesiones de adiestramiento y que, de nuevo, la comida es la forma más eficaz de reforzar positivamente los comportamientos deseados.

¿Y el tipo de comida? Los buenos adiestradores de perros le dirán que utilice buena comida porque, aunque algunos perros les funcione *kibble*, a muchos otros no. En particular, utilice la mejor comida para los comportamientos más importantes, como venir cuando se le llama. Recientemente, unos investigadores hicieron pruebas con diecinueve perros de compañía para comprobar si la calidad o la cantidad de comida influyen en la velocidad de carrera. Los resultados, publicados en *Applied Animal Behaviour Science*, muestran que los perros corren más rápido cuando saben que recibirán un trozo de salchicha por sus esfuerzos, en comparación con cuando saben que recibirán un trozo de comida seca.[9] Pero no hubo diferencias en la velocidad de carrera cuando el refuerzo era cinco trozos de comida seca frente a uno, lo que sugiere que la cantidad no importa (los científicos no probaron si la cantidad marca la diferencia con los trozos de salchicha). Otro estudio, publicado en *Scientific Reports,* investigó si los perros prefieren recibir como refuerzo el mismo tipo de comida o tipos variados de comida. Los resultados mostraron diferencias individuales: algunos perros respondían mejor cuando los alimentos eran variados, otros cuando los alimentos eran los mismos y otros no mostraban ninguna preferencia. Sin embargo, con el tiempo, parece que la preferencia por la variedad aumenta.

Por lo tanto, depende de usted averiguar qué es lo que mejor funciona para motivar a su perro y variarlo si es necesario para mantener su interés.

Lo único que creo que hará del mundo un lugar mejor para los perros son las normas de adiestramiento canino. El negocio del adiestramiento de perros no está regulado, lo que significa que cualquiera puede hacer un curso, colgar un cartel de «formador profesional» en su puerta, y dar consejos. Esta falta de responsabilidad suele dar lugar a una información y un adiestramiento ineficaz, erróneo y/o abusivo. Cada día veo perros que sufren por el adiestramiento, la manipulación e incluso las expectativas del propietario, junto con propietarios que se sienten culpables porque se les dice que utilicen técnicas y herramientas que asustan y hacen daño a su perro. Creo sinceramente que los propietarios no quieren herir o asustar a sus perros y que la gente se mete en el negocio del adiestramiento para ayudar a los perros y tiene buenas intenciones. Es la inexistencia de normas lo que permite que incluso los adiestradores estén mal orientados e informados. Si queremos hacer algo mejor por los perros, exijamos un adiestramiento basado en la ciencia de la teoría del aprendizaje y busquemos adiestradores con conocimientos y habilidades para entrenar tanto a los perros como a las personas con métodos humanitarios. Si queremos traer a los perros a nuestras vidas, les debemos un mejor trato. Hasta que no tengamos normas, recuerda que no podemos saber lo que piensan los perros, sin embargo, sabemos que experimentan miedo y ansiedad, así que ten empatía cuando manejes, cuides y entrenes a un perro.

Kim Monteith, CTC, directora de Bienestar Animal, BC SPCA

¿Debemos utilizar un *clicker* en el entrenamiento?

Un *clicker* es un pequeño dispositivo de mano con un botón que, cuando se pulsa, emite un sonido de clic corto y distintivo. Se suele utilizar en el adiestramiento basado en recompensas como refuerzo secundario, significa que le dice al perro que algo que encuentra intrínsecamente reforzante, como la comida o las caricias (refuerzo positivo primario), está por llegar. En otras palabras, se trata de una relación de condicionamiento clásico en la que el clic significa golosina. El *clicker* (o si lo prefiere, una palabra como «sí») marca el momento preciso en el que el perro realiza la conducta que le hace ganar una recompensa. Muchos adiestradores de perros los utilizan, pero ¿son más eficaces que si no los utilizamos?

Un estudio publicado en *Applied Animal Behaviour Science* dividió a cincuenta y un perros de compañía en tres grupos y los entrenó en una tarea novedosa: cómo abrir una panera de plástico empujando el asa hacia arriba con la nariz o el hocico.[11] Diecisiete fueron entrenados con un *clicker*; otros diecisiete, con una palabra marcadora («bravo»); y otros siete adolescentes, solo con una recompensa. Utilizando un método llamado *shaping*, en el que se recompensa al perro por aproximarse cada vez más a lo que tiene que hacer, los entrenadores enseñaron la tarea inicial y luego pusieron a prueba a los perros con una tarea similar y otra muy diferente para ver su rendimiento cuando se les pedía que generalizaran el entrenamiento. Casi todos los perros completaron tanto las tareas simples como las complejas. Los científicos esperaban encontrar que el uso del *clicker* condujera a mejores resultados. De hecho, no hubo diferencias en el tiempo empleado ni en el número de ensayos necesarios para que los perros completaran los comportamientos ocho de cada diez veces.

Un estudio posterior, realizado por un equipo diferente y publicado también en *Applied Animal Behaviour Science*, volvió a poner a prueba el *clicker*.[12] Esta vez se invitó a los participantes a asistir en una clase privada de entrenamiento de trucos de seis semanas de duración, en la que un instructor acudía a su casa para enseñarles a entrenar a su perro a realizar trucos. Una vez más, los resultados no mostraron ninguna ventaja o desventaja específica del uso del *clicker* en el adiestramiento de perros en lo que respecta a la impulsividad y la capacidad de resolución de problemas o a la relación entre el dueño y el perro. Esencialmente, ambos métodos funcionan, y las personas de ambos grupos encontraron que el adiestramiento era divertido y también un reto. El uso del *clicker* más comida resultó más ventajoso que el de solo comida en uno de los trucos enseñados, el de apuntar con la nariz a un objeto. El estudio también descubrió que, en contra de lo que creen algunos adiestradores de perros, el uso del *clicker* no desanima a la gente.

La doctora Lynna Feng, primera autora de este estudio, me dijo en un correo electrónico: «En primer lugar, si considera que el adiestramiento con *clicker* es demasiado difícil para usted, para su perro o para los dos juntos, y solo busca una mascota que se comporte bien, deseche el *clicker* y utilice solo comida. En segundo lugar, es muy interesante para los que imparten clases de cachorros o modales en general, incluso cuando se empieza con el adiestramiento con *clicker*, los pasos adicionales no parecen desanimar a la mayoría de la gente a la hora de entrenar y divertirse con sus perros. Por último, encontramos pruebas iniciales de que los *clickers* ayudaron a los propietarios a sentir que el adiestramiento era menos exigente para uno de los trucos más complejos».

Parece que los marcadores de recompensa, como el *clicker*, son más adecuados para el adiestramiento en el que es importante la precisión del tiempo. La investigación también ha revelado que el «adiestramiento con *clicker*» tiene diferentes significados para los distintos adiestradores de perros: algunos lo definen de forma restringida y otros como cualquier adiestramiento basado en la recompensa.[13] Sería conveniente investigar más sobre las mejores prácticas de adiestramiento.

Técnicas de entrenamiento: la importancia del tiempo

Por muy bueno que sea el adiestramiento, puede seguir mejorando. Los primeros pasos consisten en la coordinación, es decir, en colocar el señuelo en el lugar adecuado para mover el hocico del perro hacia el lugar deseado o en introducir la golosina dentro del perro antes de que este haya hecho otra cosa. A veces tengo la sensación de que los perros perciben el tiempo de forma diferente a la mía; yo soy lenta y torpe en comparación con la velocidad del rayo a la que saltan, se sientan, olfatean mis vaqueros y vuelven a saltar.

Cuando se enseña a un perro a realizar un comportamiento (condicionamiento operante), está aprendiendo que el comportamiento tiene una consecuencia. La secuencia debe aplicarse rápidamente para que sea evidente (una de las razones por las que a veces se utiliza un reforzador secundario, como un *clicker*). La doctora Clare Browne estudió los efectos del tiempo en el adiestramiento.[14] Tomó un vídeo de personas en clases de adiestramiento de perros y analizó 1 810 órdenes dadas a los perros. Descubrió que el 44 % de las veces el perro no respondía. Cuando respondía, Browne observó la rapidez con la que los propietarios elogiaban y reforzaban al perro. No le sorprenderá saber que algunos propietarios se apresuraron a elogiar al perro y a darle una golosina. Pero algunos propietarios fueron muy lentos; el tiempo más largo fue de poco más de seis segundos. Esto es mucho tiempo para un perro.

Browne enseñó a tres grupos de perros domésticos que un pitido significaba que iba a llegar un trozo de comida a través de un dispositivo de alimentación. Luego los entrenó en una tarea novedosa: entre dos cajas, tenían que introducir la cabeza en la caja correcta. Unos rayos infrarrojos situados en la parte superior de cada caja detectaban el momento en que la nariz del perro entraba, y un ordenador emitía un pitido y entregaba la recompensa a través de un comedero. Algunos de los perros recibieron un pitido inmediato y una golosina cuando completaron la tarea correctamente (refuerzo inmediato); un segundo grupo de perros recibió tanto el pitido como la golosina un segundo después de completar la tarea (refuerzo retrasado); y el tercer grupo recibió un pitido inmediato, pero tuvo que esperar un segundo para recibir la golosina (refuerzo parcialmente retrasado).

Browne me habló de los resultados: «Descubrí que, con el refuerzo inmediato, el 60 % de esos perros aprendió, es decir, no todos los perros aprendieron la tarea, pero el 60 % de ese grupo aprendió. Pero cuando lo comparé con el grupo de un segundo de retraso, solo el 25 % de esos perros aprendió. Así que había una gran diferencia entre los dos». Explicó que, con el tercer grupo, los resultados fueron inesperados: «Alcanzaron un 40 % de aprendizaje, más o menos entre los otros dos, cuando recibieron el pitido inmediatamente y la comida se retrasó. Se podría haber pensado que lo harían mejor porque recibían una retroalimentación inmediata, un pitido inmediato, que debería haber funcionado —suponemos— como un reforzador condicionado. Pero sospecho quehabía alguna otra señal que destacaba para el perro, . El dispositivo de alimentación ejercía un pequeño click, justo antes de que se suministrara la golosina».

Los resultados muestran la importancia de la sincronización en el marcado y la recompensa cuando el perro realiza el comportamiento. Browne se interesó por la comparación con el entrenamiento en la vida real: «Observé el lenguaje corporal de la gente porque sabemos, por otras muchas investigaciones, que los perros son muy receptivos a las señales comunicativas que les damos. Pues bien, me di cuenta de que la gente emitía señales involuntarias con sus movimientos corporales antes de cualquier respuesta intencionada. Así que antes de que dijeran "buen perro", pensé que ya se estaban acercando a su bolsa de golosinas o a su bolsillo».

Para poner a prueba esta teoría, Browne puso en marcha otro estudio en el que observó a propietarios que entrenaban a sus perros para realizar tareas sencillas. «¿Había un movimiento medible realizado por ellos antes de la retroalimentación intencional? Y descubrí que sí, la mayoría de las ocasiones. De hecho, alrededor del 75 % de las veces los dueños daban una señal bastante clara al perro de forma no intencionada, antes de dar una respuesta intencionada. Así que el 75 % de las veces hacían algún movimiento corporal claro, y la mayoría eran movimientos de la mano. Se movían hacia la bolsa de golosinas, por ejemplo. Así que sospecho que eso estaba salvando esa brecha temporal», dijo Browne.

Su consejo es ser coherente (por ejemplo, mantener siempre las golosinas en el mismo lugar para que su movimiento de alcance sea el mismo).

Por supuesto, los adiestradores profesionales de perros se esfuerzan por no tener esos «dimes y diretes» cuando están entrenando. Pero lo principal es ser rápido con el refuerzo. «No hay que perder el tiempo —asegura Browne—. Preste atención a su perro durante el adiestramiento e intente darle una respuesta tan pronto como le haya dado la respuesta que busca, tan rápido como pueda.»

Técnicas de entrenamiento: la importancia del juego

Si bien es importante el momento en el que se premia al perro cuando completa un comportamiento, lo que ocurre después del entrenamiento también parece marcar la diferencia. Los investigadores que publicaron en *Physiology & Behavior* colocaron dos objetos en trozos de cartón separados.[15] A continuación, entrenaron a los labradores retriever para que distinguieran entre los dos objetos y eligieran el correcto poniendo sus patas delanteras sobre el cartón en el que estaba colocado. Si el perro realizaba la tarea correctamente, el investigador hacía clic y le daba un trozo de salchicha de cerdo o de pollo. Si el perro se equivocaba, el investigador decía «mal» en un tono neutro. Una vez que los perros acertaban la tarea el 80 % de las veces, la sesión de entrenamiento terminaba.

A continuación, la mitad de los perros dieron un paseo de diez minutos hasta un lugar donde podían buscar una pelota o un frisbi o jugar al tira y afloja, lo que prefirieran, durante diez minutos antes de volver al laboratorio. A la otra mitad de los perros se les dio una cama para que descansaran mientras el investigador charlaba con el dueño del perro, pero el investigador llamaba al perro por su nombre para evitar que se durmiera.

Al día siguiente, todos los perros volvieron a aprender la misma tarea. ¿Y el resultado? Los perros que habían participado en la sesión de juego volvieron a aprender a discriminar los objetos mucho más rápido (veintiséis ensayos, de media, frente a los cuarenta y tres ensayos de los perros que habían descansado). No se sabe si estos resultados son debido a las hormonas producidas durante la sesión de juego o porque el juego también incluía ejercicio.

En 2016, entrevisté a Jean Donaldson con motivo del vigésimo aniversario de su libro *The Culture Clash* y le pregunté por el error más común que comete la gente al entrenar a un perro. ¿Su respuesta? «No abordar suficientemente la motivación. Así que, por decirlo de forma no demasiado fina, básicamente es no soltar la gallina.» Donaldson tiene un perrito muy lindo llamado Brian y le pregunté cómo lo motiva en las sesiones de entrenamiento. «Le gustan los *Primal Nibs* —me dijo—. Le gusta el *Rawbble*, que es una especie de cositas crudas liofilizadas. Le gusta mucho la pechuga de pollo, que corto en pequeños dados. Trabajará por el queso. Ocasionalmente, trabajará por un juguete, pero no mucho; no está increíblemente impulsado por los juguetes, así que generalmente lo entreno con comida».

La comida también puede servir para que los perros aprendan a querer algo que de otro modo no les haría mucha gracia, como las visitas al veterinario, como veremos en el próximo capítulo.

CÓMO APLICAR LA CIENCIA EN CASA

• Descubra qué motiva a su perro. La comida es el mejor refuerzo para la mayoría de las situaciones cotidianas de adiestramiento, ya que a todos los perros les gusta y es rápida de entregar. Es posible que tenga que prepararla con antelación y tener lugares donde esté a mano para utilizarla como recompensa (por ejemplo, el tarro de galletas en casa, la bolsa de cebo o el bolsillo cuando esté de paseo).

• Experimente con diferentes alimentos y recuerde que la variedad puede ser algo bueno.

• Utilice sus mejores recompensas para entrenar a su perro en tareas que son importantes y/o difíciles, como venir cuando se le llama cuando hay muchas motivaciones que compiten.

• Practique la sincronización, tanto con el uso de un segundo refuerzo (por ejemplo, un *clicker*) si lo utiliza, como con la entrega del refuerzo principal (por ejemplo, el pollo). Entregue las recompensas rápidamente.

• Utilice también el juego y las caricias como recompensas, pero tenga en cuenta que los elogios por sí solos no son realmente eficaces.

CAPÍTULO 5
EL VETERINARIO
Y EL CUIDADO DE LOS ANIMALES

El verano pasado llegamos temprano a la visita anual de Bodger al veterinario para que pudiera dar un pequeño paseo por la calle antes, ya que hay un montón de olores interesantes de todos los demás perros que han estado allí. Cuando llegó el momento de la consulta, el veterinario fue muy amable con él y, como siempre, lo saludó y le dio una palmadita antes de empezar el examen. A Bodger le encantan las palmaditas. Se quedó quieto mientras le aplicaban el estetoscopio en el pecho y cooperó mientras le examinaban las orejas y los dientes, tal y como le habían enseñado a hacer. Cada vez que Bodger se portó bien, le di un poco de pollo que había picado con antelación y que había traído conmigo. También utilicé la comida cada vez que le hacían alguna cosa potencialmente estresante. De hecho, no parecía notar la vacunación, quizá por el pollo. A la salida, el personal de recepción me preguntó si podía darle una golosina también. Bodger parecía disfrutar de verdad. No fue lo mismo que las primeras veces que lo llevamos al veterinario, cuando gruñía, soltaba mordiscos y odió la experiencia de principio a fin. Nos costó mucho trabajo pasar de eso a una visita tan feliz.

Desde la perspectiva de un perro, ir al veterinario no se parece a nada de lo que hace. Además de los diferentes olores de los desinfectantes y de otros animales (no solo perros y gatos, sino también mascotas exóticas), hay luces brillantes,

95

suelos resbaladizos y personas desconocidas. Y luego, en la sala de exploración, pueden ser pinchados, sujetados y tocados con piezas de equipo como el estetoscopio. Es fácil entender por qué una visita al veterinario puede ser una experiencia estresante, y si el perro la encuentra estresante, el dueño también.

Una encuesta realizada en Estados Unidos reveló que, a pesar de que el 85 % de los perros había acudido al veterinario el año anterior, una cuarta parte de los propietarios cree que las revisiones médicas rutinarias no son necesarias.[1] Muchas personas declararon haber buscado en Internet si surgía un problema médico con su perro, y algunas retrasaron la visita al veterinario por ello. En algunos casos, el estado médico del perro empeoró y, por tanto, requirió de una atención más costosa y complicada, una vez que llegó al veterinario. Además de la preocupación por los costes, el 38 % afirmó: «Mi perro odia ir al veterinario»; y el 26 % dijo: «Solo pensar en ir al veterinario es estresante» (para la persona).

La mayoría de las personas sabe que a los perros no les gusta ir al veterinario, pero hay un sorprendente desajuste entre ese conocimiento y las percepciones de la gente sobre sus propios perros. En un estudio publicado en *Animal Welfare*, la doctora Chiara Mariti, veterinaria e investigadora, hizo que cada propietario y su perro se sentaran durante tres minutos en la sala de espera de un veterinario antes de una cita.[2] Se preguntó al propietario si su perro estaba estresado en la sala de espera. Un veterinario conductista vio un vídeo de la espera en la sala de espera y también realizó una evaluación. Aunque tanto los propietarios como los veterinarios conductistas valoraron a 29 % de los perros como muy estresados, no se pusieron de acuerdo en si un perro concreto estaba muy estresado. Los propietarios detectaron signos evidentes de estrés, como que el perro intentaba esconderse o salir de la sala de espera. Otros signos de estrés detectados por los veterinarios fueron el temblor del perro, la cola baja, las orejas caídas y el intento de negarse a ir a la sala de exploración cuando llegaba la hora de la cita. Por supuesto, los veterinarios especialistas en comportamiento están altamente capacitados y, por lo tanto, es de esperar que noten más señales que las personas comunes, pero aprender a leer el lenguaje corporal de un perro es bueno para todos. Los signos de estrés más comunes que se registraron en el estudio fueron lamerse la nariz, jadear, bajar las orejas, llorar, acicalarse y bostezar, por lo que todos estos son signos a los que debe prestar atención en su perro.

Al parecer, algunos perros saben que van a ir al veterinario incluso antes de llegar a él (por supuesto, esto es especialmente fácil si su perro se sube al coche solo para ir al veterinario). En un estudio con cuestionario, Mariti descubrió que el 40 % de los propietarios dijo que su perro sabía que iban al veterinario cuando estaban en el coche de camino, y más de tres cuartas partes de los propietarios dijeron que su perro mostraba signos de estrés incluso antes de llegar a la sala de espera.[3] De hecho, el 6 % de los perros había mordido a su tutor en el veterinario en algún momento, y el 11 % había gruñido o había intentado morder al veterinario. Dado que las visitas al veterinario deberían ser algo habitual en la vida de cualquier perro, esto es un problema. También supone un problema el hecho de que, aunque la mitad de los propietarios afirmaron que podían realizar algunos tratamientos médicos en casa, dos tercios dijeron que a veces les resultaba difícil. Y cuando les resultaba difícil, el 72 % regañaba a su perro y realizaba el tratamiento de todos modos. Mariti recomienda no regañar al perro, tratar de entender el origen de su estrés, ser amable y quizá pedir la ayuda de un especialista en comportamiento. También aconseja acostumbrar al perro a la visita a la clínica veterinaria y a ser manipulado.

Por supuesto, esto es más fácil de enseñar cuando el perro es todavía un cachorro. Pero si tiene problemas para administrar un tratamiento en casa, a veces puede ser útil ir despacio y usar comida, pedir cita a un técnico veterinario para que lo ayude con el tratamiento o trabajar con un entrenador de perros cualificado o un conductista para enseñar al animal a no tener miedo del tratamiento.

Cómo reducir el estrés en el veterinario

Mientras que el miedo es una respuesta emocional normal a algo que asusta y puede ayudar al animal a evitar una amenaza, la ansiedad es la anticipación de algo malo (o de algo que se percibe como malo). La ansiedad generalizada puede ser muy perjudicial para el bienestar del perro. Dado que los métodos coercitivos y punitivos, como inmovilizar a los perros, pueden aumentar los niveles de miedo y dificultar el examen de los perros en el futuro, la American Animal Hospital Association recomienda el uso de técnicas de manejo poco estresantes.[4] La buena noticia es que un número cada vez mayor de veterinarios intenta garantizar niveles bajos de estrés para sus pacientes siempre que sea posible.

La difunta doctora Sophia Yin fue pionera en el uso de técnicas de manejo de bajo estrés para perros y gatos, cuyo objetivo es reducir al máximo el estrés en los exámenes veterinarios. Más recientemente, el doctor Marty Becker, autor de *From Fearful to Fear Free: un programa positivo para liberar a su perro de la ansiedad, los miedos y las fobias*, fundó un programa de certificación llamado Fear Free para veterinarios y técnicos veterinarios, que «pretende eliminar las cosas de la consulta del veterinario que molestan a los perros y los gatos —como las batas blancas de laboratorio, las luces duras y las mesas de examen resbaladizas y frías—, al tiempo que se añaden las cosas que les gustan».[5] El programa se ha ampliado para incluir prácticas veterinarias de certificación, entrenadores de perros y otros profesionales, y tiene un sitio web para los propietarios de mascotas.

Becker me contó que tuvo una epifanía al escuchar a la doctora Karen L. Overall, veterinaria especialista en comportamiento, dar una charla en una conferencia en 2009 en la que comparó la atención veterinaria con las experiencias de los niños en el sistema sanitario de las décadas de los cincuenta y los sesenta. Becker dijo que habló de «cómo el miedo era lo peor que podía experimentar una especie social y cómo causaba daños permanentes en el cerebro. Así que los profesionales de la veterinaria estamos causando graves daños psicológicos a las mascotas por lo que hacemos y dejamos de hacer. El comportamiento produce una respuesta fisiológica, por lo que el comportamiento es medicina. Y no solo les estamos perjudicando emocionalmente, sino físicamente». Así que Fear Free es una revolución en la atención veterinaria que pretende cuidar el bienestar emocional de las mascotas. Las clínicas Fear Free utilizan golosinas para que las mascotas se sientan cómodas (y toman nota de las preferencias de cada mascota para futuras visitas); cambian la iluminación para que a los perros no les moleste el zumbido de las bombillas fluorescentes (que su sensible oído puede detectar) utilizan colchonetas de yoga para poder examinar a las mascotas en el suelo en lugar de en una mesa.

Becker me dijo: «Creo que es el hecho de que las mascotas tienen una amplia gama de emociones que tenemos que reconocer... tienen emociones y tenemos la obligación de mirar tanto su bienestar físico como emocional». ¿Las técnicas de bajo estrés marcan la diferencia? Los científicos sometieron a ocho perros a dos visitas al veterinario, una con métodos veterinarios tradicionales y otra con técnicas de manipulación de bajo estrés.[6] Las dos visitas tuvieron lugar con siete semanas de diferencia, y ambas incluyeron el uso y la retirada de un bozal, la utilización de un estetoscopio, un examen básico y una simulación de la colocación del perro en posición para tomar muestras de sangre e insertar un catéter. La diferencia entre las visitas era que, en el examen de bajo estrés, el perro tenía cinco minutos para explorar la sala a su antojo tanto antes como después de la visita y era libre de moverse por la habitación durante el propio examen. El veterinario también trató de mantener el estrés del perro lo más bajo posible y se le ofrecieron golosinas. En el examen de bajo estrés, los perros se lamen mucho menos la boca, bajan la cola y hacen ojitos de ballena, que suelen estar asociados con el miedo y la ansiedad. Aunque solo se trata de una pequeña muestra, los resultados son prometedores y sugieren que el manejo con poco estrés es eficaz para mejorar la percepción de las visitas al veterinario por parte del perro.

Una de las cosas que ayudó a Bodger a acostumbrarse al veterinario fue ir allí para sentarse en la sala de espera durante cinco minutos y recibir golosinas. Luego nos íbamos. Pedí permiso al veterinario con antelación y fui a horas en las que estaba tranquilo. De este modo, no ocurría nada que diera miedo; Bodger se limitaba a pasar un rato agradable comiendo comida y dejándose mimar. Cuando se acostumbró a estar en la sala de espera del veterinario, empezamos a llevarlo siempre que Fantasma tenía que ir al veterinario. Por desgracia, Fantasma tenía que ir a menudo. Pero esto era bueno para Bodger: cada vez que Fantasma tenía una cita, Bodger también iba y asistía a la consulta. Y ambos perros se alimentaban con trozos de pollo o pavo, o incluso con queso.

Utilizar los alimentos

Según un informe, el uso de comida en el veterinario tiene ventajas e inconvenientes para que los perros (y los gatos) disfruten más de la experiencia.[7] Si su perro ha tenido que ser operado alguna vez, probablemente le habrán aconsejado que no le dé de comer después de las ocho de la tarde del día anterior. La principal preocupación es que, cuando el perro esté anestesiado para la operación, el reflejo gastroesofágico pueda hacer que el contenido de su estómago se filtre a la tráquea, lo que podría provocar una neumonía por aspiración (una infección bacteriana). Sin embargo, la mayoría de las visitas al veterinario no implican anestesia, por lo que los veterinarios podrían estar pasando por alto las ventajas de utilizar alimentos durante las consultas.

La comida puede ayudar a que el perro esté menos estresado, lo que a su vez reduce el riesgo de que el veterinario o el dueño reciban una mordedura. Si el animal está menos estresado, entonces es menos probable que necesite sedación. Algunas personas simplemente dejan de llevar a su perro al veterinario porque lo encuentran demasiado estresante, y utilizar la comida para ayudarlo a estar menos estresado podría evitar que esto ocurra. Y también es una buena oportunidad para que el veterinario demuestre cómo utilizar la comida para contrarrestar el miedo de los perros, una habilidad que muchos propietarios podrían aprovechar si su perro tiene miedo a algo más, como los fuegos artificiales, por ejemplo (véanse los capítulos 3 y 13).

Otros beneficios de las visitas veterinarias de bajo estrés son que el perro obtiene una mejor detección de los problemas médicos o de comportamiento, y el cliente tiene una mejor opinión del veterinario y su equipo y es más probable que siga los consejos o planes de tratamiento.[8] ¿El resultado general? Una mejor salud y bienestar para su perro.

Los propietarios también pueden ayudar a reducir la ansiedad consolando a su perro en el veterinario.[9] Los científicos hicieron que los perros visitaran al veterinario dos veces: una visita en la que se indicó al propietario que se sentara tranquilamente a tres metros de la mesa de exploración y no interactuara con su perro, y otra en la que se indicó al propietario que se situara junto a la mesa de exploración y consolara a su perro. En este segundo grupo, los propietarios pasaron mucho tiempo acariciando a su perro y algo de tiempo hablándole.

En ambas condiciones, los perros seguían mostrando signos de estrés —como lamerse los labios y aumentar el ritmo cardíaco— durante el examen en comparación con antes de comenzarlo. En general, los perros que recibieron caricias y elogios mostraron menos signos de estrés: su ritmo cardíaco era menor, había diferencias de temperatura (la superficie del ojo era medida mediante infrarrojos) e intentaron saltar de la mesa de examen menos veces. Sin embargo, los investigadores observaron que a veces los propietarios tocaban la nariz o el hocico de su perro y/o lo sujetaban por el collar, algo que a muchos perros no les gusta. Estas acciones pueden haber tenido el efecto contrario al deseado.

¿Debe esterilizar a su perro?

Se puede evitar que los perros se reproduzcan mediante la esterilización (extirpación de los ovarios de las hembras) o la castración (castración de los machos). La cirugía de esterilización eléctrica es poco frecuente en algunos países, como Finlandia, pero común en otros, como Estados Unidos, donde el 83 % de los perros están esterilizados.[10] La mayoría de los refugios de animales de Estados Unidos, Canadá y el Reino Unido esterilizan a los perros antes de la adopción para reducir la población de perros no deseados.

La ciencia sobre si esta cirugía es buena o mala para la salud de los perros está evolucionando. Mientras que algunos estudios muestran un aumento de la longevidad, otros no.[11] La cirugía parece disminuir el riesgo de algunas afecciones (como las neoplasias de las glándulas mamarias, un tumor maligno común en los perros) y aumentar otras (como el osteosarcoma, un tipo de cáncer óseo maligno, y el sobrepeso y la obesidad). Algunas razas tienen más riesgo de padecer estas enfermedades que otras, por lo que es difícil saber qué es lo mejor para su perro en particular desde el punto de vista de la salud. Un estudio muy amplio sobre perros en Estados Unidos y el Reino Unido reveló que los machos intactos tienen una pequeña ventaja en cuanto a la longevidad, pero las hembras viven más tiempo si están castradas (de hecho, las hembras castradas son las que más viven).[12]

A veces se sugiere la esterilización como forma de reducir los incidentes agresivos. Un estudio sobre once razas no encontró diferencias en la valoración de los propietarios sobre la capacidad de adiestramiento de sus perros, tanto si estaban castrados como intactos (la excepción: los perros pastores de Shetland y los rottweilers se consideraban más adiestrables si estaban castrados).[13] Sin embargo, un estudio de más de 6 000 perros machos que fueron castrados antes de los diez años de edad descubrió que una exposición más prolongada a las hormonas sexuales (es decir, una esterilización más tardía) provocó una disminución de veintitrés de los veinticinco comportamientos relacionados principalmente con el miedo y la agresividad (los dos comportamientos que aumentaron fueron el marcaje y los aullidos).[14]

Estos resultados sugieren que las hormonas sexuales son importantes para el desarrollo del comportamiento de los perros macho, y que la esterilización antes de la pubertad puede aumentar los comportamientos no deseados. En última instancia, esto significa que, aunque está claro que la esterilización conduce a un menor número de perros no deseados, la decisión de coste-beneficio para los propietarios de perros individuales es más complicada.

ASEO

Al igual que los perros tienen que ir al veterinario, lo deseen o no, también tienen que ser aseados. El pelaje de los perros varía, por lo que las necesidades de aseo de cada uno de ellos son muy diferentes. El pelaje de Bodger es largo y sedoso, pero se enrosca cuando se moja con la lluvia, lo que le da un aspecto desaliñado y una especie de bigote en la cabeza. Fantasma tenía un pelaje muy grueso y suave, de color gris lobo, que mudaba durante todo el verano y que se volvía aún más grueso en los meses de invierno, con pelos de guarda rayados en los hombros y la espalda. Por alguna razón, el barro nunca se le pegaba a Fantasma, pero Bodger se embarraba con facilidad y las ramitas se enroscaban en las *plumas* de su cola. Sea cual sea el tipo de pelaje de un perro, nos gusta poner las manos sobre él y sentirlo. Y tenemos que hacerlo para acicalarlo.

Para determinar la respuesta al cepillado, los científicos hicieron pruebas con dos grupos de perros muy diferentes: perros guía en prácticas, que por definición estaban muy acostumbrados a ser manipulados, y galgos enjaulados, que son todo lo contrario, ya que no suelen ser acariciados. Los científicos eligieron cuatro zonas del cuerpo (cola, silla de montar, pecho y costillas) y cada parte fue acicalada durante ocho minutos con un cepillo de goma. En ambos grupos de perros, la frecuencia cardíaca disminuyó durante la sesión de acicalamiento, y no hubo ningún efecto de la parte del cuerpo acicalada (en otras palabras, todas las partes eran aceptables para los perros).

Por supuesto, esto no significa que a todos los perros les guste que los acaricien. De hecho, aunque la gente suele acercarse a acariciar la parte superior de la cabeza, a la mayoría de los perros no les gusta esto y suelen preferir que se les acaricie en el lado del pecho o bajo la barbilla.[16] Además, es diferente si la persona es conocida o desconocida, así que preste siempre atención al lenguaje corporal y dé al perro la opción de alejarse.

Del mismo modo, no a todos los perros les gusta que los acicalen y algunos lo odian rotundamente. Lo mismo ocurre cuando se les toca en lugares concretos, como las patas, o cuando se les cortan las uñas. Esta aversión puede deberse a una mala experiencia, pero a muchos perros no les gusta simplemente porque de cachorros nunca se les enseñó a que les gustara. De hecho, los cachorros que han recibido el programa de socialización adicional que forma parte del estudio de los perros guía (véase el capítulo 2) tienen menos probabilidades de ser sensibles a la manipulación del cuerpo.[17] Por eso, es importante practicar la manipulación corporal con los cachorros y asegurarse de que su primera visita al veterinario sea buena.

Hay un nombre para cuando los perros tienen miedo o no están contentos de que los toquen en situaciones como el baño, el aseo, el corte de uñas y los procedimientos veterinarios: sensibilidad al tacto. Un estudio descubrió que la sensibilidad al tacto es más probable en los cachorros de las tiendas de animales.[18] También es más común en los perros más bajos y menos frecuente en los perros más grandes (más altos).[19] Es importante recordar que, en algunos casos, la sensibilidad al tacto puede deberse a la artritis o al hecho de que el perro sintiera dolor.

En los casos en los que los dueños carecen de la capacidad de asear a su perro o cortarle las uñas, puede ser necesario pedir ayuda al veterinario. Por el bienestar de su perro, hágalo antes de que el pelo se enrede y las uñas se encarnen. Puede ser necesaria la sedación, y puede hablar con su veterinario sobre si es una buena opción. Una vez afeitado o cepillado el pelo y cortadas las uñas, puede elaborar un plan para que el perro aprenda a disfrutar de estas actividades en el futuro. Es posible que necesite la ayuda de su veterinario y de un adiestrador de perros o de un especialista en comportamiento.

EL VALOR DE UNA COMUNIDAD SANITARIA

Las personas que tienen un vínculo más fuerte con su perro (por ejemplo, porque tienen sentimientos más fuertes hacia el perro, pasan más tiempo juntos y participan en más actividades compartidas) lo llevan al veterinario con más frecuencia, con una media de 2,1 visitas al año, frente a 1,5 para los que tienen un vínculo más débil.[20] Los que tienen un vínculo más fuerte también son más propensos a querer cuidados preventivos (como vacunas y prevención de parásitos) y más propensos a seguir los consejos que les da su veterinario. Esto se traslada a la cantidad que dicen que gastarían, si fuera necesario, para salvar la vida de su perro. La encuesta sobre el vínculo, realizada en 2008, reveló que las personas con un vínculo fuerte decían que gastarían una media de 2 428 dólares para salvar la vida de su perro, frente a los 820 dólares de quienes tenían un vínculo más débil con su perro. De hecho, casi el 20 % de los propietarios de perros en esta encuesta dijeron que gastarían «lo que fuera necesario».

La Asociación Americana de Hospitales de Animales (AAHA) recomienda que todos los perros visiten al veterinario al menos una vez al año, pero algunos perros (especialmente los mayores) necesitarán ir más a menudo (al igual que los cachorros para su calendario de vacunación).[21] Además del estrés de los perros en el veterinario, otras razones por las que la gente no lleva a su perro a las visitas al veterinario pueden ser la falta de concienciación sobre la importancia de estas y la preocupación por el coste. Los costes y la atención pueden variar bastante entre clínicas. El veterinario Adrian Walton, del Hospital de Animales Dewdney, en Maple Ridge (Columbia Británica), me dijo que las diferencias de costes reflejan las diferencias de procedimientos; lo llamó medicina de 1988 frente a medicina de 2018. Hoy en día, dijo, las mascotas pueden recibir: «básicamente la misma medicina de calidad que recibiría un ser humano en un quirófano». Dijo que los costes más elevados suelen reflejar esa calidad y «si se pregunta por qué hay un precio diferente entre los distintos veterinarios, haga las preguntas adecuadas y trate de averiguarlo,. Su veterinario debería poder explicárselo».

Los estudios realizados por la doctora Zoe Belshaw, veterinaria, y sus colegas de la Universidad de Nottingham examinaron las perspectivas de los propietarios y los veterinarios sobre la cita anual con el veterinario y descubrieron diferentes expectativas.[22] Los propietarios pensaban que no se les daba mucha información por adelantado sobre lo que podría ocurrir en esas citas —información que es especialmente importante para los nuevos propietarios— y los que habían tenido varias citas anuales dijeron que las visitas solían variar bastante. Los propietarios pensaban que una lista de control podría ser útil para saber qué esperar y que todo estuviera cubierto. La mayoría de los veterinarios dijeron que tenían una lista de control para la primera consulta de los cachorros, pero no tenían una para la cita anual de vacunación de los perros adultos. Mientras que los propietarios pensaban que el objetivo de la consulta era realmente la vacuna, los veterinarios dijeron que esta era solo una parte menor de la misma, sugiriendo que sería útil más información para los propietarios.

Los propietarios de perros más recientes tendían a pensar que el veterinario aprovecharía la cita para vacunar a su perro y detectar cualquier problema de salud que pudiera tener y, por tanto, consideraban que la cita era «tranquilizadora». Por el contrario, los propietarios con experiencia no creían que el veterinario fuera a encontrar ningún problema que no conocieran ya. Sin embargo, los veterinarios afirman que a menudo encuentran problemas (sobre todo bultos, obesidad, caries y artritis) de los que los propietarios no son conscientes. Belshaw dijo: «Ellos [el dueño] no han hecho algo terrible al no darse cuenta. Por eso es necesario que acudan a los controles sanitarios anuales, aunque estén seguros de que no han notado nada. Como hacemos esto todo el día y no vemos al animal las veinticuatro horas del día, probablemente encontraremos cosas que se les han pasado por alto». Es posible que los propietarios no hayan notado el bulto, ni hayan prestado atención al aumento de la circunferencia de su perro, ni hayan mirado en su boca, o hayan notado signos de dolor, pero todos confiaban en que su veterinario les diría si encontraba algo malo.

Algunos veterinarios del estudio pensaban que educar a los propietarios era una parte valiosa de la consulta, pero otros no, bien porque creían que los clientes no estaban interesados o porque no era un buen uso del tiempo disponible. Y hubo dos temas que los veterinarios dijeron que no les gustaba especialmente discutir: la dieta y los problemas de comportamiento. Los veterinarios citaron la falta de tiempo y de conocimientos específicos y la creencia de que los propietarios sacarían el tema si estuvieran interesados.

El estudio de Belshaw señala la importancia de la consulta veterinaria para encontrar problemas que el propietario puede haber pasado por alto. Su consejo para los propietarios es que saquen a relucir los temas que deseen discutir con su veterinario en lugar de esperar a que este los mencione. Si le preocupa algo, reserve una consulta en lugar de esperar a la cita anual, y si se siente apurado durante la consulta anual, reserve una consulta de un solo tema para discutir una cuestión particular con más detalle.

La importancia de la relación entre el cliente y el veterinario es otro aspecto que se desprende de esta investigación. Belshaw recomienda que si encuentra un veterinario que le guste, se quede con él. Si no es así, merece la pena buscar un veterinario de confianza con un horario de apertura y una ubicación que le convenga.

Una vez que tenga el equipo ideal «trabaje codo con codo con los veterinarios. Y también hay que intentar acceder a toda la formación disponible. Aunque crea que tiene mucha experiencia, las cosas cambian constantemente. Si tiene un perro a la vez, y su último perro vivió hasta los quince años, las cosas que sabía sobre los cachorros pueden estar ya quince años desfasadas», dijo Belshaw. Y añadió: «Esta es una ciencia que avanza muy rápido. Así que, si hay clases disponibles en la consulta del veterinario sobre el cuidado de los cachorros, la prevención de enfermedades o el cuidado de un gato viejo... no asuma que no habrá algo nuevo que deba aprender. Y no se avergüence del hecho de que su veterinario pueda encontrar algo. Es algo bueno; no significa que no esté cuidando bien a su animal. Comprométase con su veterinario y deje que le enseñe más cosas porque suelen estar muy dispuestos a hacerlo».

Atención odontológica

Una de las partes más importantes y menos discutidas del cuidado de los perros es su salud dental. Los dientes son importantes, no solo porque los problemas dentales pueden ser dolorosos, sino también porque (al igual que en las personas) un mal cuidado dental puede contribuir a otras enfermedades. Un amplio estudio descubrió una relación entre la gravedad de los problemas dentales y la prevalencia de enfermedades cardiovasculares posteriores, mientras que otro encontró una relación con la enfermedad renal crónica.[23]

Las directrices de la AAHA sugieren que los veterinarios enseñen a los propietarios a proporcionar un buen cuidado dental preventivo en casa.[24] Este cuidado puede incluir el uso de enjuagues y geles orales, masticables dentales, dietas dentales o aditivos para el agua. Sin embargo, el estándar de oro es el cepillado de dientes. Un estudio reveló que, para que sea eficaz, el cepillado dental debe realizarse al menos tres veces por semana, y diariamente si el perro ya tiene gingivitis.[25] Puede humedecer y utilizar un cepillo de dientes para perros, un cepillo de dientes para niños o un cepillo de dientes de dedo. No utilice pasta de dientes para humanos, ya que puede contener aditivos perjudiciales para los perros; existe una pasta de dientes especial con sabor a carne para hacerla más apetecible. Intente cepillar solo la parte exterior de los dientes.

Cuando se tiene un cachorro es mucho más fácil hacer del cuidado dental una experiencia positiva. Los perros adultos pueden morder si no están acostumbrados, así que busque un adiestrador de perros con conocimientos para que lo ayude. Si este tipo de adiestramiento se hace correctamente (lo que incluye hacerlo despacio y con cuidado), no estresa al perro en absoluto. Recuerde que el adiestramiento no solo resuelve un problema, sino que también puede proporcionar enriquecimiento. Otra fuente potencial de enriquecimiento es la amistad con otros perros, tema del próximo capítulo.

CÓMO APLICAR LA CIENCIA EN CASA

• Si tiene un cachorro, acostúmbrelo a ir al veterinario y practique su manejo como si fuera un examen veterinario para el aseo, el corte de uñas y el cepillado de dientes cuando es joven.

• Si su mascota ya tiene miedo del veterinario, consulte con él sobre un momento tranquilo para visitar la sala de espera. Lleve golosinas y juguetes, quédese de cinco a diez minutos y váyase. Es posible que tenga que recurrir a un entrenador de perros cualificado o a un especialista en comportamiento para que lo ayude.

• Elija un veterinario que utilice técnicas de manejo poco estresantes y, si le gusta su veterinario, establezca una relación volviendo a verle con regularidad.

• Consulte con el veterinario si puede ayudar a reconfortar a su perro durante el examen físico acariciándolo de forma que le guste y utilizando comida o juguetes para que la visita sea una experiencia positiva.

• No se avergüence si su veterinario detecta algún problema médico durante la exploración de su perro; al fin y al cabo, para eso está entrenado.

• Asee a su perro más a menudo y durante periodos cortos de tiempo. Es mejor cepillar su pelaje, cortarle las uñas o cepillar sus dientes durante un corto periodo de tiempo y parar mientras está contento, que seguir haciéndolo y ponerlo nervioso.

• Enseñe a los perros —incluso a los adultos— a disfrutar del aseo rutinario, el corte de uñas y el cepillado de dientes enseñándoles a que les guste el utensilio (cizalla y cepillo, cortaúñas o cepillo de dientes) por separado de enseñarles a que les guste su uso y cualquier sujeción que sea necesaria (como sujetar las patas). Es posible que tenga que pedir ayuda a un buen adiestrador de perros.

CAPÍTULO 6
EL PERRO SOCIAL

Cuando era más joven, Bodger tenía un gran amigo: un pastor alemán. Los dos encajaban perfectamente por tamaño y estilo de juego, y se convertían en una bola de pelo rodante, gruñendo y mordiendo hasta que alguien intervenía para hacerles desistir. En cuanto se les soltaba para que volvieran a jugar, se reanudaban los revolcones, los gruñidos y los intentos de morder el cuello del otro, y casi no se distinguía a un perro del otro. Y esa es una de las cosas cruciales del juego: ambos perros estaban dispuestos a participar en la bola de gruñidos.

A medida que crecían, Bodger y su amigo empezaron a jugar menos y simplemente a pasar más tiempo juntos. Se trata de un cambio normal en los perros, ya que a partir de los tres años juegan menos, en general, y son más quisquillosos a la hora de elegir con qué perros van a hacerlo. Pero los perros son criaturas sociales que amplían su círculo social para incluirnos a los humanos, así como a otros animales que podamos tener en casa (especialmente si crecen con ellos). Así, los perros no solo juegan con otros perros o con juguetes por su cuenta, sino también con nosotros. Pero el juego entre perros puede, a nuestros ojos, parecerse mucho a una pelea, así que ¿cómo podemos distinguir el juego de lo que no lo es?

111

¿Cómo es el juego?

«El tiempo de juego suele ser un tiempo seguro», escribió el doctor Marc Bekoff, profesor emérito de Comportamiento Animal de prestigio internacional que ha escrito mucho sobre el juego.[1] Señaló que es un tiempo en el que los animales cooperan entre sí y perdonan las transgresiones accidentales, especialmente cuando el compañero de juego es joven. «A los animales les interesa jugar limpio —dijo— pues de lo contrario podrían perder a sus compañeros de juego».

Durante los juegos no estructurados, los perros se muerden mucho y los dientes pueden entrar en contacto con el pelo, pero no hay gritos ni lesiones. Esto se debe a que los perros se automanipulan: limitan la fuerza con la que muerden y también la fuerza con la que se golpean unos a otros. Por ejemplo, un perro mayor puede no jugar con el mismo vigor que un animal más joven. Otra característica del juego es la inversión de roles, en la que los perros se turnan para perseguir y ser perseguidos, y para ser el que está abajo o el que está arriba cuando luchan. Un perro mayor puede rodar más sobre su espalda cuando juega con un perro más joven para que el juego sea más equilibrado. Tanto la automanipulación como la inversión de roles sirven para que el juego sea social y recíproco y para que perros de diferentes edades, tamaños y habilidades puedan jugar juntos. Además, las actividades del juego cambian a menudo, pasando de jugar en el suelo en un momento a correr en el siguiente.

Cualquiera que esté familiarizado con los perros reconocerá tres señales de juego. Una de ellas es la llamada «cara de juego», una adorable y feliz mirada con la boca abierta que dista mucho de la lucha real. Otra es una maravilla de movimiento exagerado de rebote. Y luego está la «reverencia de juego»: patas delanteras hacia abajo, parte trasera en el aire.

La reverencia de juego

La reverencia de juego es una señal gloriosa, pero la razón para hacerla no está del todo clara. Tradicionalmente, se creía que la reverencia de juego indicaba algo así como «solo estoy jugando, no es real», porque muchos de los comportamientos que los perros realizan en el juego —perseguir, gruñir, morder, mordisquear— también pueden ser agresivos. Pero si la reverencia de juego significa «solo estoy jugando», se esperaría ver más comportamientos *ofensivos* que podrían ser malinterpretados justo antes o después de esta señal. Eso no es lo que encontraron los investigadores cuando observaron las reverencias de juego entre perros adultos, en un estudio publicado en *Behavioural Processes*.[2] Por el contrario, tanto el perro como el receptor de la reverencia solían quedarse quietos antes de que se produjera la reverencia de juego. Después, el juego se reanudaba en forma de secuencias de persecución o ambos perros se levantaban. En otras palabras, la reverencia de juego parecía funcionar como una señal para empezar a jugar de nuevo tras una pausa.

La reverencia de juego (Fuente: Jean Ballard).

Los perros no son los únicos animales que hacen la reverencia; otros cánidos, como los lobos y los zorros, también lo hacen. En un experimento publicado en *PLOS ONE*, los científicos observaron las reverencias de juego en cachorros de perro y lobo.[3] Todos los perros y lobos del estudio crecieron en un entorno similar. Es decir, los cachorros de lobo nacieron en cautividad y se criaron a mano en pequeños grupos; los cachorros de perro nacieron en un refugio de animales en Hungría y también se criaron a mano como los lobos. Los investigadores analizaron vídeos de juegos entre perros y entre lobos en los que al menos uno de los perros o lobos era un cachorro, y luego codificaron las reverencias que realizaban los cachorros durante un encuentro de juego.

Se ha sugerido que la reverencia de juego es una señal de comunicación visual —que se realiza cuando el que la realiza está a la vista del receptor— y este estudio y otro anterior en *Animal Cognition* concluyeron que ese era el caso.[4] Cada una de las reverencias realizadas por los cachorros de lobo se llevó a cabo mientras el emisor y el receptor estaban en contacto visual. Y todas las reverencias realizadas por cachorros de perro, excepto una, se realizaron a la vista del otro perro. En el único caso en el que el otro perro no estaba mirando, el emisor ladró, sugiriendo que sabía que necesitaba llamar la atención de su compañero.

Como se ha descrito anteriormente para los perros adultos, si la reverencia de juego es una señal para decir «solo estoy jugando», se esperaría ver un comportamiento más *ofensivo* inmediatamente antes o después de ella. Ni el lobo ni los cachorros de perro mostraron un comportamiento más *ofensivo* que su compañero antes de la reverencia de juego. Sin embargo, a diferencia de las sesiones de juego en las que participaron los perros adultos, los cachorros que realizaban la reverencia de juego mostraron más comportamientos ofensivos, lo que es contrario a esta hipótesis.

En un trabajo anterior de Bekoff, se descubrió que las reverencias de juego se asociaban a las *bite shakes* (morder y luego sacudir la cabeza).[5] Sin embargo, los científicos de este estudio descubrieron que no se producían *bite shakes* inmediatamente antes o después de las reverencias de juego. Esto es sorprendente, pero la diferencia podría deberse a que Bekoff había estudiado a cachorros más jóvenes. De hecho, en los vídeos de perros y lobos utilizados en este estudio se produjeron pocos mordiscos.

También se sugirió que la reverencia de juego podría permitir al receptor huir o perseguir al otro perro. En el estudio anterior de *PLOS ONE* con perros adultos, no había pruebas de fuera una estrategia para atacar al otro perro en el juego, pero parecía posible que se utilizara para escapar. En las sesiones de juego con los cachorros de perro, era más probable que el emisor jugara a atacar que al revés. Este resultado no se encontró en las sesiones de juego con lobos. Tanto los cachorros de lobo como los de perro eran más propensos a huir tras la reverencia, lo que sugiere que esta los posiciona para escapar. Pero los cachorros de lobo no experimentaron el momento de quietud previo a la reverencia de juego, habitual en los cachorros de perro. La función de la reverencia de juego para los cachorros de lobo no estaba del todo clara. Sin embargo, en el caso de los cachorros de perro, se demostró que la reverencia de juego no se produce al azar y no parece señalar «solo estoy jugando». Por el contrario, sirve para que el juego continúe y a menudo inicia una nueva secuencia de huida/persecución.

> Dejemos a los perros ser perros. Apreciémoslos como individuos con personalidades únicas. Dejemos que exploren con sus narices y con el resto de los sentidos cuando están en casa, pero también cuando estén fuera de casa. Dejemos que jueguen con sus compañeros y que se vuelvan locos y correteen. Para poder apreciar lo que significa ser un perro, necesitamos entender cómo ven, cómo oyen, cómo tocan, cómo saborean y, por encima de todo, cómo olfatean. Somos muy afortunados al poder disfrutar de la presencia de perros en nuestras vidas y debemos trabajar para que todos los perros puedan sentirse afortunados de tenernos en sus vidas. A largo plazo, esta situación será la mejor para todos.
>
> Mark Bekoff, PhD, profesor emérito de la Universidad de Colorado y autor de la obra *Canine Confidential: Why Dogs Do What They Do*.

POR QUÉ EL JUEGO NO ESTRUCTURADO ES IMPORTANTE PARA LOS PERROS

Está claro que los perros sociales disfrutan del juego, pero este debe haber evolucionado por una razón, o incluso por varias, según un artículo publicado en *Applied Animal Behaviour Science*.[6] Una teoría sugiere que el juego enseña a los perros a controlar su cuerpo. En el juego, los perros luchan, montan, persiguen, atrapan y destruyen, lo que implica habilidades motoras que necesitan aprender como parte de su desarrollo. Una de las cosas que los cachorros aprenden jugando con sus compañeros de camada es la inhibición de la mordida adquirida, es decir, cómo pueden morder sin causar daño. El cachorro que muerde demasiado fuerte a otro cachorro se dará cuenta de que el juego se detiene y aprenderá a no morder tan fuerte la próxima vez.

Otra razón por la que se cree que el juego ha evolucionado es para desarrollar la cohesión social. Desde una perspectiva evolutiva, el establecimiento de vínculos sociales con otros perros a través del juego conduciría a menos peleas, una mayor supervivencia y un mayor éxito en la reproducción. A los perros que han sido debidamente socializados les gusta jugar con otros perros, y también disfrutan del juego con sus humanos. El juego con los juguetes parece tener como objetivo la interacción con la persona, y el juego puede mejorar la relación entre el perro y el humano.

Una tercera razón evolutiva del juego es que enseña a los perros a enfrentarse a acontecimientos inesperados.[7] Se cree que los cambios en los niveles hormonales, tanto en el sistema de estrés como en el de recompensa y en el cerebro, que se producen durante el juego, ayudan a los perros a aprender a enfrentarse a los acontecimientos estresantes. Las reacciones emocionales exageradas o la pérdida de control en otros momentos podrían tener graves consecuencias, pero son más seguras en el juego. El juego en sí mismo es placentero y puede ser relajante o emocionante, por lo que los perros pueden aprender a enfrentarse a acontecimientos sorprendentes. Los movimientos en el juego (incluida la automanipulación deliberada) ayudan a los animales a aprender a recuperarse, por ejemplo, de las caídas.

Según este artículo, hay pruebas de estas tres razones para el juego de los perros, y las diferentes etapas del juego parecen ser importantes por diferentes motivos. El principio y el final de una sesión de juego son especialmente importantes para la cohesión social, mientras que la parte principal de la sesión de juego es especialmente útil para desarrollar las habilidades motoras y prepararse para lo inesperado.

Esto hace parecer que el juego siempre es bueno para el bienestar, pero no es así. El mismo artículo señaló que el juego puede ser a veces un signo de ausencia de bienestar. Por ejemplo, cuando el juego es una actividad de desplazamiento porque está ocurriendo algo estresante, cuando el juego individual con los juguetes refleja un entorno pobre o la falta de atención de los humanos o cuando un perro utiliza el juego para distraer a un humano y evitar los castigos o los golpes. Si el juego entre dos perros es desigual o un perro intimida a otro, puede ser malo para el bienestar del perro intimidado o herido. Además, un estudio reveló que si los dueños (en este caso, eran agentes de policía) combinan un juego de tira y afloja con muchas órdenes y disciplina, puede resultar estresante para el perro, a diferencia de un juego de tira y afloja más espontáneo y afectuoso.[8] Así que es importante tener en cuenta el contexto antes de decidir si el juego es bueno o no. Otra amenaza para el bienestar de un perro puede ser que sea sociable —le gustan otros perros— pero que, por alguna razón, no haya desarrollado buenas habilidades de juego. Para los propietarios de perros puede ser difícil saber si los perros están jugando o peleando realmente, y puede resultarles aterrador o estresante verlo. Una respuesta habitual a este comportamiento es limitar las oportunidades de que el perro se reúna y juegue con otros perros, lo cual es una pena para un perro que realmente quiere jugar.

Aunque es necesario investigar más sobre si existe un periodo sensible para el desarrollo de las habilidades de juego, el juego con otros compañeros de camada es una parte importante del aprendizaje de los cachorros. Una vez que el nuevo cachorro llegue a su casa, es importante que tenga muchas oportunidades para jugar con otros cachorros y poder seguir desarrollando buenas habilidades sociales caninas.

Parques para perros
En lugares en los que normalmente se exige que los perros vayan con correa, los parques para perros sin correa ofrecen espacios vitales para que hagan ejercicio y se relacionen. En un estudio realizado en un parque canino vallado sin correa

en Canadá, publicado en *Applied Animal Behaviour Science*, los investigadores analizaron si los perros encontraban la experiencia estresante.[9] Los científicos tomaron muestras de saliva de once perros antes y después de un paseo, antes de una visita al parque para perros sin correa, y después de estar en el parque durante unos veinte minutos. Las muestras se analizaron en busca de cortisol, que es una medida de la excitación. Aunque no hubo diferencias entre los niveles de cortisol antes y después de un paseo, los niveles fueron más altos después de veinte minutos en el parque.

Los investigadores observaron a cincuenta y cinco perros después de llegar al parque y descubrieron que en los primeros veinte minutos pasaban el 40 % del tiempo con un humano (a veces también con otro perro), cerca del 30 % del tiempo solos y cerca del 25 % con otros perros. Los perros más jóvenes eran más juguetones, mientras que los mayores eran más activos. El 83 % de los perros mostraron una señal de juego en algún momento, y la mayoría de los perros mostraron una señal de estrés al menos una vez. Hubo una correlación entre el comportamiento de juego y la monta, lo que sugiere que para los perros la monta puede formar parte del juego. Y, en general, las valoraciones de los propietarios sobre el grado de amabilidad de sus perros eran correctas, ya que los perros mejor valorados en un cuestionario rellenado por sus propios dueños mostraron más conductas de juego.

Los niveles de cortisol más elevados se encontraron en los perros que visitaban el parque para perros con menos frecuencia, especialmente en los que se observó que tenían una postura encorvada, lo que significa que pueden haber encontrado la experiencia estresante. En cambio, los perros que ya habían ido al parque canino esa semana no tenían tantos comportamientos relacionados con el estrés.

En un segundo estudio, publicado en *Behavioural Processes*, que tuvo lugar en el mismo parque canino, los investigadores grabaron en vídeo de lo que hicieron sesenta y nueve perros en los primeros cuatrocientos segundos (casi siete minutos) que estuvieron allí.[10] A continuación, los científicos codificaron el comportamiento que observaron de forma neutral, describiendo lo que sucedía en realidad en lugar de aplicar etiquetas preexistentes como dominante, sumiso, de juego o agresivo. En los primeros seis minutos en el parque, los perros pasaron alrededor del 50 % del tiempo solos y alrededor del 40 % con al menos otro perro (el resto lo pasaron con humanos o con una mezcla de perros y humanos). A lo largo de este periodo, la cantidad de tiempo que pasaban con otros perros disminuía y la cantidad de tiempo que pasaban solos aumentaba. Los perros más jóvenes y los de más edad pasaron más tiempo con otros perros que los que estaban en la mitad del grupo de edad.

Casi todos los perros recibieron y/o iniciaron el contacto del hocico, ya sea con la cabeza o con el trasero. Esto no es sorprendente porque los perros utilizan el hocico para obtener información sobre otros perros. Un perro que acaba de llegar al parque tiende a hacer contacto con el hocico a la cabeza de otros perros más que a la región anogenital. Recibir este contacto en la cabeza se correlacionó con el alejamiento del extremo posterior del otro perro, lo que concuerda con la idea de que intentan obtener información sobre el otro perro sin ser olfateados.[11]

Los científicos observaron que, si un perro perseguía a otro, este no era necesariamente perseguido a su vez, lo que sugiere que el comportamiento de persecución no era necesariamente recíproco, al menos durante el periodo observado. Sin embargo, empezar a perseguir a otro perro sí se relacionaba con el contacto físico y con el comportamiento de lucha. Los investigadores señalaron que apenas observaron comportamientos que pudieran describirse como agresivos, no solo entre los perros concretos estudiados, sino también entre los demás perros que se encontraban en el parque en ese momento.

Estos resultados son alentadores para los propietarios a los que les gusta frecuentar el parque para perros; también muestran que es bastante normal que los perros pasen parte de su tiempo allí solos, en lugar de jugar a tope todo el tiempo. En conjunto, estos estudios sugieren que si a un perro le parecen estresantes los parques sin correa puede preferir no ir, pero muchos perros disfrutan de la experiencia, y el ejercicio físico y las oportunidades sociales con otros perros son probablemente buenos para ellos.

Hermanos de la mascota:
negociar con otros animales

Algunos perros pueden aceptar a otros animales, como los gatos, en su círculo social. Por seguridad, es esencial señalar que esto no se aplica a todos los perros, ya que algunos solo pensarán en un gato u otro animal pequeño como comida o como algo que agarrar y sacudir. Pero algunos perros y gatos viven en armonía e incluso son mejores amigos.

Un estudio publicado en *Applied Animal Behaviour Science* preguntó a las personas que tienen un perro y un gato (o más de uno de los dos) cómo se llevaban.[12] Los investigadores también visitaron la casa para observar al perro y al gato en la misma habitación. La buena noticia es que en el 66 % de los casos el perro y el gato se comportaban amistosamente el uno con el otro. En otro 25 % de los casos, se mostraron indiferentes. Por desgracia, en el 10 % de los casos no se llevaban bien. Lo mejor era que el gato se uniera primero al hogar; el perro, al llegar a una casa que ya tenía un gato, parecía adaptarse bastante bien al felino existente. La adaptación era menos probable si el perro vivía primero en la casa y luego llegaba el gato. La edad a la que se introducen también es importante, ya que las cosas funcionan mejor cuando el gato tiene menos de seis meses y el perro menos de un año.

Los gatos y los perros del estudio parecían entender la comunicación del otro, aunque había diferencias en las señales que utilizaban. Por ejemplo, el movimiento de la cola es una señal de amistad de un perro, pero de nerviosismo o agresión inminente de un gato. Pero los gatos y los perros parecían ser capaces de leer el lenguaje corporal del otro. Los perros, incluso, habían aprendido un saludo amistoso con los gatos. Los gatos suelen saludarse olfateando la nariz, y se observó que los perros del estudio hacían lo mismo con los gatos. Estos saludos olfateando la nariz se produjeron con más frecuencia en los animales que habían sido introducidos a una edad temprana, lo que sugiere que la exposición temprana a la otra especie le permite aprender sus señales de comunicación.

En otro estudio, publicado en el *Journal of Veterinary Behavior*, también se preguntó a las personas que tenían un perro y un gato cómo se llevaban.[13] La mayoría de las veces se dijo que se llevaban bien, aunque la relación no era estrecha (por ejemplo, no solían acicalarse mutuamente). En este estudio, la introducción temprana del gato al perro (preferiblemente antes de que el gato tuviera un año) se asoció con una buena relación, mientras que la edad del perro no importaba. El factor más importante en la relación fue la medida en que el gato se sentía cómodo con el perro. Esto podría deberse a que los gatos fueron domesticados hace menos tiempo y, por lo tanto, no son tan buenos compartiendo con otros animales, pero es probable que también se deba a que los perros pueden ser un grave peligro para los gatos. La relación también era mejor si el perro estaba dispuesto a compartir su cama con el gato, aunque los gatos generalmente no estaban dispuestos a compartir su cama. Dado que parece que es la experiencia del gato la que media en la relación, si su gato y su perro no son amigos, debería hacer un esfuerzo adicional para que su gato se sienta cómodo con su perro.

En un primer estudio se criaron cuatro cachorros de chihuahua, cada uno con una gata madre y una camada de gatitos, desde los veinticinco días de edad hasta las dieciséis semanas, es decir, durante el periodo de socialización.[14] Después de estas primeras experiencias felinas, se presentó a los chihuahuas un espejo. No parecían reconocer lo que veían como un perro, en contraste con algunos chihuahuas que fueron criados con otros chihuahuas, estos ladraron y respondieron a su reflejo. Después de pasar dos semanas con otros perros, los chihuahuas criados con gatos sí respondían a su propio reflejo, lo que demuestra que habían aprendido el aspecto de su especie. Cuando los cuatro chihuahuas criados con gatos fueron presentados a otros cachorros, en lugar de jugar con ellos, prefirieron quedarse con sus amigos felinos. Este estudio demostró que las experiencias con otra especie durante el periodo de socialización pueden marcar la diferencia en la forma en que un cachorro se lleva con esa especie. La implicación es que, si quiere que su cachorro se haga amigo de un gato, debe pasar tiempo con gatos durante el periodo sensible de socialización.

La compañía (estar con otros perros o alejado de ellos, según las necesidades del perro) es una de las necesidades de bienestar, y el juego es un comportamiento normal. Esto significa que es importante proporcionar estas oportunidades de una manera que le guste a su perro. En el caso de los cachorros, las oportunidades de juego con otros cachorros durante el periodo sensible de socialización pueden ayudarlos a aprender buenas habilidades sociales caninas. A algunos perros adultos no les gustan otros perros, y si así es su perro debe tenerlo en cuenta (¡no lleve a estos perros al parque canino!). La compañía de los humanos también es importante para los perros, y este es el tema del siguiente capítulo.

Cómo aplicar la ciencia en casa

• Dedique tiempo a jugar con su perro. Tanto si juega con un objeto como si lo hace directamente con su perro, recuerde que el juego real es espontáneo y amistoso; puede incluir también elogios y caricias. Si le da muchas órdenes, se trata de una sesión de adiestramiento, y aunque es estupendo que las sesiones de adiestramiento sean divertidas, debe haber algún juego que sea simplemente un juego.

• Si adquiere un cachorro, asegúrese de que tenga oportunidades de juego y socialización con otros cachorros para ayudarlo a aprender las habilidades sociales caninas adecuadas. Las oportunidades de juego seguras pueden ser especialmente importantes para los cachorros procedentes de establecimientos comerciales de cría (es decir, de tiendas de animales y de la red de distribución) que pueden no haber tenido un entorno que les permita jugar mucho con el resto de su camada. La mejor manera de ofrecer estas oportunidades es a través de una clase para cachorros que incluya tiempo de juego.

• Si a su perro le gusta jugar, pero tiene pocas habilidades de juego, no deje que intimide o irrite a otros perros. Trabaje con un buen adiestrador de perros para enseñarle a jugar mejor. Una buena capacidad de retirada (venir cuando se le llama) puede ayudar a sacar al perro del juego cuando se está convirtiendo en demasiado para el otro perro (puede que tenga que trabajar muy duro para conseguir una retirada tan buena). Es posible que haya que sacar a los abusones de la sesión de juego rápidamente cuando se exceden, y esperar a volver a intentarlo otro día.

• Hay que reconocer que a medida que los perros alcanzan la madurez social, juegan menos con otros perros y son más exigentes con los que juegan. También son menos tolerantes con los perros con escasas habilidades de juego. No se preocupe; esto es una parte normal del desarrollo canino.

• Tenga en cuenta el tamaño de los compañeros de juego de su perro. En los parques caninos, los perros pequeños deben estar en una zona separada de los grandes para prevenir el riesgo de lesiones.

• Adapte las sesiones de juego a su perro. Si a su perro le gusta ir al parque, estupendo. Si no le gusta, tampoco pasa nada; a algunos perros les resulta estresante, así que no siga llevándolo si no lo disfruta.

• Si tiene otras mascotas en casa, asegúrese de que las necesidades de cada una de ellas están cubiertas y no tienen que competir entre sí. Utilice puertas para mascotas para mantener a los perros alejados de los problemas, destacando las partes de la casa a las que tienen acceso. Si es necesario, alimente a los animales en habitaciones separadas o en jaulas para perros.

• Si piensa tener un perro y un gato, consiga primero el gato. Si no es posible, intente socializar a su perro con los gatos cuando sea un cachorro. Recuerde que perros y gatos pueden hacerse amigos, pero no está garantizado.

CAPÍTULO 7
LOS PERROS Y SU GENTE

Siempre veo las noticias después de la cena y desde que tenemos a Fantasma hay otro motivo para disfrutar de este momento. Al principio, Fantasma se acostaba en el otro lado de la habitación desde donde me miraba y, cuando yo intentaba establecer contacto visual, sus ojos se desviaban. Pero eso cambió. Me miraba viendo la televisión, y si yo le miraba a sus ojos azules como el hielo, él me devolvía la mirada. Y su boca estaba abierta en una encantadora sonrisa relajada. Sentí que me quería. Yo le decía:

—¡Te quiero! —y él me devolvía un pequeño ¡guau!— ¡Te quiero!

—¡Guau!

Seguro que me quería. Bodger alterna entre darnos un codazo a mí o a mi marido con la cabeza para exigir que le acariciemos. A su manera insegura, también nos quiere. Por supuesto, Fantasma respondía al tono de voz más que al significado. Cuando yo decía, algo, definitivamente él lo entendía.

—¿Te gustaría ir a dar un paseo?

En este caso, su respuesta fue mucho más entusiasmada:

—¡Guau! ¡guau, guaau, guaaaaaaau!

Sonaba como Chewbacca.

Pero ¿los perros nos quieren de verdad? ¿Qué significamos los humanos para ellos? Hay varias líneas de investigación que analizan esta cuestión, aunque científicamente no se plantea en términos de amor, que es una experiencia subjetiva. En su lugar, los científicos han tomado prestadas técnicas de los estudios psicológicos con niños y de la neurociencia para investigar si los perros sienten apego por sus humanos.

Los perros tienen unas habilidades sociales asombrosas. Pueden seguir la indicación de un humano para encontrar la ubicación de comida escondida, ya sea señalando con la mano, asintiendo con la cabeza, mirando en la dirección correcta o poniendo un marcador junto al objetivo.[1] Como resultado de experimentos inteligentes en los que se da a los perros la oportunidad de *robar* comida, también sabemos que entienden la perspectiva de un humano (aunque no siempre).[2] Es posible que hayan desarrollado estas impresionantes habilidades sociales como parte del proceso de domesticación, un caso de evolución convergente. Una prueba de ello es el experimento con el zorro siberiano, en el que se criaron zorros para que fueran amistosos (véase el capítulo 2). Estos zorros son tan buenos como los perros a la hora de seguir los puntos y las miradas de los humanos, por lo que parece que la domesticación nos ha dado una relación especial con los perros.

Los perros y el apego a los humanos

Aunque todos los dueños de perros saben subjetivamente la importancia que tienen para su mascota, también hay una perspectiva científica al respecto. En psicología, el apego se refiere al estrecho vínculo emocional de un niño con su cuidador y fue descrito por primera vez por John Bowlby.[3] El apego no es solo un comportamiento amistoso, ya que incluye el deseo de estar cerca del cuidador en respuesta a acontecimientos angustiosos. En los niños humanos, el apego tiene cuatro componentes:

1. La angustia, cuando la separación del cuidador surge entre los siete y los nueve meses.
2. La búsqueda de proximidad con el cuidador es especialmente evidente a partir de los doce meses, cuando los niños se mueven más repentinamente al poder gatear y luego caminar.

3. El cuidador del niño es una base segura desde la que puede explorar.

4. El cuidador es un refugio seguro al que volver si el niño se encuentra con algo angustioso.

Estos cuatro componentes también se encuentran en los perros con respecto a sus dueños.[4] Los perros buscan estar cerca de sus dueños, especialmente en circunstancias estresantes (búsqueda de proximidad). Cuando el dueño no está, los perros pueden experimentar angustia relacionada con la separación (véase el capítulo 13). Y los experimentos que toman prestados los métodos de la psicología infantil han demostrado los efectos de refugio y base segura.

Una prueba clásica de apego entre un bebé y su cuidador es la llamada *Situación extraña*, un procedimiento estandarizado en el que el bebé está en una habitación con su cuidador y luego entra un extraño. Siguiendo un protocolo estricto, se deja al bebé a solas con el desconocido, luego es consolado por el cuidador, después se le deja solo y, por último, se le vuelve a unir el desconocido. Un bebé convenientemente apegado se alterará cuando el cuidador salga de la habitación, pero se alegrará de verlo regresar y se calmará fácilmente. Los primeros intentos de reproducir la *Situación extraña* con perros tuvieron resultados dispares, probablemente porque un perro bien socializado se alegra de ver a un extraño amistoso. Así que los científicos diseñaron una versión que incluía el acercamiento amenazante de un extraño.[5] Los perros experimentaron el acercamiento amenazante tanto con su dueño como sin él, (la mitad de los perros con el dueño primero, la otra mitad sin el dueño primero). El análisis tuvo en cuenta si los perros eran reactivos a la separación (gemían o ladraban mientras el dueño no estaba) o no.

Los resultados mostraron cierta similitud con el comportamiento de los bebés durante la prueba de la *Situación extraña*; la presencia del propietario tenía un efecto de «base segura». Durante el acercamiento amenazante, el aumento de la frecuencia cardíaca de los perros no era tan grande si el dueño estaba con ellos. En los perros que reaccionaron, si se encontraban por primera vez con el desconocido cuando el dueño estaba presente, se estresaban menos cuando posteriormente se encontraban con el desconocido sin el dueño (aunque todavía no en la línea de base). El estudio también mostró diferencias individuales. Algunos perros se interesaban por el desconocido a pesar de su acercamiento amenazante, mientras que otros reaccionaban gruñendo y ladrando.

Hacia los doce meses, los bebés humanos miran a su cuidador para ver su reacción en caso de que algo los asuste un poco, lo que se denomina referencia social, y esto también se da en los perros. La referencia social tiene dos partes: en primer lugar, el bebé mira desde el objeto ligeramente aterrador al cuidador y, en segundo lugar, el bebé reacciona (acercándose o evitando) de una manera que está influenciada por la respuesta del cuidador. Como objeto ligeramente aterrador que haría que los perros se sintieran cautelosos, pero no tan asustados como para huir, los científicos de un estudio utilizaron un ventilador eléctrico con serpentinas verdes.[6] Los propietarios llevaban a su perro con correa a una habitación con el ventilador y, en cuanto se cerraba la puerta, el ventilador se ponía en marcha por control remoto. El dueño soltaba al perro y miraba el ventilador con una expresión neutral. Tras un tiempo, respondían con expresiones faciales y comentarios positivos o negativos. Algunos perros se mostraron confiados para acercarse al ventilador. De los que no lo estaban, el 83 % miró a su dueño al menos una vez después de ver el ventilador, y si su dueño respondía negativamente, era más probable que lo evitaran que si el dueño daba una respuesta positiva.

Una diferencia entre este estudio y la investigación realizada con bebés es que el dueño era neutral al principio. Así que se repitió el experimento y esta vez la persona respondió en cuanto el perro se asomó.[7] Además, tanto el dueño como un extraño estaban presentes y uno de ellos respondía al perro, el informante, mientras el otro se sentaba a leer un libro. El 76 % de los perros con el propietario como informador, y el 60 % con el desconocido, miraron hacia ellos en busca de una respuesta. Cuando el informante era el propietario, los perros del grupo positivo alcanzaban el ventilador más rápidamente y los del grupo negativo tardaban más en hacerlo, en comparación con cuando el informante era un desconocido. Cuando el mensaje era negativo, los perros miraban más a la persona sentada si era el propietario en lugar de un extraño, lo que sugiere que los perros también querían información de su propietario.

Estos dos estudios demuestran que los perros utilizan la mirada para buscar información en una persona cuando se enfrentan a algo de lo que no están seguros, y exploran o evitan dependiendo de la respuesta de la persona. También muestran que el propietario es más importante que un extraño. Con algunas pequeñas diferencias, estos resultados son muy parecidos a los encontrados en los estudios sobre bebés.

Pero ¿los perros prefieren siempre a sus dueños? La doctora Erica Feuerbacher y el profesor Clive Wynne pusieron a prueba esta idea dando a los perros la posibilidad de elegir libremente durante diez minutos.[8] El dueño del perro y un desconocido se sentaban y acariciaban al perro si este se acercaba a ellos. El estudio se llevó a cabo tanto en la casa del perro como en el entorno desconocido de un laboratorio universitario, que, según Feuerbacher, probablemente «parecía y olía como un consultorio veterinario» desde el punto de vista del perro. Aproximadamente el 80 % de las veces, los perros eligieron estar cerca de una persona, pero qué persona dependía del entorno. En un entorno familiar, los perros pasaban el doble de tiempo con el desconocido, y en un entorno no familiar pasaban cuatro veces más tiempo con el dueño. Incluso en el entorno doméstico, la mayoría de los perros se dirigieron primero a su dueño antes de dirigirse al extraño (resulta interesante que, cuando se probó a los perros de refugio con dos extraños, normalmente mostraron preferencia por uno de ellos, lo que demuestra que los perros pueden establecer preferencias por una persona sobre otra con bastante rapidez).

El estudio demostró que, aunque los perros están deseando conocer a otras personas, tienen un vínculo especial con su dueño. «En un contexto familiar, el perro saludaba, se ponía en contacto con el dueño y luego iba a pasar su tiempo con el extraño —dijo la doctora Feuerbacher—. Mientras que, en un contexto desconocido, el perro se mostraba realmente reacio. Creo que algunos de nuestros perros ni siquiera fueron a saludar al extraño, sino que se limitaron a pasar el tiempo con mamá en ese contexto probablemente estresante».

Feuerbacher y Wynne han comprobado las preferencias de los perros por las caricias, los elogios y la comida (véase el capítulo 4), así que les pregunté qué dice su investigación sobre la relación entre un perro y su humano: «Vemos muchos efectos del dueño —dice Feuerbacher—. La única vez que no lo vimos fue con las caricias y los elogios vocales», refiriéndose a un estudio en el que los perros eligieron las caricias de un extraño en lugar de los elogios de su dueño. «Parecía que su preferencia por las caricias era tan grande que anulaba cualquier preferencia por el dueño. Pero en nuestras otras investigaciones sí vemos un efecto del dueño, especialmente en estas situaciones extrañas o novedosas, se puede ver que el perro tiene una interacción especial con el dueño. E hicimos otro estudio de investigación para ver si el acceso del dueño era un reforzador para el perro. Siempre bromeo con la gente diciendo que los que tenemos perros y ya no podemos ir al baño solos ya sabemos la respuesta, que tu perro trabajará para estar contigo. Y creo que la investigación también señala la importancia de la relación entre el dueño y el perro. El perro quiere estar contigo. Y nuestra investigación sugiere que, si no interactúas con el perro, tu presencia para el perro es importante.»

Hay importantes implicaciones sobre cómo los dueños pueden ayudar a sus perros en una situación de estrés. Feuerbacher sugirió que acariciar al perro con calma y estar a su lado sería beneficioso.

LA NEUROCIENCIA CANINA Y LAS PREFERENCIAS DE LOS PERROS POR LAS PERSONAS Y LA COMIDA

Otra línea de investigación que habla del vínculo humano-animal procede de la neurociencia canina. El profesor Gregory

Berns y su equipo de la Universidad de Emory, en Atlanta, utilizaron el refuerzo positivo para entrenar a los perros a entrar voluntariamente en un escáner de IRMf y quedarse quietos. Esta investigación se centró en una parte del cerebro del perro llamada caudado ventral, que, en consonancia con trabajos anteriores sobre monos y personas, se activa en respuesta a la anticipación de una recompensa.

Un estudio analizó la activación del caudado cuando se exponía al perro a diferentes olores: un humano conocido (el cuidador principal del perro), un humano desconocido, un perro conocido, un perro desconocido y el propio olor del perro.[9] Participaron doce perros, y los olores procedían de hisopos tomados de la axila de los humanos y de la zona perineal-genital de los perros. El caudado se activó significativamente más en respuesta al olor de un humano conocido que en respuesta a cualquiera de los otros olores, incluido el del perro conocido. Así que los perros reconocían el olor de su cuidador principal y tenían una asociación positiva con él. Aunque es difícil interpretar estos resultados en términos de la experiencia subjetiva del perro, muestra la importancia de la persona para su perro. En los humanos, la misma parte del cerebro se activa en respuesta a la observación de fotos de seres queridos. Es poco probable que se trate de una respuesta condicionada a que el cuidador sea quien alimente al perro.

Otro estudio del laboratorio de Berns investigó las preferencias de los perros por la comida, la vista del adiestrador que los elogiaba y una condición de control en la que no ocurría nada.[10] Como el perro tiene que permanecer absolutamente quieto en el escáner, los científicos hicieron el experimento emparejando un objeto diferente (un coche de juguete, un caballo de juguete o un cepillo de pelo) con cada una de las tres condiciones. Cada objeto estaba en un palo y, durante diez segundos, se le presentaba al perro la comida y, a continuación, se producía el evento correspondiente. A nivel general, no hubo diferencias significativas en la activación del caudado entre la condición de comida y la condición de alabanza más vista del humano, lo que sugiere que los perros encontraron ambas cosas gratificantes. Sin embargo, hubo diferencias individuales entre los perros: nueve respondieron aproximadamente igual a la comida y al elogio, cuatro prefirieron el elogio más la vista del humano y cuatro prefirieron solo la comida.

En otro experimento del mismo estudio se quebraron las expectativas de los perros al no seguir el coche de juguete mientras el adiestrador elogiaba al perro. En este experimento se descubrió que las diferencias en la activación del caudado entre los que recibían elogios y los que no los recibían eran mayores para los perros que tenían una mayor activación del caudado en respuesta a los elogios en el primer experimento. Esto confirmó que a los perros les gustaban los elogios. En un último experimento, los perros en un laberinto podían elegir entre correr hacia un plato que contenía comida o hacia su dueño, que los acariciaba y elogiaba. La mayoría de los perros eligieron a veces la comida y a veces al dueño, pero a lo largo de las veinte pruebas hicieron elecciones diferentes. Las elecciones de los perros en este experimento se correlacionaron con los resultados del primer experimento. Por supuesto, por definición, estos perros están altamente entrenados y los resultados pueden no ser generalizados, pero sugieren que la activación del caudado es estable y predice las elecciones en un perro individual.

Berns me dijo en un correo electrónico: «La conclusión es que los perros, al igual que las personas, son individuos, y que hay un espectro de motivaciones. Algunos prefieren la comida, otros los elogios y muchos prefieren ambos por igual. Conozca cuál prefiere su perro».

¿ENTIENDEN LOS PERROS LAS EMOCIONES HUMANAS?

Hay pruebas de que los perros también responden a la expresión emocional humana. En un estudio, se sometió a los perros a pruebas en su casa para ver cómo respondían a su dueño o a un extraño que fingía llorar o tararear (una condición de control).[11] Los perros prestaron mucha más atención cuando su dueño lloraba que cuando tarareaba. Si el llanto hubiera hecho que los perros se sintieran tristes, cabría esperar que acudieran a sus dueños para ser consolados. Pero los perros dirigieron su comportamiento hacia la persona que lloraba, independientemente de quién fuera. La mayoría de los perros se acercaban a la persona que lloraba y casi todos lo hacían de forma que podía considerarse un intento de consuelo. Esto no significa necesariamente que los perros tuvieran empatía, sino que se acercaron a la persona que lloraba de una forma que esta interpretaría como un intento de consolarla.

En otro estudio, el dueño del perro estaba sentado detrás de una puerta transparente y lloraba o tarareaba.[12] En ambas condiciones, los perros tenían la misma probabilidad de atravesar la puerta, pero eran más rápidos si la persona lloraba. Los perros que abrieron la puerta en respuesta al llanto tenían niveles de estrés más bajos que los que no lo hicieron; estos perros se movieron, se inquietaron y ladraron. Además, este estudio descubrió que los perros más apegados a su dueño eran más propensos a abrir la puerta en respuesta al llanto, lo que sugiere la posibilidad de que sientan empatía.

Además de reconocer si las expresiones emocionales de los perros y de los humanos son positivas o negativas, los perros también reconocen la emoción de los sonidos que las acompañan (lo que se denomina percepción modal cruzada de la emoción, ya que incluye la vista y el sonido).[13] En un estudio se mostraron a los perros imágenes de caras de perros o humanos que eran felices/juguetones o enfadados/agresivos. Al mismo tiempo, los investigadores reprodujeron sonidos que coincidían o no con las imágenes. Cuando se mostraba a los perros una cara de perro, el sonido que escuchaban era un ladrido alegre o agresivo. Cuando se les mostraban las caras humanas, el sonido que escuchaban era una frase pronunciada de forma alegre o enfadada en un idioma desconocido para los perros (portugués de Brasil). Los perros miraban más tiempo la cara cuando coincidía con el sonido que cuando no coincidía. En cambio, cuando escuchaban los sonidos neutros, los perros perdían el interés por las imágenes. Los perros también prestaron más atención a las emociones caninas que a las humanas. Este estudio es la primera prueba de que los no primates pueden reconocer y emparejar la expresión emocional tanto de las caras como de los sonidos.

CÓMO INTERACTÚAN LAS PERSONAS Y LOS PERROS

Los perros tienen sus propias formas de pedir cosas, como cuando quieren que les froten la barriga. Desde la infancia, los humanos utilizan gestos referenciales para llamar la atención, como señalar los juguetes que quieren. Esta habilidad también se ha encontrado en los chimpancés en la naturaleza, en los grandes simios en cautividad y en los cuervos, así como en los peces mero y las truchas de coral, que la utilizan para indicar a otros miembros de la especie dónde está la presa. ¿Los gestos de los perros hacia los humanos cuentan como este tipo de comunicación? Un estudio publicado en *Animal Cognition* analizó 242 episodios de comunicación en vídeos de treinta y siete perros que interactuaban con sus dueños.[14] Hablamos de un proyecto de ciencia ciudadana, donde la gente grababa vídeos en casa y los enviaba a los investigadores.

Los científicos encontraron diecinueve gestos diferentes que, al menos una gran parte de las veces, cumplían los cinco criterios de los gestos referenciales: (1) es un gesto (más que un movimiento que hace algo físicamente), (2) está dirigido a un objeto o a una parte de su cuerpo, (3) está dirigido a otra persona, (4) obtiene una respuesta por su parte y (5) es de naturaleza intencional. Hay varias cosas que pueden demostrar que es intencionado, como esperar una respuesta y repetir el gesto si no ha funcionado para conseguir lo que quieren, o probar otros gestos para obtener el resultado. En los perros se cumplen los cinco criterios.

Los gestos de los perros se utilizaron para significar cuatro cosas diferentes: *rascarme, darme comida/bebida, abrir la puerta* y *coger mi juguete/hueso.* Algunos gestos, como presionar la nariz o la cara contra una persona u objeto, podían utilizarse para los cuatro significados, mientras que otros solo se utilizaban para algunos. Por ejemplo, darse la vuelta siempre significaba *ráscame.* El giro de la cabeza, que implica mirar de un objeto a la persona y viceversa, fue el gesto más común. Lo más impresionante de estos resultados es que se aplican a la comunicación con otra especie (nosotros).

El juego es una parte importante de las interacciones entre las personas y sus perros.[15] Incluso cuando los perros tienen la oportunidad de jugar con otros perros, les gusta jugar con las personas. Cuando juegan con humanos, los perros son más propensos a mostrar los juguetes y a presentárselos a su compañero de juego, lo que sugiere que el juego con personas tiene una motivación diferente a la del juego con otro perro. El tira y afloja, la persecución de objetos y la exhibición de objetos son más frecuentes en el juego entre un perro y una persona que entre dos perros.

La gente utiliza una serie de gestos para animar a los perros a jugar con ellos. Un estudio observó un vídeo de veintiuna personas que iniciaban el juego con sus perros en casa sin utilizar juguetes, y lo siguieron probando con señales en veinte labradores retrievers.[16] En un resultado sorprendente, aunque algunas acciones eran mejores para animar a los perros a jugar, no eran las más utilizadas. Las señales más efectivas eran cuando el humano se balanceaba como un arco de juego, perseguía o huía del perro o se abalanzaba sobre él. Golpear el pecho o hacer una señal al perro para que salte también funcionaba a menudo, pero no se utilizaba mucho. Algunas de las técnicas que las personas intentaron, incluyendo agarrar al perro por el escroto, dar pisotones y levantar al perro, nunca funcionaron para inducir el juego.

Otro estudio descubrió que las personas mostraban emociones positivas en algo más del 60 % de los combates de juego.[17] Este es el caso típico de los juegos de tira y afloja (en los que la persona se burla del perro, por ejemplo, pretendiendo lanzar una pelota o tocando la pata del perro), mientras que el juego de búsqueda era generalmente neutro desde la perspectiva del dueño. Las personas sonreían más cuando había un contacto más directo, una mayor proximidad al perro y más movimiento por parte de la persona. Las propietarias tenían más contacto físico con sus perros que los propietarios. Este estudio sugiere que solo algunas actividades son un juego para el humano y el perro. Tal vez los propietarios que proporcionaron los vídeos basaron su evaluación del juego en la perspectiva del perro.

La forma en que las personas hablan a los perros es muy similar a la manera en que hablamos a los bebés humanos. En el caso de los bebés, un tono más alto, una mayor variación en el tono y una velocidad más lenta ayudan a la adquisición del lenguaje, pero obviamente los perros no van a aprender a hablar el inglés de la reina (o cualquier otro idioma humano). Una investigación publicada en *Proceedings of the Royal Society* descubrió que las personas utilizan el habla dirigida a las mascotas con perros de todas las edades.[18] Las personas que se dirigen a los cachorros utilizan un tono más alto, y los cachorros parecen responder a ello. Cuando los científicos reprodujeron ejemplos de personas que leían un guion en lenguaje normal y en lenguaje dirigido a las mascotas, los cachorros prefirieron el lenguaje dirigido a las mascotas, pero los perros adultos no mostraron ninguna preferencia. En otro estudio, en el que se reprodujo a perros y cachorros una grabación de la misma frase pronunciada con un discurso dirigido a la mascota o con un discurso normal, prestaron más atención al discurso dirigido a la mascota, según se evaluó por la cantidad de tiempo dedicado a mirar al orador.[19] En un estudio posterior, más naturalista porque una persona se sentaba con el orador para que las voces grabadas no fueran incorpóreas, se descubrió que los perros adultos preferían cuando las personas utilizaban el habla dirigida a la mascota y palabras relevantes para los perros, como «ven aquí» y «quién es un buen chico/chica».[20] Este hallazgo sugiere que hablar con su perro de esta manera ayudará a construir la relación entre ustedes.

Creo que el mundo sería mejor para los perros si la gente se parara a considerar las cosas (¡todas las cosas!) desde el punto de vista canino. Los perros de compañía y de trabajo suelen estar en situaciones que no elegirían para sí mismos. Podemos mejorar la calidad de vida de los perros si tenemos en cuenta las decisiones que les afectan: cuánto tiempo los dejamos solos cada día, dónde viven, qué técnicas de adiestramiento utilizamos, cómo los transportamos, qué esperamos que toleren (desde las interacciones con los niños hasta los disfraces y la participación en otras actividades humanas, como el paracaidismo) y nos preguntamos a cada paso: ¿es esto lo que mi perro querría hacer, si tuviera la posibilidad de elegir? No todas las situaciones en las que nuestros perros elegirían otra cosa son evitables (por ejemplo, la toma de temperatura en la clínica veterinaria), pero la gente debería considerar a los perros y la forma en que se vive su vida desde la perspectiva canina. Ver a los perros como individuos que pueden experimentar una serie de emociones con la capacidad de sufrir o prosperar, tanto física como mentalmente, en función de las decisiones que tomemos sobre sus vidas —en lugar de dar por sentado que a los perros les gusta lo que a nosotros nos gusta, o que están ahí para satisfacer nuestros caprichos, proporcionarnos un beneficio utilitario o ser nuestro entretenimiento— sería un enorme avance para muchos perros de nuestro mundo.

> Mia Cobb, candidata al doctorado en la Universidad de Monash
> y coautora (con Julie Hecht) del blog *Do You Believe in Dog?*

Las investigaciones descritas en este capítulo demuestran que los perros son bastante buenos leyendo las emociones humanas, utilizando la referencia social y mirando a su dueño cuando ven un objeto nuevo, y utilizando la presencia del dueño para ayudar a sobrellevar un evento estresante. La relación entre el perro y el humano es de apego por parte del perro. La forma en que el dueño trata al perro, incluyendo si entiende o no el lenguaje corporal del perro, puede afectar a la relación entre perro y humano.

Somos responsables de proporcionar a nuestros perros todo lo que necesitan, y la forma en que lo hagamos puede marcar la diferencia en cuanto a su felicidad. Y, como veremos en el próximo capítulo, esto también es importante cuando hay niños de por medio.

CÓMO APLICAR LA CIENCIA EN CASA

• Comprenda que usted es importante para su perro. Su presencia puede dar a su perro la confianza necesaria para explorar cosas nuevas, y su perro le pedirá información cuando se le presente un elemento nuevo o estresante.

• Sepa que su perro puede distinguir si usted está feliz o triste, y esta puede ser la razón por la que los perros parecen consolar a las personas cuando lo necesitan.

• Aunque no hay estudios específicos sobre el tiempo que se puede dejar a un perro solo, y dependerá de cada perro, déjelo cuatro horas como máximo. Si hay que dejar al perro más tiempo de la cuenta, piense en pedir a un amigo o vecino que pase a ver al perro, en contratar a un paseador de perros o en buscar una buena guardería.

CAPÍTULO 8
PERROS Y NIÑOS

El sol calienta, pero en el camino de grava se siente un frío que se debe al viento que baja del lago desde las montañas. Volvemos de nuestro paseo pasando por una torre de observación y ambos perros tienen una gran sonrisa de felicidad.

Dos niños que se acercan a nosotros ya están preguntando a sus padres si pueden pedir acariciar a los perros.

— ¿Son amistosos? —pregunta el padre.

—Sí —digo yo.

—Podéis acariciar al más pequeño —dice a sus hijos.

No puedo decir que lo culpe. ¿Qué elegirías: el que es más grande que tu hijo más pequeño y parece un lobo o el de tamaño medio que es bonito?

—Fantasma es el más tranquilo —digo—. A Bodger le gusta saltar y dar besos.

Pido a los dos perros que se sienten. Bodger espera un momento mientras lo acarician y luego lame la cara del niño mayor. Ella retrocede y dice «¡uf!» y se limpia la boca, pero sonríe. Luego acarician a Fantasma, solo un momento, y la más pequeña se deleita con el tacto de su pelaje en sus manos.

— ¡Gracias! —dicen, alejándose por el camino.

Me gusta que los niños pregunten antes de acariciar a los perros. Tanto Fantasma como Bodger se llevan muy bien con los niños y se adaptan admirablemente a las sorpresas, como que un niño pequeño se acerque a tocarlos y se caiga enseguida. Pero, aunque la mayoría de la gente sabe que hay que tener cuidado con los perros extraños y los niños, bajan la guardia con los perros que conocen.

Los beneficios para los perros
de interactuar con los niños

Los hogares con niños son los más propensos a tener un perro como mascota, y más de la mitad de los niños con mascotas describen a los perros como su animal favorito.[1] Muchos padres creen que un animal de compañía proporcionará a sus hijos la oportunidad de aprender a ser responsables al ayudar a cuidar de la mascota (aunque a menudo son los padres los que realmente se encargan de su cuidado).[2] Pero ¿qué se siente en un hogar con niños desde el punto de vista del perro?

Según una investigación de la doctora Sophie Hall, de la Universidad de Lincoln, Reino Unido: «La relación niño-perro tiene el potencial de aportar una serie de beneficios al perro. Por ejemplo, tener niños en casa suele imponer una rutina estricta, que se traslada al perro, lo que se traduce en horarios de comida y paseo regulares y predecibles. Los niños también proporcionan ejercicio y estimulación al perro. Los niños suelen disfrutar construyendo carreras de obstáculos para su perro, lo que, dependiendo de la edad y la salud del perro, puede ser un ejercicio corporal y mental agradable para ambos. Por supuesto, muchos de los niños adoran a su perro y, siempre que le muestren su afecto de forma suave y adecuada, pueden ser una fuente de mucha felicidad».

Hall y sus colegas entrevistaron a padres de niños con trastornos del neurodesarrollo (autismo, trastorno por déficit de atención e hiperactividad) y a padres de niños sin trastornos de desarrollo sobre la calidad de vida del perro en su casa.[3] Los padres también recibieron una lista de comprobación que incluía veintidós comportamientos relacionados con el estrés en los perros, como lamerse los labios, mirar fijamente, parpadear, caminar o huir, lloriquear, temblar y esconderse. Una de las grandes ventajas que los padres mencionaron para sus perros era tener una rutina. La compañía del niño se consideraba una ventaja, y los padres mencionaron que sus perros a menudo se acercaban al niño para pasar tiempo juntos. Sin embargo, los padres señalaron que, a veces, cuando su hijo iniciaba un contacto estrecho, como abrazar al perro, el animal lo consideraba estresante; los perros solían preferir niveles de contacto más bajos, como caricias o simplemente sentarse cerca. Otro beneficio para el perro era que el niño le proporcionaba oportunidades para jugar, pero los padres también señalaron que les causaba estrés cuando el niño era bullicioso o pasaba accidentalmente un juguete por encima del perro. Los perros parecían disfrutar acercándose a los padres y al niño o sentándose con ellos durante la lectura de un cuento.

Las rabietas de los niños se consideraron una fuente de estrés para algunos perros, aunque algunas personas dijeron que su perro no prestaba atención a los arrebatos y otras informaron de que elegía estar cerca del niño en esos momentos, por ejemplo, tumbándose sobre ellos (algo para lo que a menudo se entrena a los perros de servicio, pero que estos perros mascota hacían de forma natural). Otra fuente de estrés era cuando su hijo pegaba al perro, y uno de los padres había entrenado al perro para que se alejara cuando esto ocurriera.

El estudio identificó nueve situaciones con niños en las que los padres deben prestar especial atención a los perros. Estas van desde las crisis y las rabietas, hasta tener amigos para jugar, pasando por jugar con juguetes amenazantes (por ejemplo, juguetes con ruedas) cerca del perro. Los padres dijeron que gestionaban el estrés de su perro en estas situaciones de una de las tres maneras siguientes. En primer lugar, proporcionaban un «refugio seguro», como una habitación tranquila, una cama para perros o una jaula a la que el perro pudiera ir cuando las cosas fueran estresantes. A veces se enviaba al perro al lugar seguro cuando el niño empezaba a tener una rabieta. En segundo lugar, los padres se dieron cuenta de que el perro los veía como un refugio seguro e intervenían cuando se daban cuenta de que el perro se ponía ansioso; si no estaban allí, se informó de que el perro a veces iba a buscarlos. En tercer lugar, los padres enseñaban a su hijo a interactuar con el perro, incluso a elogiarlo, y a entrenarlo. Los padres de niños con trastornos del neurodesarrollo hablaron especialmente de la importancia (y las dificultades) de enseñar a su hijo a interactuar de forma segura con el perro.

Otro estudio, con niños mayores, de unos diez años, publicado en *Anthrozoös*, descubrió que ser responsable de algunos de los cuidados del perro (alimentarlo, asearlo o sacarlo a pasear) no estaba relacionado con un mayor sentimiento de apego al perro, pero sí aumentaba la probabilidad de que el perro siguiera el gesto del niño de señalar la comida.[4] También se asoció con más caricias en una prueba de sociabilidad del perro con el niño. A su vez, cuando los perros seguían mejor el gesto de señalar del niño, este parecía tener un mayor apego a la mascota. Esto sugiere, en primer lugar, que los niños se fijan en cómo les responde el perro y, en segundo lugar, que existe una interrelación entre el comportamiento del perro y el apego del niño. Curiosamente, el hecho de que se acaricie menos a los perros se asoció con un mayor sentimiento de apego, aunque no está claro el motivo.

Cómo reconocer cuando un perro está ansioso con los niños

Podemos dar por sentado que un perro que muerde no es feliz en ese momento (y tampoco lo es el receptor del mordisco), pero este comportamiento también puede poner al perro en riesgo de realojamiento (difícil en esas circunstancias) o de eutanasia. Los niños corren más riesgo de sufrir mordeduras de perro que los adultos. Según la Asociación Médica Veterinaria de Estados Unidos, 359 223 niños fueron mordidos por perros entre 2010 y 2012.[5] El riesgo se ve agravado por el tamaño del niño; su cabeza y su cuello están relativamente cerca de los dientes de un perro en cualquier interacción y, en consecuencia, es ahí donde pueden ser mordidos. Los niños pequeños suelen ser mordidos en casa por un perro que conocen, normalmente el perro de la familia, según una investigación realizada en Estados Unidos por la doctora Ilana Reisner y sus colegas.[6] Las mordeduras suelen estar precedidas por la interacción del niño con el perro, y una situación especialmente arriesgada es que el niño se acerque a un perro que está sentado o tumbado. Esto significa que es necesario supervisar de cerca la interacción entre el niño y el perro, y se debe enseñar a los niños a llamar al perro hacia ellos (y a dejar al perro en paz si deciden no acercarse) en lugar de acercarse al perro (lo que podría molestar al perro). En el caso de los niños mayores, las mordeduras de perro se producen con más frecuencia fuera de casa y con un perro que el niño no conoce. En muchos de estos casos, el dueño del perro no está presente, y la mordedura se habría evitado si el perro se hubiera quedado en su patio. Esto demuestra la importancia de avisar a la gente si su perro se escapa de su patio y/o de informar a los servicios de control de animales, según proceda.

Por desgracia, la gente no es muy buena para reconocer las interacciones de riesgo entre perros y niños, y los dueños de perros son incluso peores que las personas que no tienen perro, según un estudio publicado en *Anthrozoös*.[7] Se pidió a las personas que vieran tres vídeos de interacciones entre un niño pequeño y un perro mediano o grande. En un vídeo, un bebé se arrastra hacia un dálmata que está tumbado junto a una pelota; en otro, un niño pequeño camina y toca a un dóberman; y, en el último, un bóxer sigue y lame la cara de un bebé que gatea. Las tres interacciones eran arriesgadas, y los perros mostraban obviamente un lenguaje corporal ansioso o temeroso. Pero la mayoría de la gente dijo que los perros estaban relajados (68 %) y seguros de sí mismos (65 %), y los dueños de perros eran incluso más propensos a decir que el perro estaba relajado que los que no eran dueños de perros. Los propietarios de perros son más propensos a asumir que un perro es amistoso.

El estudio también reveló que las personas en general, especialmente las que no tienen hijos, tienden a decir «el perro está contento» o «el perro sabe que es un niño pequeño» en lugar de señalar aspectos concretos del lenguaje corporal. Todos los participantes se refirieron al movimiento de la cola como un signo de emociones positivas, lo cual es preocupante porque solo algunos movimientos de la cola son un signo de felicidad (véase el capítulo 1). Incluso cuando las personas reconocen el estado emocional del perro como ansioso o temeroso, es probable que describan las interacciones como juguetonas o amistosas.

Especialmente en el caso de los niños, debemos ser conscientes de que cualquier perro puede morder y aprender a reconocer los signos de estrés, ansiedad y miedo en los perros. También es importante saber que los niños pequeños no son muy buenos leyendo el lenguaje corporal canino y normalmente pensarán que un perro que gruñe está sonriendo o feliz, después de todo, están mostrando los dientes.

Enseñar a los niños a interactuar con los perros

Es sorprendente la falta de estudios sobre las interacciones normales de los niños con los perros. Según una encuesta publicada en *Frontiers in Veterinary Science* realizada a 402 personas con un hijo menor de seis años y también con un perro, el tipo de interacciones que los niños tienen con los perros cambia a medida que se desarrollan.[9] El estudio puso de manifiesto la necesidad de tener en cuenta el desarrollo del niño a la hora de supervisar las interacciones con los perros. Los niños menores de un año ya tienen muchas interacciones con el perro de la familia, como acariciar la cabeza o el cuerpo del perro. En este estudio, los perros suelen evitar a los niños entre los seis meses —cuando de repente se vuelven más móviles— y los tres años, quizá porque un niño pequeño con movilidad puede asustar al perro. Y aunque en este estudio fue raro que un niño hiciera algo doloroso al perro, cuando se produjeron estos incidentes, fueron más frecuentes en niños de entre seis meses y dos años. En esta etapa, los niños todavía están desarrollando el control motor, por lo que pueden herir accidentalmente a un perro, y todavía están desarrollando la empatía, por lo que pueden no darse cuenta de que algunas acciones les harán daño. Es mejor ayudar físicamente a los niños pequeños a acariciar al perro para que aprendan a ser suaves.

Todos los perros deben tener un espacio seguro donde puedan ir a relajarse y no sean molestados (Fuente: Kristy Francis).

El estudio también descubrió que los niños mayores participaban más en las actividades de cuidado, como el aseo del perro o la posibilidad de sujetar la correa, y eran más propensos a regañar al perro o a darle órdenes. Sin embargo, aunque los niños de dos años y medio a seis años interactuaban más con el perro, se producía la correspondiente disminución de la supervisión de los padres durante estos encuentros. Esto es lamentable porque los niños de este grupo de edad pueden no darse cuenta de que sus comportamientos juguetones o cariñosos pueden asustar al perro. Abrazar o besar al perro —ambas interacciones arriesgadas— fueron más frecuentes en este grupo de edad. Y aunque los padres pueden esperar que sus perros se acostumbren al niño con el tiempo, es posible que el perro se sensibilice y se vuelva más temeroso.

Un estudio publicado en la revista *Journal of Veterinary Behavior* reveló que la mayoría de los padres no eran suficientemente conscientes de las situaciones que podrían poner en peligro a su hijo con un perro.[10] Se mostraron a los padres cinco fotografías de interacciones entre niños y perros, cuatro de las cuales eran situaciones en las que, según los expertos, los padres debían intervenir porque suponían un riesgo para el niño. Estas situaciones incluían a un niño que gatea hacia un perro que está descansando sobre una manta, un padre que baila con un bebé sobre la cabeza de un perro mientras el bebé estira la mano hacia el perro que mira hacia arriba y un niño que sostiene las patas delanteras de un perro que está tumbado de espaldas. Se preguntó a los padres cómo responderían si el perro era familiar y si el perro era desconocido para el niño. Los resultados mostraron que, si el perro era desconocido, la mayoría de los padres estaban de acuerdo en que debían intervenir, pero si se trataba de un perro conocido, los padres bajaban la guardia y la mayoría decía que no intervendría (mientras que los expertos sugerían que lo hicieran). Además, el 52 % de los padres dijo que a veces dejaba al perro y al niño sin supervisión por un momento y el 44 % daba la espalda a las interacciones. La mayoría estuvo de acuerdo con la afirmación: «Mientras el niño sea amable con el perro, se le permite jugar o acurrucarse con él todo lo que quiera». Por desgracia, esto es arriesgado porque a la mayoría de los perros no les gustan los mimos y pueden no percibir la situación como benigna.

La mejor noticia de este estudio es que muy pocas personas dijeron que castigaban a su perro por gruñir al niño, lo cual es importante porque gruñir es una señal útil de que el perro no está contento. Otra buena noticia es que cuando los padres intervinieron, lo hicieron de forma amistosa en lugar de castigar al perro. Es una buena idea evitar el castigo, porque los niños pueden copiarlo y porque los estudios demuestran que el castigo puede provocar a veces una respuesta agresiva del perro.

Una revisión de los estudios que pretendían enseñar a los niños desde la infancia hasta los dieciocho años a interactuar de forma segura con los perros descubrió que las intervenciones tenían un efecto moderado en el comportamiento de los niños.[11] Algunas de las intervenciones consistían en mostrar vídeos a los niños o utilizar programas informáticos, mientras que otras consistían en tener un perro real con el que los niños pudieran interactuar. Los efectos de las intervenciones sobre el comportamiento de los niños fueron mayores que los de sus conocimientos. Se trata de un hallazgo sorprendente, ya que, en el campo de la promoción de la salud, lo más habitual es que las personas sepan que tienen que cambiar su comportamiento, pero no lo hagan. Por ejemplo, la gente puede saber que fumar es malo para ellos, pero no dejarlo.

Solo algunos de los estudios analizaron los cambios de comportamiento, y los investigadores dijeron que estos tendían a estar mejor diseñados y potencialmente también tenían intervenciones de mayor calidad. Sin embargo, la razón por la que estas intervenciones pueden haber tenido más efecto en el comportamiento que en el conocimiento podría ser que es más fácil enseñar a los niños pequeños un comportamiento adecuado en torno a los perros que el conocimiento. En conjunto, estos estudios demuestran que los padres necesitan supervisar a los niños pequeños (especialmente a medida que se desplazan), intervenir en situaciones con el perro de la familia, en lugar de dar por sentado que es seguro porque el perro es familiar, y enseñar a los niños a interactuar con los perros.

Preparar a los perros para interactuar con los niños

Las situaciones más difíciles para los perros con niños parecen darse cuando el perro es mayor que el niño, es decir, cuando el perro ya ha vivido en el hogar antes de que naciera el niño. Es muy importante tomar medidas para preparar al perro para la llegada de un bebé. Algo que ayuda a que a los perros les guste estar cerca de los niños es tener experiencias positivas durante el periodo sensible de socialización de los cachorros.

Un estudio publicado en el *Journal of Veterinary Medical Science* comparó tres grupos de perros: los que habían sido socializados con niños durante el periodo sensible, los que habían pasado tiempo con niños, pero solo después de las doce semanas de edad, y los que apenas habían tenido contacto con niños.[12] Para comprobar la reacción de los perros ante los niños, se reclutó a tres niñas de nueve años para que interactuaran con el perro mientras el propietario lo mantenía atado en una habitación. La correa impedía que el perro entrara en contacto con las niñas. En una de las situaciones, la niña entró en la habitación, se situó junto a la puerta y llamó al perro por su nombre. En la segunda situación, la niña se acercó al perro (deteniéndose en una línea trazada en el suelo para mantenerlo a una distancia segura). En la tercera, corrió alrededor de la habitación durante dos minutos llamando repetidamente el nombre del perro.

Los perros que habían sido socializados con niños cuando eran cachorros no se mostraron agresivos ni excitados en respuesta a ninguna de estas situaciones. De hecho, la mayoría mostraron comportamientos amistosos hacia el niño, aunque algunos mostraron comportamientos de huida como mirar hacia otro lado, especialmente en respuesta a la situación de correr. Por el contrario, los perros que solo habían estado expuestos a los niños después del periodo sensible de socialización tenían la misma probabilidad de mostrarse agresivos o excitados que amistosos. Unos pocos perros que nunca habían tenido mucho contacto con los niños eran amistosos, pero muchos más de este grupo mostraban un comportamiento agresivo (definido como ladrar, gruñir, llevar la cola en alto o mover la cola). Esto demuestra la importancia dc dar a los cachorros experiencias agradables con los niños durante el periodo sensible.

La socialización y habituación adecuadas cuando son jóvenes son muy importantes. Es complicado enfatizar lo suficiente el valor de una exposición cuidadosa y positiva a todos los aspectos del mundo humano que pueden esperar encontrar cuando sean adultos. Esto puede reducir en gran medida su temor cuando sean adultos y ayudar a su perro a ser emocionalmente estable y a enfrentarse al mundo en el que vivirá. Un aspecto importante de esto es acostumbrarlos a las clínicas veterinarias, visitándolas regularmente para simples controles de peso y premiándolos mientras están allí, habituándolos al tráfico y a los sonidos de las fiestas y los fuegos artificiales, etc. Una socialización adecuada con diferentes tipos de personas, niños y perros (de nuevo, realizada con cuidado para garantizar una experiencia positiva) también ayudará a su perro a enfrentarse al mundo social y a estar mejor adaptado para su vida.

Naomi Harvey, PhD, investigadora de la Facultad de Medicina y Ciencias Veterinarias de la Universidad de Nottingham

Preparar a un perro para la llegada de un nuevo bebé incluye ayudarlo a establecer muchas asociaciones positivas con él. Cuando llegue el bebé, habrá cambios en la rutina del perro, nuevos objetos asociados al bebé, menos atención al perro y quizá cambios en el lugar de la casa donde se le permite estar. Algunos de estos cambios son cosas a las que puede acostumbrar a su perro de antemano, como añadir puertas para mascotas antes de la llegada del bebé y enseñar al perro a caminar con facilidad junto a un cochecito. Cuantos más preparativos haga con antelación, más fácil será todo.

Si tiene un perro con problemas de comportamiento, tener un niño pequeño en casa no es un factor de riesgo para el realojamiento o la eutanasia. Tener hijos adolescentes es más preocupante, según una investigación publicada en el *Journal of Veterinary Behavior* por el doctor Carlo Siracusa y sus colegas.[13] «[De] mi experiencia en las clínicas, más que lo ocupados que están los padres con los niños, es el grado de conflicto que existe entre padres e hijos. Y en la adolescencia es frecuente: se levanta mucho la voz, a veces se grita, y en mi experiencia algunas veces los niños también pueden utilizar al perro como un sustituto para convertirse en un conflicto con los padres. Se les dice que no hagan algo y van y lo hacen», explicó.

Y añadió: «Considere que nuestra población es una población especial; son perros que se presentan por problemas de comportamiento, no un perro normal. Pero, en general, un perro con un problema de comportamiento es un perro que suele mostrar mucha ansiedad… El perro que está ansioso, que es reactivo, se agitará más cuando haya excitación en la casa, cuando haya conflictos, cuando haya gritos».

Es difícil saber si esto se aplica a la gran mayoría de los perros, que no necesitan un veterinario especialista en comportamiento. Pero vuelve a demostrar la importancia de dar a los perros un espacio seguro al que acudir si están estresados. Y también es importante enseñar a los niños de todas las edades a comportarse con los perros.

Cómo aplicar la ciencia en casa

• Supervise las interacciones entre los perros y los niños con mucho cuidado; debe estar lo suficientemente cerca para intervenir si es necesario. En otras ocasiones, utilice barreras, como puertas para mascotas, para mantener separados a los niños pequeños y a los perros. A medida que los niños pequeños se desarrollan, tienen mejores habilidades motrices y son capaces de interactuar más con el perro, así que no reduzca la supervisión.

• Enseñe a los niños a interactuar de forma segura con los perros, y recuerde que muchas interacciones que parecen benignas son en realidad arriesgadas: depende de usted garantizar la seguridad. Las interacciones «benignas» con un perro conocido son en realidad cuando se producen la mayoría de las mordeduras.

• No permita que los niños pequeños se acerquen a un perro inmóvil (sentado o tumbado), ya que es un escenario de riesgo para una mordedura.

• Asegúrese de que el perro tiene al menos un espacio seguro, y posiblemente varios, al que acudir si las cosas se ponen demasiado complicadas. Estos espacios no deben ser accesibles para el niño. Por ejemplo, una jaula cómoda con una buena cama para el perro, o una cama o un sofá en una habitación en la que el niño no pueda entrar.

• Recuerde que usted es un «refugio seguro» para su perro. Esté atento a las señales de que puede estar estresado (por ejemplo, lamerse los labios, mirar hacia otro lado, parpadear, alejarse, tener los ojos duros, quedarse congelado, temblar) y esté preparado para ayudar poniendo fin a una interacción, llamando al niño o al perro para que se alejen, dándole algo de comida agradable o acariciándolo.

• Asegúrese de que su perro tenga un tiempo de tranquilidad durante el día y un lugar tranquilo donde estar cuando las cosas sean especialmente ruidosas.

• Enseñe a su perro a comportarse con los niños; por ejemplo, a no saltar, ya que podría derribar a un niño.

CAPÍTULO 9
¡ES LA HORA DEL PASEO!

Bodger tiene un buen reloj interno. Sabe cuándo es la hora de su paseo. No viene a pedirlo, pero me vigila de cerca, a menudo desde la otra habitación, donde también mantiene un ojo atento a lo que ocurre en la calle. En cuanto me levanto, salta y corre a buscar su juguete de cordero chillón. Mientras me pongo las botas, juega con el juguete. Corre con él en la boca para comprobar si mi marido también viene. Y, a veces, cuando abro el cajón para sacar su correa, deja caer el cordero chillón en el cajón. Mientras que Fantasma quiere salir a pasear con cualquier tiempo, Bodger es un paseador de buen tiempo. Cuando llueve a cántaros, asoma el hocico por la puerta, baja la cola, olfatea el aire y se retira al interior.

Los días en los que hay humedad y viento, Bodger me deja ponerle el arnés, pero ni siquiera mira fuera de la puerta, permaneciendo triste, con la cola baja moviéndose lentamente, como si dijera: «¿Seguro que quieres salir?». Como el paseo es para él, depende de él. Esos días espero a que el tiempo mejore a última hora del día para que pueda salir a pasear. Pero hoy, por ejemplo, hace un sol espléndido, el arroyo y las acequias están llenos de nieve, y la gente, con y sin perros, disfruta de lo que parece el primer día de primavera. El primer pájaro carpintero ya está martillando una placa metálica en el poste hidráulico, con la esperanza de atraer a una pareja, y los zorzales variados están tocando como silbatos desafinados. En un día así, es glorioso salir con un perro, aunque insista en pasarse toda la vida a la sombra oliendo un montón de nieve mugrienta.

Saco a Bodger a pasear dos veces al día, a veces tres en verano, cuando las tardes son claras. Hay muchos dueños de perros como yo, pero también hay mucha gente que rara vez, o nunca, saca a su perro a pasear.

LOS BENEFICIOS DE LOS PASEOS
PARA LOS PERROS Y LOS PROPIETARIOS

Los paseos proporcionan ejercicio físico, ayudan a controlar el peso y satisfacen la necesidad de bienestar de los perros de gozar de buena salud. Al dejar que los perros olfateen y hagan sus propias cosas, ayudan a satisfacer la necesidad de bienestar de participar en comportamientos caninos normales. Al proporcionar una socialización continua y permitir las interacciones con otros perros y personas (según sea apropiado para su perro), también ayudan a satisfacer la necesidad de compañía. En resumen, los paseos son buenos para el bienestar físico y emocional.

Desgraciadamente, ningún estudio nos dice exactamente cuántos paseos necesitan los perros para gozar de buena salud, cuánto tiempo deben pasar sin correa y si los paseos con correa son suficientes para mantenerlos en forma. La Asociación Americana de Hospitales de Animales recomienda que el ejercicio incluya paseos con correa, así como juegos como la búsqueda o el agility.[1] También dicen que hay que evitar el calor y el frío extremos y, para cachorros y perros jóvenes, tener en cuenta que demasiado ejercicio puede dañar las articulaciones en crecimiento. En el caso de los perros obesos, se recomienda empezar con un paseo de cinco minutos tres veces al día e ir aumentando hasta un total diario de treinta a cuarenta y cinco minutos. Para quemar 230 calorías a un ritmo de paseo enérgico, un perro que pese 45 kilos tendrá que caminar 4,82 kilómetros . Además, señalan que el ejercicio proporciona una socialización continua, ayuda al perro a acostumbrarse a los diferentes estímulos del entorno y reduce el estrés, la reactividad, la ansiedad y la agresividad dirigida por el dueño. Parece que muchos perros necesitan más actividad de la que se les proporciona. Entre las cincuenta razas de perros más populares en Estados Unidos, solo una es descrita por el American Kennel Club (AKC) como *couch potato* (literalmente patata de sofá, se refiere a un holgazán que no hace más que sentarse en el sofá y ver la televisión): el basset hound. «Por lo general, un paseo diario a un ritmo moderado es suficiente», dice el AKC en su página web. Y añade: «Después de un paseo o una sesión de juego, suelen calmarse para dormir cómodamente». En el otro extremo del espectro, la lista de los cincuenta mejores incluye varias razas descritas como necesitadas de mucha actividad: labrador retriever, golden retriever, pointer alemán de pelo corto, dóberman pinscher, brittany, weimaraner y border collie. Del labrador, el AKC dice que «si no hace suficiente ejercicio es probable que tenga un comportamiento hiperactivo y/o destructivo para liberar la energía acumulada». Y del golden, «si no hace suficiente ejercicio es probable que tenga un comportamiento indeseable». ¿Cuánto ejercicio es suficiente para un labrador o un golden?

Un estudio sobre perros labradores en el Reino Unido, publicado en la revista *Preventive Veterinary Medicine*, reveló que el labrador medio hace 129 minutos de ejercicio al día, la mayoría de ellos sin correa o en actividades no especificadas (que no incluyen los paseos o las carreras con correa, el juego de la búsqueda o la obediencia, pero sí el trabajo).[2] Los perros de trabajo hacen más ejercicio que los perros de compañía, y los que viven en hogares con niños hacen menos ejercicio. Las personas que dijeron que tenían que restringir el ejercicio de su perro debido al entorno en el que vivían eran más propensas a decir que tenían un perro con sobrepeso u obeso.

Otro estudio hecho a 1 978 labradores del Reino Unido, publicado en *Applied Animal Behaviour Science*, descubrió que los perros hacían entre menos de una hora y más de cuatro horas de ejercicio al día.[3] Los perros que hacían menos de una hora de ejercicio al día eran más propensos a agitarse si se les ignoraba, a ladrar, a mostrar miedo a los humanos y a los objetos, y a ser excitables en comparación con los perros que hacían ejercicio durante más de cuatro horas al día. Otros resultados mostraron que los perros que hacían menos ejercicio eran más propensos a mostrar agresividad hacia su dueño o hacia otras personas y a mostrar comportamientos inusuales. Dado que los perros que hacían más de una hora de ejercicio al día fueron calificados como más adiestrables, tenemos que preguntarnos si algunos perros se pasean menos porque es difícil para el dueño de alguna manera.

En general, estos resultados sugieren que, si no hacen suficiente ejercicio, los labradores retrievers pueden aburrirse y frustrarse y desarrollar problemas de comportamiento, y es probable que esto se aplique también a otras razas. Los perros de trabajo se crían para trabajar durante muchas horas y necesitan más ejercicio, por lo que los perros criados para la conformación pueden ser mejores como mascotas.

Un estudio australiano reveló que el 36 % de las personas ejercita a su perro todos los días, el 28 % más de una vez al día y el 8 % una vez a la semana o menos.[4] El 73 % dijo que llevaba a su perro a pasear con correa, el 50 % jugaba, el 36 % daba paseos sin correa y el 61 % dejaba que el perro hiciera ejercicio solo en el patio o en la casa. En el caso de las mascotas con problemas de movilidad a las que les resulta difícil caminar, la natación puede ser una buena opción, y los dispositivos de ayuda a la movilidad (como un arnés con asa para que el propietario sostenga el lomo del perro) y la fisioterapia también pueden ayudar.

LA CONEXIÓN HUMANA EN EL PASEO DE PERROS

Dado que en la mayoría de los lugares ya no está permitido ni es seguro que los perros de compañía campen a sus anchas, dependen de sus propietarios para que los saquen a pasear. Pocos de nosotros cumplimos la cantidad mínima de ejercicio recomendada para nuestra salud cardiovascular. Para decir lo obvio, pasear más al perro sería bueno para nosotros y para el perro. Debido a la contribución que podría hacer a la salud humana, los científicos están muy interesados en saber qué motiva a la gente a pasear a su perro.

Una de ellas es la doctora Carri Westgarth, investigadora de la Universidad de Liverpool, Reino Unido, que estudia los paseos con perros y la mejor manera de prevenir las mordeduras. En un estudio, observó lo que hacían las personas y los perros durante los paseos en tres lugares diferentes del noroeste de Inglaterra: una playa, un campo deportivo y un campo rodeado de bosques.[5] Descubrió que la mayoría de los perros llegaban con una persona (59 %) y que la mayoría de los perros iban sin correa (73 % durante la semana y 59 % el fin de semana). Cuando los perros estaban sin correa, el olfateo era mucho más común en comparación con cuando estaban con correa. No es de extrañar que el olfateo se asociara a las deposiciones, ya que los perros suelen olfatear antes de ir al baño. Las interacciones sociales de los perros eran más frecuentes con otros perros que con personas, pero había más interacciones con otras personas si el perro estaba sin correa. Una de las implicaciones es que, si su perro va con correa, debe permitirle más tiempo para olfatear.

Le pregunté a Westgarth por qué es importante sacar a pasear a los perros. «Mi opinión es que es importante para el perro, sobre todo —me dijo— no solo para que se canse y se mantenga en forma, sino también para que se estimule mentalmente. Pero también creo que es importante para el dueño, porque es una de las principales alegrías que obtenemos. Según mis investigaciones, una de las principales alegrías de tener un perro es verlo correr en los paseos y pasar ese tiempo con él. Además, aliviamos nuestro propio estrés con esa experiencia, asumiendo que el paseo del perro es fácil y placentero».

Westgarth descubrió que quienes pasean a sus perros no están realmente motivados por la idea de mejorar su propia salud, sino más bien por la felicidad de su perro.[6] Cree que podemos conseguir que más personas saquen a pasear a su perro haciéndoles saber que eso les hace felices. En el estudio de Westgarth, los relatos de la gente sobre los paseos de perros se enmarcaban en lo que era correcto para el perro y las responsabilidades de ser propietario de un perro. Algunas personas hablaban de perros a los que les encantaba salir a pasear, como demostraba su lenguaje corporal, por ejemplo, con la cola levantada, pero otras hablaban de perros a los que solo les gustaba pasear cuando hacía buen tiempo o que eran temerosos en los paseos y, por tanto, no salían a pasear a menudo.

«Una de las cosas buenas de pasear a los perros es que podemos beneficiarnos de ello —dice Westgarth—. Hay algo en los perros, y en pasear perros, y mis participantes dicen que no se siente como un ejercicio». Y añade: «Sabes que lo vas a disfrutar y que ellos también, así que ponte la correa y vete». Y el tamaño del perro no importa: «Que un perro sea pequeño no significa que no pueda dar un paseo largo. Porque esa es otra percepción errónea, no pasa nada porque sean pequeños, pueden aguantar sin dar grandes paseos. Pero si realmente los sacas dos horas, les encanta».

Una investigación realizada con propietarios canadienses de perros reveló una serie de razones para pasear al perro. Hacer ejercicio con el perro, la socialización continua y las pausas para ir al baño eran todas ellas motivaciones, pero la gente también apreciaba la forma en que les daba una razón para estar físicamente activos.[7] A veces, toda la familia pasea junta porque al perro le gusta. Otras, los amigos y los vecinos también participaban en los paseos del perro o cuidaban de él (por ejemplo, si el dueño estaba de vacaciones). La gente encontró formas de dar a su perro oportunidades para estar sin correa y cambiar los hábitos de paseo en relación con las necesidades del perro. Las personas dijeron que sentían la responsabilidad de cuidar a su perro y de asegurarse de que no molestara.

Hay pruebas de que la gente suele tener en cuenta las necesidades de ejercicio del perro. En un estudio austriaco, el 61 % de los perros grandes salía a pasear diariamente durante al menos cuarenta y cinco minutos por un espacio verde como un parque, frente al 50 % de los perros pequeños.[8] Cuando los investigadores compararon la cantidad de ejercicio que, según el Kennel Club, necesita cada raza con la cantidad de paseos que los propietarios decían hacer con su perro, descubrieron una correlación positiva: las razas que necesitaban más ejercicio solían hacer más ejercicio.[9]

Los perros pequeños también necesitan pasear.
(Fuente: Bad Monkey Photography).

Al menos la mitad de los paseos de los perros comienzan en la puerta de casa y suponen un paseo por las calles de la zona. Así que no es de extrañar que los aspectos del barrio también influyan en la frecuencia con que la gente pasea a sus perros.[10] Buenas aceras, buena iluminación, sensación de seguridad, bonitos espacios verdes, parques para perros sin correa, sombra en los meses de verano y aseos (para los humanos) son aspectos positivos. En cuanto a los parques, los dueños de perros que tienen un parque a menos de 1,6 kilómetros (1 milla) de su casa y que es un buen lugar para pasear al perro tienen más probabilidades de pasar al menos noventa minutos a la semana paseando a su perro. Desde el punto de vista de su perro, si no hay un parque de este tipo en su vecindario inmediato, podría valer la pena encontrar uno que esté a poca distancia en coche.

Una cosa que creo que haría el mundo mejor para los perros es que todos salieran a pasear sin correa todos los días. No hay mayor alegría para el dueño del perro que verlo correr de un lado para otro del parque con la cola entre las patas y con la cabeza hacia atrás. Muchos perros no tienen esta oportunidad. Quizá sus dueños no tienen acceso a un entorno adecuado y seguro para pasearlos de esta manera, o no tienen suficiente tiempo en sus apretadas agendas. Tal vez tengan problemas con el comportamiento de su perro en los paseos y tengan que limitarlo a una correa, un círculo vicioso. Lo más preocupante para mí es que muchos perros son incapaces de correr debido a la comodidad con la que han sido criados, o más comúnmente al hecho de que tienen sobrepeso. Para poder correr así y experimentar esta alegría que es ser un perro, la condición física y el cuerpo delgado son fundamentales. A menudo pensamos que la obesidad está causada por la falta de ejercicio, pero también es una causa masiva de falta de ejercicio. Cuando trabajaba como adiestrador de perros de asistencia, a veces teníamos que controlar a los perros mediante un programa de pérdida de peso. Era increíble ver la transformación física y mental de un perro regordete a un corredor ágil. Si mi deseo se cumpliera, tanto los perros como sus dueños vivirían mucho más felices.

Carri Westgarth, PhD, investigadora del Instituto de Infecciones
y Salud Global de la Universidad de Liverpool

Por qué dejar salir al perro al patio no es un paseo

Una de las razones por las que algunos perros no salen a pasear es porque sus dueños creen que el perro hará suficiente ejercicio mientras esté en el patio. Pero resulta que los perros están inactivos durante la mayor parte de ese tiempo. Unos investigadores australianos grabaron en vídeo a cincuenta y cinco jóvenes labradores retrievers en patios suburbanos durante un periodo de cuarenta y ocho horas.[11] De esos perros, el 52 % recibió un paseo diario de entre treinta y sesenta minutos, pero el 31 % no salió a pasear. Por término medio, el 74 % del tiempo que pasaron en el patio fue inactivo, con un rango de entre el 45 y el 96 %.

Los perros del estudio eran más activos y jugaban más cuando había una persona en el patio con ellos, aunque a veces jugaban con objetos por su cuenta. Un perro era más activo cuando más del 1 % del patio era follaje (en lugar de una extensión plana de hierba); cuando el perro permanecía en el interior de la casa por la noche y también tenía una casa para perros en el patio; cuando se informaba de que el perro obedecía las órdenes cuando se le daban; y cuando el perro se movía de una puerta a otra, a una ventana, a la puerta y de vuelta tratando de vigilar a su dueño en la casa.

En este estudio, los comportamientos problemáticos (ladrar, masticar, escarbar y llevar o manipular objetos) eran más comunes en los labradores amarillos que en los labradores marrones y negros, en los perros que no habían sido adiestrados y en los perros que eran más activos. Dado que parte de la actividad estaba relacionada con las transiciones de un lugar a otro, aparentemente para ver a su gente, es posible que algunos de los comportamientos problemáticos estuvieran relacionados con el hecho de que al perro no le guste estar separado de su gente.

Este estudio demuestra que el diseño de un patio afecta a lo que los perros hacen en él. Sacar al perro al patio no sustituye a un paseo adecuado, pero el follaje ofrece a los perros algo que explorar y también puede traer pájaros y vida silvestre para que el perro los observe.

CUESTIONES RELACIONADAS CON LOS PERROS
QUE AFECTAN A SU PASEO

A veces, las personas no sacan a pasear a su perro en absoluto, o con la frecuencia que deberían, por problemas relacionados con el perro. Tener un perro reactivo que ladra, arremete o gruñe a otros perros o a los transeúntes; estar preocupado por otros perros en el vecindario; y tener que lidiar con un perro que tira tanto de la correa que el paseo resulta difícil son solo algunas de estas razones.

No hay palabras que provoquen más miedo en el corazón del dueño de un perro reactivo que «¡es amistoso!». Significa que alguien está a punto de dejar que su perro corra hacia el suyo, aunque usted se esfuerce por mantenerse a una distancia segura. Esto puede deshacer semanas de trabajo duro en un instante. Todos cometemos errores o nos encontramos en una situación en la que la capacidad de recuperación de nuestro perro no es tan buena como pensábamos, pero, por desgracia, algunos de los que dicen «¡es amistoso!» no se dan cuenta de que otros no quieren que su perro peludo y embarrado salte y babee sobre ellos y su perro.

Cuando un perro es reactivo con la correa, puede ser muy difícil saber si el perro es amistoso con otros perros y solo está frustrado porque no puede acercarse a ellos y jugar, o si está realmente aterrorizado y desesperado por mantener al otro perro alejado. En el caso de los perros amistosos, el hecho de que haya muchas oportunidades de jugar sin correa puede ayudar, ya que los perros son criaturas sociables y disfrutan pasando el rato o jugando juntos. Pero es importante mantener la seguridad de los perros temerosos, lo que significa mantener la distancia entre ellos y el otro perro. Y, al mismo tiempo, puede enseñarles a querer a otros perros haciendo que ocurra algo agradable, como darles de comer trozos de carne, cuando haya otro perro a la vista.

Los paseos con un perro reactivo requieren sigilo y planificación: significa tener los ojos y los oídos abiertos para detectar a otros perros en todo momento, y estar alerta y preparado para moverse detrás de un coche o un árbol o cambiar de dirección para mantener al otro perro fuera de la vista. Por alguna razón, este comportamiento de evasión a veces ofende a otros propietarios de perros, y entonces tiene el problema añadido de mantener a su perro temeroso alejado de una persona que grita intentando avanzar con su perro «amistoso» mientras le da consejos completamente erróneos, como «solo deja que se arreglen». Intente mantener la calma y haga lo posible por alejarse del tipo de experiencia que hizo que su perro fuera temeroso en primer lugar. Las leyes sobre la correa suelen regular los lugares en los que los perros deben llevarla y los lugares en los que es opcional.

Para estudiar los efectos de la correa, el doctor Westgarth reclutó a diez propietarios de perros para que recorrieran un camino concreto con el perro con y sin correa.[12] De nuevo, las interacciones con otros perros fueron más frecuentes que con las personas. El uso de la correa redujo el número de interacciones, pero la gran diferencia fue si el otro perro también llevaba correa. Por tanto, si se quiere evitar que los perros interactúen entre sí, ambos deben ir con correa. Aunque los perros tienen más libertad para hacer cosas de perros sin correa, hay momentos en los que la correa es esencial.

Por desgracia, a veces los perros atacan a otros perros. Las consecuencias pueden ser graves no solo para el perro atacado, sino también para su dueño, que se sentirá estresado, aunque no sufra daños físicos. Un ejemplo especialmente grave es cuando se ataca a los perros guía (perros lazarillos) que prestan servicios a personas ciegas o deficientes visuales. La Asociación de Perros Guía para Ciegos del Reino Unido detalló 629 ataques durante un periodo de cincuenta y seis meses entre 2010 y 2015.[13] Los resultados mostraron un impacto en la capacidad de trabajo de los perros (algunos de los cuales tuvieron que ausentarse del trabajo o ser retirados del programa), lesiones a los guías y a otras personas, y efectos en el estado emocional del guía, su bienestar y su movilidad. Quizá lo más impactante de este estudio es que el propietario del perro atacante estaba presente el 76,8 % de las veces. Los investigadores señalan que si hubieran puesto la correa a su perro en cuanto vieron el arnés del perro guía, muchos de estos ataques podrían haberse evitado.

Otro problema que a veces tienen las personas es que pasear a su perro es difícil porque este tira. Algunas personas utilizan un collar de ahogo o de púas para evitar que su perro tire, pero se trata de una técnica aversiva (véase el capítulo 3). Un collar de ahogo aprieta de forma desagradable cuando el perro tira, y solo se suelta cuando deja de hacerlo. Un collar de púas tiene púas afiladas que se clavan en el cuello del perro cuando este tira. A veces, la gente prueba uno de estos collares en su brazo o cuello antes de decidir que está bien usarlo en su perro, y creo que hay que reconocerles el mérito de haberlo probado. El problema es que, a diferencia del perro, las personas suelen tener control sobre el uso del collar, lo que supone una gran diferencia. Además, la SPCA de San Francisco señala que «[la] piel del cuello de un humano es en realidad más gruesa (de diez a quince células) que la del cuello de un perro (de tres a cinco)».[14]

Tendemos a pensar que, como los perros tienen pelo, su piel debe estar más protegida que la nuestra. Pero el cuello de un perro es una zona muy sensible: contiene partes esenciales del cuerpo como la tráquea. Aplicar este tipo de collares en la tráquea no es bueno para ningún perro, pero puede ser especialmente grave para los braquicéfalos que ya tienen dificultades para respirar. La otra cosa que hay que recordar es la forma en que funcionan los collares de ahogo y de púas. Si detienen un comportamiento, debe ser porque el animal encuentra el collar aversivo.

Es mejor entrenar a su perro para que camine bien con la correa utilizando recompensas, y utilizar un arnés sin tirón como herramienta de control si es necesario. Un arnés sin tirón tiene un clip en la parte delantera (a diferencia de un arnés con el clip en la parte trasera, que es adecuado para los perros que no tiran). Un equipo de científicos investigó los efectos de pasear con un arnés y con un collar normal, paseando a los mismos perros con uno y luego con el otro en distintas ocasiones.[15] Se observó su comportamiento para detectar signos de estrés. Los resultados mostraron que los arneses no causan estrés y son una gran opción para pasear a su perro.

La doctora Tamara Montrose, una de las autoras del estudio, me dijo en un correo electrónico que «aunque los collares de cuello se utilizan mucho para pasear a los perros, se ha planteado la preocupación de que puedan dañar el cuello y la tráquea.

»Además, los collares pueden ser problemáticos en perros con enfermedades oculares como el glaucoma. Los arneses suelen proponerse como mejores para el bienestar del perro». En su estudio, prosiguió, «descubrimos que no había diferencias en el comportamiento de los perros a los que se les ponía un collar o un arnés. Nuestros hallazgos sugieren que el bienestar del perro no se ve comprometido por ninguna de las dos formas de sujeción; sin embargo, estamos interesados en emprender un estudio futuro con una gama de diferentes marcas de arnés y collar, la consideración de indicadores de estrés fisiológico y la evaluación de la marcha y la magnitud de los tirones».

La conclusión es que, aunque muchas personas hacen un buen trabajo dando a su perro suficiente ejercicio, otras no lo hacen. Los paseos son importantes para proporcionar a los perros ejercicio, oportunidades de olfatear, interacciones sociales con otras personas y perros, y la socialización continua que aportan esas experiencias. Reconocer estos beneficios para los perros puede ayudarlo a motivarse para sacar a su perro a pasear. Una cosa es segura: una vez que haya adquirido una rutina, su perro le recordará cuándo es la hora del paseo.

CÓMO APLICAR LA CIENCIA EN CASA

• Salga a pasear. Es bueno para su perro y también para usted.

• Si no tiene la costumbre, intente desarrollar una rutina: su perro pronto lo aprenderá y vendrá a recordarle cuándo es la hora. Que sean uno o dos paseos al día (sin contar los descansos para ir al baño) depende de usted y de su perro.

• Utilice el equipo adecuado (por ejemplo, un arnés sin tirones) y entrene a su perro para que camine bien con la correa y venga cuando se le llame.

• Si necesita ayuda para resolver problemas como el miedo o la reactividad, contrate a un adiestrador de perros cualificado. Piense en formas de gestionar el problema mientras trabaja en él (por ejemplo, evitar los lugares donde los perros están sin correa o pasear a horas tranquilas del día).

• Si ve a alguien que intenta mantener a su perro con correa alejado de usted y de su perro, dele un poco de margen y déjele espacio; puede que se esté esforzando por mantener a un perro reactivo sintiéndose seguro. Insistir en que su perro se reúna con el suyo u ofrecerle consejos de adiestramiento no deseados no será bienvenido ni útil.

• Si los perros deben ir con correa en su barrio, sea creativo para encontrar oportunidades fuera de la correa, como parques para perros, campos vallados, pistas de tenis de alquiler o el patio vallado de un amigo.

CAPÍTULO 10
ENRIQUECIMIENTO

Un día del verano pasado me desperté con un fuerte olor a humo de leña. Me levanté y miré por la ventana; el humo flotaba visiblemente en el aire. Un camión de bomberos subía lentamente por la calle como si buscara algo, y poco después volvió a dar la vuelta. Resultó que otras personas del barrio también habían olido el humo y llamaron al 911 pensando que había un incendio forestal cerca. Pero el incendio forestal estaba muy lejos, y el humo era arrastrado por el viento. Permaneció durante días, haciendo que los paseos largos fueran peligrosos tanto para los perros como para los humanos. Nuestras salidas al exterior se limitaban a los descansos para ir al baño. ¿Cómo entreteníamos a Bodger dentro de casa? Volvimos a recurrir a un viejo favorito: el tira y afloja.

El tira y afloja es un ritual diario para Bodger. Cuando se emociona, corre a buscar su cuerda y pide jugar; cuando estamos viendo la televisión, deja la cuerda sin contemplaciones en mi regazo y se sienta a mirarla. Cuando gana una partida, da una vuelta de la victoria por el salón con la cuerda colgando de la boca.

La gente solía argumentar que jugar al tira y afloja con los perros causaba problemas de comportamiento. Así que los investigadores jugaron al tira y afloja con catorce golden retrievers para averiguar si cambiaba o no su comportamiento.[1] Cada perro jugó al tira y afloja con el investigador cuarenta veces. La mitad de las veces se les permitió ganar y la otra mitad perder, en caso de que ganar o perder supusiera una diferencia. Antes y después, los perros fueron sometidos a pruebas de obediencia y reacción ante el investigador. Las pruebas incluían llamar al perro, pedirle que se sentara y algunas cosas que no debería probar con su perro en casa: obligar al perro a ponerse en posición horizontal y quitarle el plato de comida para ver qué hacía.

Los resultados fueron buenos. Los perros eran más obedientes y atentos después de las sesiones de juego, tanto si se les permitía ganar como si no. Ganar no provocó ningún problema de comportamiento. De hecho, los perros se involucraron más en el juego cuando se les permitió ganar, por lo que es una buena idea dejar que su perro gane de vez en cuando.

La importancia del enriquecimiento

El enriquecimiento significa realizar cambios en el entorno que mejoren el bienestar de su perro. Es bueno para su salud mental, porque el enriquecimiento los anima a interactuar con su entorno y a adoptar comportamientos caninos normales. Si no damos a los perros estas oportunidades, a menudo las encontrarán por sí mismos, como cuando mastican objetos domésticos. Masticar es un comportamiento canino normal, pero a veces los perros no tienen una forma de expresarlo que sea permisible para su dueño. La solución pasa por asegurarse de que el perro tenga algo que pueda masticar, y por suerte hay muchos juguetes que llenan ese vacío.

A menudo pensamos en el enriquecimiento cuando se trata de animales de zoológico: se les da sandía a los lobos cautivos para que coman en un día caluroso o se añaden árboles y otros espacios para trepar en los recintos del zoológico. También podemos hacer esto con nuestros perros. Las actividades que estimulan los sentidos y los desafían a resolver problemas son importantes para su felicidad. Una medida del éxito del enriquecimiento es si el animal decide interactuar con el objeto o no. Otras formas de evaluar el éxito serían las medidas de calidad de vida o las observaciones del comportamiento del animal.

Un estudio publicado en *Animal Cognition* investigó si los perros disfrutan de la experiencia de resolver un problema para obtener una recompensa, o si es solo la recompensa en sí lo que los hace felices.[2] La idea surgió de un estudio en el que se descubrió que los perros que realizaban una tarea para obtener una recompensa parecían ser más felices que los que solo recibían la recompensa. En el estudio participaron seis pares de beagles emparejados (doce perros en total). Cada animal fue un perro experimental durante la mitad del tiempo y un perro de control durante la otra mitad. También había seis piezas de equipo emparejadas, incluyendo un piano para perros que tenía que ser presionado para tocar una nota, una caja de plástico que tenía que ser empujada de una pila para que golpeara ruidosamente el suelo y una palanca de paletas que hacía sonar una campana. Cuando el perro las manipulaba correctamente, cada pieza del equipo emitía un sonido distinto que indicaba que la tarea se había completado. Eso abría una puerta a una rampa que conducía a una recompensa.

Cada perro fue entrenado en lo que debía hacer con tres de las piezas del equipo y su pareja fue entrenada en lo que debía hacer con las otras tres. En el experimento propiamente dicho, había una pieza del equipo. Cuando el perro experimental realizaba el comportamiento para el que había sido entrenado, la puerta se abría para dar acceso a la rampa que conducía a la recompensa. Posteriormente, cuando le tocaba el turno al perro de control, no importaba lo que hiciera, la puerta se abría después del tiempo que el perro emparejado hubiera tardado en resolver el puzle, y ambos perros obtenían la misma recompensa. En otras palabras, la única diferencia entre las condiciones experimentales y las de control era si la manipulación del equipo por parte del perro tenía o no efecto en la apertura de la puerta.

Los científicos observaron que los perros experimentales estaban ansiosos por llegar a la pista de salida y solían entrar en la sala antes que el asistente. En cambio, los perros de control se mostraban reticentes y a menudo había que engatusarlos para que entraran en la sala.

Los perros con la condición de control eran menos activos en la arena de salida. A veces mordían o masticaban el equipo, cosa que nunca hicieron los perros con la condición experimental. Una vez abierta la puerta, los perros de control fueron más rápidos que los de la condición experimental para entrar en la pista y salir de la arena de salida. Sin embargo, no hubo diferencias en la frecuencia cardíaca media. Los perros de la condición experimental movieron más la cola, lo que también sugiere que estaban más contentos. Los perros de ambas condiciones se mostraron más activos cuando esperaban una recompensa de comida, lo que coincide con otros estudios en los que se ha comprobado que los perros prefieren la comida a las caricias.

Hacia el final del estudio, algunos de los perros manipularon con éxito el objeto para el que no habían sido adiestrados, aunque, por supuesto, no tuvo ningún efecto sobre la puerta. Este estudio demuestra que tener el control de una situación y ser capaz de resolver problemas es bueno para el bienestar de los perros.

En un correo electrónico, la doctora Ragen McGowan, primera autora del estudio explicó estos resultados: «Hace tiempo que tenemos la impresión de que nuestras mascotas tienen una rica vida emocional y que sus experiencias les afectan profundamente de forma similar a los humanos. Ahora estamos empezando a poder respaldar esto científicamente, lo cual es muy emocionante. Piense en la última vez que aprendió una tarea nueva y complicada… ¿Recuerda la emoción que sintió cuando completó la tarea correctamente? Nuestro trabajo sugiere que los perros también pueden experimentar este *efecto Eureka*. En otras palabras, el propio aprendizaje es gratificante para los perros». Y añadió: «Proporcione a su perro oportunidades para resolver problemas (por ejemplo, juguetes rompecabezas cognitivos o un juego de escondite con golosinas en su patio) o aprender nuevos».

Los comportamientos de los perros pueden ser muy gratificantes para ellos. Muchos propietarios de mascotas entienden la importancia de mantener a sus perros físicamente activos y nuestra investigación ayuda a enfatizar también esta importancia.

Los estudios demuestran que los perros pequeños tienden a perder oportunidades de entrenamiento y de juego con sus dueños.[3] De las diversas actividades por las que se preguntó, solo el *agility* (un deporte canino en el que el adiestrador guía al perro por una pista de obstáculos que incluye postes, túneles y balancines) fue practicado por igual por perros pequeños y grandes. Los perros más pequeños se perdían el entrenamiento, los juegos de tira y afloja, el rastreo y el trabajo de olfato, y el salir a correr o a montar en bicicleta con su dueño. Esta es una de las razones por las que los perros pequeños son menos obedientes que los grandes. Así que recuerde que, sea cual sea el tamaño de su perro, necesita algún tipo de enriquecimiento.

EL VALOR DE LA ESTIMULACIÓN SENSORIAL

Una forma de pensar en el enriquecimiento es en términos de los sentidos del perro. Sin embargo, hay que tener en cuenta que lo que es importante para un perro no es lo mismo que para un humano. La visión de un perro es de 20/75 en comparación con la nuestra de 20/20, lo que significa que lo que nosotros vemos a 75 pies (23 metros), el perro solo puede verlo a 20 pies (6 metros).[4] Ven el mundo en amarillos y azules, más bien como una persona con daltonismo rojo-verde (los colores brillantes de los juguetes para perros son más para beneficio de los humanos que de los perros).

El rango auditivo de un perro es más amplio que el de los humanos. Mientras que los humanos oyen un rango de unos 20 a 20 000 hercios, los perros oyen frecuencias mucho más altas, de unos 67 a 45 000 hercios.[5] Esa es la razón que explica el diseño de esos silbatos agudos para perros, algunos de los cuales pueden ser oídos por los perros, pero no por los humanos. Por cierto, esto significa que algunos silbidos o zumbidos agudos de los equipos electrónicos de la casa pueden ser audibles y posiblemente molestos para su perro; asimismo, el ritmo de parpadeo de algunas luces o los olores artificiales de algunos productos domésticos pueden afectarles de forma diferente a los humanos.

Hay indicios de que la música (al menos cierto tipo) puede ser relajante para los perros. Un estudio realizado con perros encerrados en una perrera descubrió que dormían más cuando se ponía música clásica en comparación con el *heavy metal*, la música diseñada para perros o la ausencia de música.[6] Los perros se agitaban más con el *heavy metal* y vocalizaban menos con la música clásica en comparación con la ausencia de música. Dado que solo se utilizaron unas pocas pistas de cada tipo de música, los resultados pueden no ser generalizados a los géneros en su conjunto. Una investigación posterior realizada por otro equipo descubrió que los perros que viven en un refugio se relajaban más al escuchar música clásica, pero también se acostumbraron a ella.[7]

Un gran número de perros son mantenidos en refugios de rescate, que a menudo son entornos estresantes para los residentes. Creo que un mayor uso del enriquecimiento sensorial, como la música clásica y los audiolibros, sería beneficioso para los perros de los refugios para reducir el estrés y mejorar potencialmente el bienestar. Este enriquecimiento también tiende a ser fácil de aplicar y relativamente barato, lo cual es una consideración importante en los refugios. Además, el uso de enriquecimiento sensorial no solo es beneficioso para los perros, sino que también es apreciado por los visitantes y puede tener el potencial de animarlos a pasar más tiempo en el refugio, y potencialmente ayudar a las tasas de adopción.

Tamara Montrose, doctora, profesora principal del Hartpury College

El sentido más importante de un perro es el olfato.[8] Los perros no solo tienen una nariz, también cuentan con algo llamado órgano vomeronasal (OVN), que está escondido en la parte superior del paladar, y la capacidad de aspirar moléculas hacia dentro y hacia fuera para aumentar su disponibilidad para la detección. El OVN no está abierto al flujo de aire de la nariz; en su lugar, las moléculas deben disolverse, por ejemplo, en la saliva, desde donde pueden entrar en el OVN a través de dos conductos situados justo detrás de los dientes delanteros. ¿Alguna vez ha sentido asco al ver a su perro lamer orina o heces? Es posible que hayan puesto información a disposición del OVN. Del mismo modo, vemos a los perros comprobar los mensajes que quedan en la orina todo el tiempo; a veces, incluso nos olfatean más de lo que nos gustaría, como con una nariz vergonzosa contra la entrepierna o el trasero.

Los perros tienen un sentido del olfato asombroso, y la doctora Alexandra Horowitz, científica canina del Barnard College de Nueva York, afirma que pueden incluso oler la hora del día debido al modo en que los cambios de temperatura afectan a las moléculas de olor. Debido a su agudo sentido del olfato, los perros se utilizan profesionalmente como perros de detección médica, de drogas e incluso de *C. difficile*. En el deporte recreativo relacionado con el trabajo olfativo canino, los perros son entrenados para buscar un olor. Al principio, el escenario es un conjunto de cajas repartidas por el suelo. Se deja que el perro olfatee las cajas hasta que encuentre y coma el trozo de comida escondido. Con el tiempo, se entrena al perro para que busque un olor concreto, como el del abedul o el anís. A medida que los perros progresan en este deporte, las localizaciones se vuelven más complejas, como coches o edificios, e incluso un barrido por una escuela en desuso para encontrar el olor objetivo, como haría un perro detector profesional. Un estudio descubrió que los perros que participaron en una clase de trabajo de olfato eran más optimistas que los que, en cambio, participaron en el adiestramiento de perros (aprendiendo a escorar para obtener recompensas).[9] La conclusión es que las actividades que implican autonomía y sentido del olfato son buenas para el bienestar de los perros.

«A los perros les encanta el trabajo de olfato porque jugamos con ellos en su mundo» afirma Ann Gunderson, entrenadora canina que ha conseguido muchos títulos de trabajo de olfato con su australian cattle dog y su nova scotia duck tolling retriever, incluido el primer perro de los Juegos del Triple Olor (TOG, por sus siglas en inglés) y el primer perro de los Masters TOG en el campeonato K9 ABC Games. «Lo que los títulos representan es que yo soy un miembro del equipo con mi perro —dijo— y con el trabajo de la nariz es la mejor sensación. Observo a mi perra y escucho lo que me dice». Me explicó que «a los perros les importa mucho lo que pensamos. Nuestros perros nos observan las veinticuatro horas del día y, en la mayoría de los casos, intentan averiguar cómo hacernos felices. O tal vez solo para conseguir golosinas, ¡porque son perros!». Los humanos siempre intentan que los perros hagan algo, como sentarse o quedarse, señaló: «Son cosas que le pedimos al perro que haga por nosotros. Y con el trabajo de nariz, el perro lo hace por sí mismo, mientras nosotros lo acompañamos. Ellos son los expertos, y lo que veo es que es pura magia para ellos, les encanta».

«Que olfateen». Tal vez porque los humanos estamos tan centrados en lo visual, nos resulta difícil imaginar lo que puede ser que nuestra principal capacidad sensorial sea el olfato. Pero así es para los perros: primero olfatean y piden a sus ojos que confirmen o desmientan. Su mundo está hecho de olores más que de imágenes. Por eso, cuando salen a pasear con usted, los dos experimentan universos paralelos: nosotros vemos lo que hay en la calle; el perro olfatea quién ha pasado y quién se acerca (en la brisa). Dado que los humanos solemos ser reacios a oler de cerca las cosas —de hecho, la idea de «oler» a los demás nos parece divertida o incluso grosera—, algunos propietarios no dejan que sus perros olfateen a los demás o los rastros de otros perros. Pero ese es todo su mundo. No apartaría a mi perro de una esquina de la calle que está investigando con ahínco, como tampoco obligaría a mi hijo a mirarse las rodillas mientras pasamos por el Coliseo. Reconocer la alteridad de los perros —y en este caso, su forma diferente de percibir el mundo que compartimos— es un buen paso para darles la vida que merecen.

Alexandra Horowitz, PhD, profesora adjunta del Barnard College, y autora de *Inside of a Dog: Lo que los perros ven, huelen y saben*

Una de las cosas buenas de *K9 Nose Work* es que el enfoque para enseñar a los perros es totalmente positivo y amable. También es adecuado para los perros reactivos, porque solo hay un perro en la arena a la vez. Gunderson me dijo que ha conocido perros braquicéfalos, ciegos, sordos, trípodes y ancianos que participan y disfrutan del trabajo de nariz. «Cualquier perro puede hacer el trabajo de nariz», dijo, porque se les permite hacerlo a su manera. También aseguró que los beneficios se extienden más allá de la sesión de trabajo de olfato en sí, debido a la forma en que los adiestradores deben aprender a observar a su perro tan de cerca. El resultado es que los adiestradores son más conscientes de lo que le gusta a su perro y, en particular, de lo que le gusta olfatear. «La gente empezará a pasear a sus perros de forma diferente; les dejarán olfatear, y eso es encantador», afirma.

EL DEPORTE CANINO Y EL VÍNCULO HUMANO-ANIMAL

Hay todo tipo de formas de dar a los perros la oportunidad de resolver problemas, como el adiestramiento de obediencia basado en la recompensa, la agilidad, el aprendizaje de trucos, el juego con rompecabezas, el trabajo con la nariz y muchas otras actividades de enriquecimiento. Se puede participar en deportes caninos a cualquier nivel, desde clases locales para principiantes hasta eventos nacionales e internacionales. Los tipos de deportes son variados, por lo que las personas y sus perros pueden encontrar la combinación adecuada para ellos.

Aunque existe la posibilidad de ganar títulos, resulta que esta no es la principal razón por la que la gente participa en los deportes caninos. Según un estudio publicado en *Anthrozoös*, las personas que participan en muchos eventos deportivos con perros obtienen una alta puntuación en los niveles de motivación intrínseca, relacionada con los deseos e intereses internos, así como en la motivación extrínseca, relacionada con factores externos como las recompensas y los títulos.[10] Los resultados estadísticos fueron respaldados por los comentarios de los participantes. «Cuando trabajas con el perro como un equipo en un deporte, tú y el perro desarrolláis una relación muy especial» dijo uno. Otro apuntó: «Me gusta la conexión que se desarrolla con un perro durante el entrenamiento y también estar rodeado de gente que siente lo mismo que yo por los perros. Me permite conectar con personas de todo tipo». Otros participantes también ponen claramente al perro en el centro de la experiencia. «Disfruto del tiempo que paso con mis perros y de los amigos que he hecho a lo largo de los años gracias a los perros», confesó uno. Muchos participantes mencionaron la conexión con su perro y el ejercicio físico para el perro como motivadores importantes. Otros citaron las oportunidades que les ofrece para aprender. Una persona dijo que era «divertido entrenar, cambiar de perspectiva y encontrar nuevas formas de enseñar con diferentes perros a lo largo de los años; los momentos *eureka* son maravillosos». Es agradable pensar que tanto los perros como sus dueños obtienen muchos momentos de *bombilla* o *eureka* a través de la práctica y la competición de este deporte.

Para los perros, como para cualquier atleta, puede haber riesgo de lesiones derivadas de los deportes caninos. En algunos casos, los perros pueden encontrar estresantes las competiciones; en un pequeño estudio de diecisiete perros de *agility*, los científicos encontraron algunos signos de estrés, como inquietud, antes y después del evento.[11] Como en todo, hay que participar con moderación y vigilar al perro para que la experiencia sea positiva para él.

CÓMO Y POR QUÉ AÑADIR ENRIQUECIMIENTO

Los efectos del enriquecimiento se han estudiado más en los perros de las perreras —tanto los que viven permanentemente en ellas como los que están en centros de acogida— porque esos entornos ya están empobrecidos, lo que significa que son menos estimulantes para los perros que el hogar medio. Sin embargo, una vez que se tiene en cuenta el hecho de que muchas personas salen y dejan regularmente a sus perros solos en casa, resulta obvio que el enriquecimiento continuo es una buena idea para cualquier perro.

A los perros les gustan las cosas nuevas, una preferencia conocida en términos científicos como neofilia. El corolario es que, con el tiempo, pueden perder el interés por los juguetes conocidos (habituarse a ellos). Un estudio comprobó este efecto presentando repetidamente el mismo juguete a los perros de un refugio.[12] Cuando se les presentó un juguete diez veces, la mayoría de los perros ya no estaban interesados en él. Pero el investigador también descubrió que cambiar el color o el olor del juguete (o, lo mejor de todo, ambos) hacía que los perros volvieran a interesarse. Incluso un pequeño cambio es suficiente para que las cosas parezcan nuevas, lo que significa que puede hacer que los viejos juguetes vuelvan a ser más interesantes jugando con ellos usted mismo o sacándolos en rotación.

Otro estudio, esta vez de perros que viven en perreras en un laboratorio, también encontró que darles un juguete Kong para perros relleno de comida llevó a los perros (no es sorprendente) a comer del juguete y a no acostumbrarse a su presencial.[13] Además de interactuar con el juguete, eran más activos en general y ladraban menos. Un estudio sobre perros en un centro de acogida descubrió que su calidad de vida mejoraba si se les proporcionaba enriquecimiento.[14] Hacer ejercicio y entrenar durante más de treinta minutos al día, darles una combinación de comida húmeda y seca (en lugar de solo seca) y tener un entorno tranquilo mejoraron mucho su calidad de vida.

La conclusión es que lo ideal es que haya mucho enriquecimiento, pero se puede empezar con ideas sencillas e ir avanzando. Por ejemplo, me gusta jugar a un juego con Bodger en el que le muestro que tengo una golosina y luego pongo mis manos en la espalda y cambio la golosina de una a otra. Luego saco mis manos en un puño para que él elija una. Si elige la mano vacía, no recibe nada. Pero si elige la mano con la golosina, se lleva la golosina. Entonces volvemos a jugar.

Otra opción gratuita es permitir a su perro todo el tiempo que quiera para olfatear durante los paseos, convirtiendo el paseo en un *sniffari*. En lugar de apresurarse, espere pacientemente mientras su perro se pone al día con el *peemail*. Olfatear es bueno para ellos porque es una forma importante de obtener información sobre el mundo, como qué perros han pasado por allí y qué han comido. Y tal vez, mientras su perro olfatea las cosas que nos resultan desagradables, usted pueda dirigir su atención a las abejas del bálsamo de abeja, al color cremoso del trébol en la hierba o a las nubecitas que surcan el cielo.

Recuerde que no tiene que ser perfecto. Lo mejor es elegir una cosa para enriquecerlo. Pruébelo y vea cómo le gusta a su perro. Evalúelo como un científico y pregúntese si su perro utiliza el elemento de enriquecimiento. ¿Hay algún cambio en su comportamiento como resultado? Haga algunos ajustes si es necesario para asegurarse de que el nivel es el adecuado para su perro. Si le gusta, siga haciéndolo. Después de un tiempo, elija otro elemento y añádalo. Esta es la forma más fácil de convertir el enriquecimiento en un hábito. Su perro será más feliz por ello.

CÓMO APLICAR LA CIENCIA EN CASA

* Intente encontrar formas de que su perro utilice todos sus sentidos. Dado que el sentido del olfato es tan importante para los perros, ofrézcales oportunidades para usar su nariz, como por ejemplo haciendo *sniffari* en los que deje que la nariz del perro dicte por dónde caminar. Esconda comida en alfombras para olfatear (disponibles en tiendas de animales, o puede hacer las suyas propias) o esparza comida en la hierba de su jardín. Prepare un juego de olfato al estilo de los principiantes en la sala de estar, extendiendo algunas cajas de cartón, escondiendo un trozo de comida en una de ellas y dejando que su perro entre en la sala para que lo busque.

* Recompense su éxito añadiendo otro trozo de comida a la caja.

* Utilice el adiestramiento basado en recompensas para ejercitar el cerebro de su perro y darle muchas oportunidades de ganarse la comida. Si su perro ya sabe obediencia básica, pruebe a enseñarle trucos o Rally-O (*Rally Obedience*, disponible en clases y competiciones). Hay muchos vídeos estupendos en YouTube que muestran cómo enseñar trucos como «hacerse el muerto».

* Asegúrese de que su perro tenga juguetes para masticar (porque a los perros les gusta masticar), juguetes para comer (para hacerles trabajar para conseguir su comida) y otros juguetes para que puedan jugar con usted (como buscar o tirar). Los juguetes aportan enriquecimiento y satisfacen la necesidad de su perro de realizar comportamientos caninos normales, como jugar y masticar. Asegúrese de que los juguetes son seguros y, si es necesario, guárdelos cuando no esté presente (por ejemplo, para que no se coma los juguetes chillones).

• Elija deportes para perros que les gusten a usted y a su perro para que sea divertido para ambos. Por ejemplo, si a su perro le encanta correr y usted quiere ponerse en forma, puede probar el canicross (carrera a campo traviesa con su perro sujeto a usted por un arnés para correr juntos como un equipo). Busque oportunidades para probar los deportes caninos o para observar una competición o una clase.

• Recuerde que, aunque a los perros les gustan los juguetes nuevos, tener juguetes conocidos en rotación y/o lavarlos puede ser suficiente para que vuelvan a ser nuevos.

• Tenga en cuenta el entorno de su perro y proporciónele cosas como camas para perros para que tenga un lugar relajante donde dormir, un arenero en el jardín para que tenga espacio para cavar, etc.

CAPÍTULO 11
ALIMENTOS Y GOLOSINAS

La hora de comer es el momento favorito de Bodger. Mientras preparo su comida, caen pequeñas gotas de saliva de su boca al suelo de linóleo. Poco después de empezar a comer, siempre me devuelve la mirada y siento que me dice que está agradecido por su comida. Si no es su hora de comer sino la mía, tiene la esperanza de conseguir un pequeño bocado de algo. Si mi marido está comiendo un bocadillo, está muy esperanzado. Y si es la hora de comer de los gatos... Bueno, tuve que entrenarlo para que se mantuviera a distancia porque solía vigilar muy de cerca por si había sobras. Los gatos son carnívoros y deben seguir una dieta a base de carne. No es de extrañar que a Bodger le guste su comida. Yo casi nunca como carne, pero a él también le gusta mi comida. Y un trozo de zanahoria cruda o el extremo de un calabacín es un premio que debe llevarse y mordisquear con tranquilidad.

Una buena alimentación es una de las necesidades de bienestar de los perros, y resulta que la comida que les damos se relaciona no solo con la nutrición y las creencias sobre lo que necesitan los perros, sino que también es una expresión de que el perro es parte de la familia.

LO QUE LOS PERROS PUEDEN COMER:
LA EVOLUCIÓN DEL METABOLISMO MODERNO

Los perros son omnívoros y pueden comer distintos tipos de alimentos. La capacidad de digerir el almidón, como el arroz y las patatas, es una de las diferencias entre los perros y los lobos actuales. Aunque en retrospectiva tiene mucho sentido que los perros se hayan adaptado a coexistir con nosotros de esta manera, fue un hallazgo inesperado en un estudio realizado por el doctor Erik Axelsson en Suecia.[1]

Para entender los cambios genéticos que acompañaron la transformación de los antiguos lobos en perros domésticos, Axelsson y sus colegas secuenciaron el ADN de doce lobos y sesenta perros de catorce razas diferentes. Centraron su investigación en regiones del ADN en las que había poca variación en los perros, lo que sugiere que esas partes eran tan importantes para la supervivencia de los perros domesticados que cualquier variación en ellas se perdió. Algunas de estas regiones contienen genes relacionados con la función cerebral. Lo inesperado fue que algunas de estas regiones contienen genes relacionados con la digestión del almidón. Los perros tienen entre cuatro y treinta copias de un gen, Amy2B, para una proteína llamada amilasa que inicia la descomposición del almidón en el intestino. Los lobos solo tienen dos copias de este gen. Tener más copias significa que los perros tienen más amilasa que los lobos, y las pruebas en el laboratorio demostraron que los perros deberían ser cinco veces mejores que los lobos para digerir el almidón.

Otro gen llamado MGAM, relacionado con una proteína llamada maltasa, también es importante para digerir el almidón. Los perros y los lobos tienen el mismo número de copias de ese gen, pero hay diferencias clave. Los perros fabrican una versión más larga de la maltasa, lo que significa que es más eficiente. La versión más larga también se encuentra en los omnívoros y los herbívoros y parece ser importante para digerir las proteínas vegetales. Con estos hallazgos, Axelsson propone que cuando los lobos —no los actuales, sino sus antepasados— empezaron a frecuentar los asentamientos humanos, desarrollaron la capacidad de digerir el almidón. Habrían podido conseguir comida que no fuera carne sobrante de los humanos, por lo que ser capaces de digerirla se convirtió en una importante ventaja de supervivencia.

Otro estudio sobre diferentes tipos de perros de todo el mundo reveló que la mayoría de los lobos, coyotes y chacales también tienen solo dos copias de Amy2B.[2] Este era también el caso de dos tipos de perros del Ártico y Australia —los huskies siberianos y los dingos— que, hasta hace poco, vivían con personas que comían principalmente carne. Las demás razas de perros estudiadas tenían más copias del gen, al igual que en la investigación anterior. Otro estudio descubrió variaciones en el número de copias del gen Amy2B entre diferentes razas de perros, siendo los perros trineo de Groenlandia (con base en Groenlandia) y los samoyedos los que tenían el número más bajo. Sin embargo, los científicos no pudieron descartar el mestizaje reciente entre los lobos y los perros trineo de Groenlandia. También encontraron cierta variabilidad dentro de las razas y señalaron que, aunque el Amy2B tiene una gran influencia en la digestión del almidón, no es el único factor.

Todavía no sabemos cuándo desarrollaron los perros domesticados la capacidad de digerir el almidón, pero los investigadores examinaron el genoma de perros y lobos antiguos para averiguarlo.[4] Extrajeron ADN de los dientes y huesos de trece perros encontrados en yacimientos arqueológicos de Europa y Asia. Estos perros antiguos tenían entre dos y veinte copias de Amy2B, lo que demuestra que durante la cría temprana no todos los perros habían adquirido los genes adicionales. Pero también muestra que la selección de este gen comenzó hace al menos 7 000 años. Estos fascinantes estudios sugieren que tanto los perros como los humanos han evolucionado genes para ayudarlos a digerir el almidón como resultado de la cría. Y también demuestra que la creencia común de que los perros deben alimentarse como los lobos no es correcta. En algún momento del pasado, los ancestros comunes de los lobos y los perros actuales divergieron para permitir que los perros siguieran una dieta mucho más parecida a la humana.

LOS PERROS Y LA DIETA

Nuestra propia preocupación por la dieta y la salud se refleja en lo que damos de comer a nuestros perros. Una encuesta realizada a propietarios de perros en Australia reveló que la mayoría de la gente (41 %) alimenta a su perro dos veces al día, aproximadamente un tercio (36 %) lo hace una vez al día y unos pocos (16 %) le dejan la comida todo el tiempo.[5] La mayoría de los perros reciben golosinas una vez al día o una vez a la semana (37 % en cada caso). Los alimentos más comunes son las croquetas de precio medio (44 %), los huesos crudos (44 %) y los restos de cocina (38 %). Una encuesta similar realizada a propietarios de perros labradores en el Reino Unido también reveló que las croquetas eran el alimento más común, dado por el 80 % de los propietarios, mientras que el 13 % daba a su perro una mezcla de comida seca y húmeda.[6] Mientras que los cachorros eran alimentados tres o más veces al día, cuando los perros alcanzaban los seis o nueve meses, la mayoría eran alimentados dos veces al día.

Las croquetas y los alimentos enlatados para mascotas disponibles en el mercado se fabrican para satisfacer requisitos nutricionales específicos (incluyendo algunos para diferentes etapas de la vida o para dietas especiales), y están disponibles en todos los precios. Los fabricantes dedican tiempo a garantizar que la textura, el olor y la forma de las croquetas resulten atractivos para los perros. Algunas personas creen que alimentar con croquetas es bueno para los dientes del perro, pero no hay pruebas que respalden esta idea (a excepción de las dietas dentales veterinarias).

Algunos propietarios de perros prefieren alimentarlos con otro tipo de dieta. Un artículo publicado en *Veterinary Clinics of North America: Small Animal Practice* analiza las razones y si existen ventajas o desventajas de estas dietas. Algunas personas optan por alimentar a sus perros con una dieta casera porque quieren evitar los aditivos (como los conservantes) o los subproductos animales que no se utilizan en la alimentación humana o porque quieren utilizar alimentos ecológicos. Otros consideran que preparar la comida para el perro los ayuda a sentir que este forma parte de la familia. Pero los análisis de las recetas de alimentos caseros para perros muestran que muchas de ellas carecen de ciertos ingredientes.[8]

Algunas personas cocinan para dar a su perro una dieta vegetariana o vegana, pero, de nuevo, es difícil acertar con el contenido nutricional. Los estudios sobre los alimentos vegetarianos para perros disponibles en el mercado han encontrado muchos problemas de nutrición y sugieren que es importante prestar atención a la calidad.[9]

Alimentar con una dieta cruda preparada en casa también es difícil de conseguir desde el punto de vista nutricional, al igual que una dieta casera, pero cada vez hay más dietas crudas comerciales. Algunas personas alimentan a sus perros con una dieta basada en carne cruda porque creen que se acerca más a lo que comerían «en la naturaleza» o en su pasado evolutivo, mientras que otras creen que es mejor para la salud o los dientes de su perro. Desgraciadamente, no existen ensayos clínicos sobre los efectos de la alimentación con carne cruda, por lo que no hay pruebas documentadas de sus beneficios. Las dietas a base de carne cruda suelen tener una mayor cantidad de grasa, lo que puede dar lugar a un pelaje más brillante, pero también puede causar trastornos gastrointestinales y aumento de peso en algunos perros.

La investigación sobre el contenido nutricional de las dietas crudas es limitada. Lo más preocupante es el riesgo que supone para la salud del perro la presencia de bacterias en la comida, y el consiguiente riesgo para las personas de la casa si los perros eliminan esas bacterias en sus heces, lo que puede ocurrir sin que muestren signos de estar enfermos.[10] Un estudio analizó dietas comerciales a base de carne cruda para detectar cuatro tipos de bacterias y parásitos, y encontró la bacteria *Listeria* en el 43 %, *E. coli* en el 23 % y *Salmonella* en el 20 %.[11] También había riesgo de parásitos si la carne cruda no se hubiera congelado. Los científicos que participaron en este estudio afirman que los perros (y gatos) alimentados con una dieta basada en carne cruda tienen más probabilidades de infectarse con bacterias resistentes a los antibióticos, lo que supone un riesgo para su salud y la de los humanos. Sugieren que las etiquetas de los alimentos a base de carne cruda den orientaciones sobre su almacenamiento y manipulación.

Si se alimenta con una dieta cruda, siga las mismas prácticas de higiene alimentaria que emplearía con la comida humana (por ejemplo, pollo crudo).[12] Mantenga separados los alimentos cocinados y los crudos, descongele los alimentos en el frigorífico en un estante bajo, mantenga separados los cuencos de comida para mascotas y lávese las manos después de dar de comer al perro y de recoger las cacas. Recuerde que algunos bocadillos y golosinas que se dan a los perros también están crudos, como las orejas de cerdo, los palitos de matón y algunas golosinas liofilizadas. Los riesgos son mayores para los miembros vulnerables de su hogar, como los niños, las personas mayores y cualquier persona con un sistema inmunitario comprometido.

En la siguiente lista se indican los alimentos humanos que no son seguros para los perros. Algunos alimentos, como el chocolate, la cafeína y el xilitol —que se encuentra, por ejemplo, en las mantequillas de cacahuete bajas en calorías como edulcorante— son tóxicos para los perros. Grandes cantidades de grasa pueden causar pancreatitis. Como ya se ha mencionado, la carne, los huevos y los huesos crudos o poco cocinados pueden ser un riesgo a causa de las bacterias. Algunos alimentos (como la masa de levadura) pueden provocar hinchazón, mientras que otros (como los huesos cocidos o los huesos de las frutas) pueden causar una obstrucción. Algunos alimentos, como el coco, son seguros en pequeñas cantidades. Muchos perros carecen de la enzima necesaria para digerir los lácteos, por lo que son intolerantes a la lactosa. Aunque la mayoría de los frutos secos no son seguros para los perros, los cacahuetes sí lo son (pero recuerde comprobar si la mantequilla de cacahuete contiene xilitol).

Alimentos humanos que no son seguros para los perros

• Alcohol.

• Aguacate.

• Chocolate (el chocolate negro es el más tóxico).

• Cítricos.

• Coco (en pequeñas cantidades, no es probable que cause molestias).

• Café (y otras fuentes de cafeína).

• Uvas y pasas.

• Leche y otros productos lácteos.

• Frutos de cáscara (incluidas las nueces de macadamia, las almendras, las pacanas y las nueces).

• Cebollas, ajos y cebollinos.

• Carne, huevos y huesos crudos o poco cocinados.

• Demasiada sal.

• Xilitol (edulcorante artificial utilizado en algunasmantequillas de cacahuete, caramelos, etc.).

• Masa de levadura.

Fuente: ASPCA Poison Control13.

LA VERDAD SOBRE LAS GOLOSINAS

Las directrices generales sugieren que las golosinas no deben suponer más del 10 % de la ingesta diaria de calorías del perro, pero un estudio sobre golosinas para perros publicado en *Veterinary Record* descubrió que, de media, tanto para los perros pequeños como para los medianos, las golosinas superaban la cantidad recomendada de ingesta energética diaria, con la excepción de los palillos dentales.[14] Los azúcares eran un ingrediente común, ya que los perros (a diferencia de los gatos) pueden saborear el azúcar. La falta de detalles en las etiquetas de los paquetes de golosinas fue señalada como una preocupación, y los científicos dijeron no deberían darse a ningún perro que siga una dieta de eliminación y que, por tanto, corra el riesgo de sufrir un efecto adverso, como una reacción alérgica. Además, el análisis mostró que muchas golosinas no eran adecuadas para perros con insuficiencia cardíaca crónica o enfermedad renal crónica. Consulte a su veterinario para saber qué golosinas son seguras si su perro sigue una dieta especial.

EL PROBLEMA DEL SOBREPESO Y LA OBESIDAD EN LOS PERROS DE COMPAÑÍA

Bodger está atento a todo tipo de ruidos relacionados con la comida: la puerta de la nevera que se abre, el crujido de una bolsa de plástico o de una patata frita al comerla, la tapa que se desprende de los botes de plástico en los que guardamos el queso, la apertura de una lata o de la puerta del armario donde se guardan las golosinas para gatos y el traqueteo del paquete de golosinas para gatos al agitarlo. Cualquier preparación de comida le lleva a la cocina. Le encantan las golosinas, le encantan los restos de la mesa que estamos dispuestos a darle y, si tiene la oportunidad, siempre está dispuesto a acabar con lo que los gatos no se comen de su comida. Tengo que vigilar constantemente el peso de Bodger, y hace unos años tuvimos que ponerlo a dieta durante un tiempo.

El sobrepeso o la obesidad es un problema común en los perros. El sobrepeso se define mediante la puntuación de la condición corporal, que se mide en una escala de nueve puntos (o en una escala correspondiente de cinco puntos en la que los puntos se reducen a la mitad). Encontrará tablas de puntuación de la condición corporal en Internet, y también puede preguntar a su veterinario. Se considera que los perros (y los gatos) tienen sobrepeso si su puntuación de condición corporal es de seis o siete sobre nueve (lo que corresponde a un 10-20 % más de su peso ideal), y son obesos si la puntuación es de ocho sobre nueve (30 % más de su peso ideal).[15]

Una gran encuesta realizada en Estados Unidos situó la tasa de perros con sobrepeso y obesidad en el 34 %, y un estudio australiano descubrió que el 33,5 % tenía sobrepeso y el 7,6 % eran obesos. Esto no significa necesariamente que los perros estén más gordos en un país que en otro, ya que los datos se recogieron en momentos diferentes. Pero muestra lo extendido que está el problema. El estudio de Estados Unidos revela que los perros con sobrepeso tienden a ser mayores, lo que tiene sentido porque han tenido más tiempo para ganar peso. Es más probable que se les alimente con comida semihúmeda y que estén castrados. Algunas razas también corren más riesgo, como los golden retrievers, los labradores retrievers y los teckels.

Al igual que el sobrepeso y la obesidad no son buenos para la salud humana, también suponen un mayor riesgo para la salud del perro, en particular para los trastornos musculoesqueléticos y los problemas cardiovasculares. En el estudio australiano, el sobrepeso y la obesidad aumentaron con la edad hasta un punto y luego se estabilizaron. Aunque no está claro por qué, una posibilidad es que los perros con sobrepeso y obesidad enfermaran y no vivieran tanto, mientras que sus homólogos de peso normal siguieran con menores tasas de enfermedad. Este estudio también descubrió que los perros de las zonas rurales o semirurales tenían más probabilidades de tener sobrepeso u obesidad. Es posible que en estas zonas haya más fuentes de comida disponibles, o que los dueños de los perros sean menos propensos a sacarlos a pasear y asuman que los perros harán ejercicio por sí mismos. Otros factores de riesgo de sobrepeso son que se les dé de comer una vez al día (en lugar de dos), que se les dé de comer bocadillos, que no hagan suficiente ejercicio y que su dueño también tenga sobrepeso u obesidad.

La obesidad en los perros jóvenes es especialmente preocupante, ya que los cachorros con sobrepeso suelen convertirse en perros con sobrepeso. Sin embargo, dado que los cachorros de diferentes razas se convertirán en perros adultos de diferentes tamaños y formas, puede ser difícil evaluar si un cachorro está creciendo normalmente o si está adquiriendo sobrepeso. En la actualidad, el Centro de Nutrición de Mascotas de Waltham dispone de tablas de crecimiento para perros de hasta cuarenta kilos, que ayudan al veterinario a controlar el peso del cachorro a medida que crece.

El perro no está grabado en piedra. En el siglo XXI, vivimos de Internet. Con el clic de un botón, podemos encontrar una plétora de información

—y también de desinformación— sobre los perros. Por amor al perro, citando a la doctora Patricia McConnell, espero que la gente dé continuamente un paso atrás. Intenten darse cuenta de las suposiciones y expectativas cotidianas sobre los perros, por pequeñas que sean, y luego consideren aferrarse a ellas un poco menos. Nuestras creencias sobre los perros no tienen por qué estar grabadas en piedra, porque el perro no es un ser estancado y conocido por todos. Hay que crear un espacio para cuestionar las suposiciones y aportar información nueva y en constante evolución, sobre todo de investigadores, veterinarios, profesionales y comunicadores científicos que hacen lo mismo. Esto, creo, tiene el potencial de mejorar el bienestar individual de los perros.

Julie Hecht, candidata a doctora por la City University of New York y
autora del blog *Dog Spies en Scientific American*

¿Por qué hay tantos perros con sobrepeso? Nuestra relación con la comida influye, ya que somos responsables de todo lo que comen. Un estudio alemán publicado en el *Journal of Nutrition* comparó a sesenta propietarios de perros de peso normal con sesenta propietarios de perros con sobrepeso.[18] Ambos grupos tenían una relación igualmente estrecha con su perro y ambos grupos alimentaban a sus perros con una dieta comercial. Pero los investigadores descubrieron que los dueños de perros con sobrepeso hablaban más con sus perros, eran más propensos a dejar que su perro durmiera en la cama, eran menos propensos a preocuparse porque su perro les contagiara una enfermedad y no consideraban que el ejercicio o el trabajo fueran importantes para el perro. También eran más propensos a decir que el coste de la comida del perro les importaba. El 66 % compraba la comida en el supermercado, frente al 47 % de los propietarios de perros de peso normal. Los alimentos que se compran en las tiendas de animales o en los veterinarios suelen ser de mejor calidad nutricional.

Lo que más me llamó la atención de este estudio fue la cantidad de tiempo que algunas personas dicen dedicar a ver comer a su perro. El 25 % de los propietarios de perros con sobrepeso pasaban más de media hora al día viendo comer a su perro, en comparación con el 11 % de los propietarios de perros de peso normal. Los perros con sobrepeso también se alimentaban con más comidas, bocadillos y restos de la mesa, y tenían más probabilidades de tener un dueño con sobrepeso.

Este hallazgo sugiere que, para algunos propietarios, utilizar la comida para interactuar con el perro es especialmente importante. Por lo tanto, alimentar menos al perro a la hora de comer (y medir realmente la cantidad de comida) no supondría por sí solo una diferencia. También sería necesario cambiar el comportamiento del propietario hacia su perro, dándole menos restos de comida y sustituyendo algunas de las interacciones que se producen en torno a la comida por caricias, juegos de tira y afloja o paseos. Cualquier recompensa alimentaria utilizada en el adiestramiento debe incluirse en la ración diaria de calorías del perro.

El efecto de la actitud de las personas sobre el peso de sus perros también se investigó en un estudio publicado en el *Journal of Applied Animal Welfare Science*.[19] Se pidió a los propietarios que dijeran si su perro tenía poco peso, un peso normal o sobrepeso, y luego se evaluó a cada uno de los perros de forma independiente para determinar su puntuación real de condición corporal. Quizá lo más preocupante fue el hallazgo de que muchos propietarios de perros con sobrepeso no sabían que su perro tenía sobrepeso. Por supuesto, muchos propietarios que sabían que su perro tenía sobrepeso tampoco habían conseguido que su perro volviera a tener un peso normal. La falta de conocimiento sobre la cantidad adecuada de alimento para el perro, así como la sensación de que esta medida no era importante, fue un factor importante que contribuyó. Otra razón era que los propietarios sentían una falta de control sobre la cantidad que daban de comer a su perro, lo que puede hacer que les resulte difícil no ceder cuando el perro está mendigando. Hay que decir que los perros son muy buenos pidiendo comida.

Una de las respuestas al sobrepeso y la obesidad en los perros es someterlos a una dieta especial, muchas de las cuales han demostrado ser beneficiosas para la pérdida de peso en condiciones controladas. Sin embargo, también parece importante centrarse en el comportamiento del propietario. Una revisión de la literatura publicada *en Preventive Veterinary Medicine* analizó las intervenciones para ayudar a los propietarios a que sus perros pierdan peso.[20] Las intervenciones fueron eficaces para cambiar la condición corporal de los perros y el comportamiento del propietario. Algunas de las técnicas que se diseñaron para cambiar el comportamiento del propietario fueron las siguientes:

• Establecer objetivos para los comportamientos. Por ejemplo, decidir pasear al perro durante un tiempo determinado todos los días o dar un número fijo de golosinas al perro cada día para no sobrealimentarlo.

• Establecer objetivos de resultados, como una determinada cantidad de pérdida de peso por semana.

• Aumentar los conocimientos del propietario sobre qué y cuánto alimentar al perro y cuánto ejercicio debe hacer.

• Establecer estrategias para controlar el comportamiento. Por ejemplo, utilizar una señalización que indique cuándo se ha alimentado al perro para que no se le dé de comer más veces.

• Dar información periódica haciendo que el perro visite al veterinario con regularidad para ser pesado.

El sobrepeso y la obesidad aumentan el riesgo de que los perros sufran diversos problemas de salud, al igual que los humanos. Entre ellos se encuentran la artrosis, la diabetes *mellitus*, la pancreatitis, las afecciones cutáneas, los trastornos respiratorios y la incontinencia urinaria. Y los perros con sobrepeso viven menos que de peso normal (entre los machos castrados, una media de cinco meses menos para los pastores alemanes con sobrepeso, y 2,5 años menos para los yorkshire terriers con sobrepeso).[21] Las personas cuyos perros tienen sobrepeso gastan un 17 % más en atención sanitaria para su perro y un 25 % más en medicamentos.[22]

Más allá de los efectos físicos, hay implicaciones para la felicidad del perro. Uno de los científicos más destacados del mundo en materia de bienestar animal, el profesor David Mellor, de la Universidad de Massey (Nueva Zelanda), me dijo: «Podemos anticipar que un animal que solo está sano, es decir, que no está gravemente enfermo o que ni siquiera está enfermo, pero no está en forma, es probable que su experiencia vital sea menos agradable que la de un animal que está sano y en forma».

Unas palabras sobre el comportamiento depredador

Fantasma era muy exigente con la comida. También le gustaba buscar su propia comida, tal vez porque había sido un perro callejero y había tenido que hacerlo para sobrevivir. Cuando se detuvo y movió la cabeza de un lado a otro, escuchando en la larga hierba, supe que era solo cuestión de tiempo que empezara a cavar. La primera vez observé con sorpresa cómo desenterraba y se comía un ratón. Después supe que estaba escuchando para localizar chillidos subterráneos. En otra ocasión, estaba paseando con él con la correa cuando, de repente, metió la cabeza en un arbusto y salió con medio nido de pájaros y algunas crías en la boca. Tal vez el peor momento fue cuando Fantasma encontró una ardilla gris hinchada que le costó tragar, se negó a cambiarla por cualquier tipo de comida y al final tuvo que escupirla porque era demasiado grande para tragársela de un solo trago.

El comportamiento depredador es natural y metódico; en él interviene una zona del cerebro llamada hipotálamo lateral y forma parte de lo que el neurocientífico Jaak Panksepp denominó sistema de búsqueda (SEEKING) (véase el capítulo 1).[23] La secuencia depredadora de los lobos es orientación → ojo → acecho → persecución → agarre-mordida → muerte-mordida → disección → consumo.[24] Esta secuencia se conserva en algunas razas como el airedale terrier, pero se modifica en otras.[25] Si has visto a un border collie echándole el ojo a las ovejas, habrás comprobado que la parte de la secuencia ojo → acecho → persecución es exagerada, algo para lo que han sido criados. En cambio, el pastor de Anatolia ha sido criado para acorralar al ganado y la secuencia depredadora está inhibida. En el lenguaje cotidiano, podemos llamar agresivo al comportamiento depredador, pero a diferencia del comportamiento depredador, la agresión —ya sea ofensiva o defensiva— forma parte del sistema RAGE. En otras palabras, la depredación y la agresión implican diferentes partes del cerebro. Con algunos perros, los gatos y otros animales pequeños siempre estarán en peligro porque el perro puede percibirlos como comida, si no todo el tiempo, tal vez cuando el animal pequeño corre o hace ruidos agudos.

Nuestra relación con los perros y su alimentación no es tan sencilla como podría pensarse. Algunas personas deben prestar más atención a lo que dan de comer a su perro para garantizar una salud canina óptima, mientras que otras posiblemente deban prestar menos en el sentido de que cada interacción con el perro no debe ser vista como una razón para alimentarlo. Quizá lo más importante sea prestar más atención al peso de nuestro perro. Y asegurarse de que reciben suficiente agua. El agua debe estar a disposición de los perros en todo momento; en las salidas, llévese una provisión para ofrecerla cuando la necesite.

Cómo aplicar la ciencia en casa

• Elija la mejor dieta para su perro que también funcione para usted.

• Asegure una buena higiene tanto del lugar donde prepara la comida como de los cuencos del perro para reducir los riesgos de infección; esto es especialmente importante si se alimenta con una dieta cruda. La carne cruda debe congelarse primero para evitar riesgos de parásitos. Si en su casa hay un niño, una persona mayor o alguien con el sistema inmunológico comprometido (incluyendo alguna de sus mascotas), reconsidere la alimentación con una dieta cruda.

• Evite el exceso de azúcar en la dieta, ya que es malo para los dientes del perro. Busque golosinas saludables o utilice alimentos para humanos, como el pollo, en cantidades adecuadas.

• Infórmese sobre el sobrepeso y la obesidad en los perros. Si no está seguro de si su perro tiene un peso saludable, pregunte a su veterinario. Reducir las calorías es la mejor manera de conseguir la pérdida de peso: pese la comida del perro para asegurarse de que le da la cantidad adecuada. Las golosinas (incluidas las de adiestramiento) deben calcularse como parte de la ración diaria de calorías de su perro.

• Si la mayoría de las actividades que realiza con su perro giran en torno a la comida, considere la posibilidad de añadir algunas actividades nuevas, como salir a pasear, jugar al tira y afloja o acariciar a su perro.

- Proporcione enriquecimiento a su perro variando su comida y la forma de entregarla (por ejemplo, dándole juguetes para comer).

CAPÍTULO 12
PERROS DORMIDOS

Cuando Fantasma dormía, me maravillaba lo largo que era. Desde la punta de la nariz hasta la punta de la cola era más largo que yo. Su respiración se hacía más lenta. Primero un inhalar con su gran pecho subiendo, luego exhalar con su pecho bajando, y luego —pausa— mientras yo observaba atentamente para comprobar que llegaba otra inhalación. Me encantaban los ruidos silenciosos que hacía mientras soñaba, con las patas moviéndose. Bodger hacía ruidos similares y, de vez en cuando, roncaba. A menudo venía a dormir a mi estudio mientras estaba trabajando en el ordenador, a veces tumbado tan cerca de mi silla que no podía moverla, a menos que quisiera despertarlo y pedirle que se moviera.

Actualmente, Bodger duerme en una cama para perros a los pies de nuestra cama. A veces, por la noche, le oigo levantarse y tirarse al suelo, para luego volver a meterse en su cama. Tuvo que ganarse el derecho a dormir en nuestra habitación porque es el dominio de los gatos y necesitábamos saber que podíamos confiar en él. Me gusta que duerma en nuestro dormitorio, ya que le hace sentir más de la familia. Sé que algunos de los perros de mis vecinos duermen en la casa y otros tienen libertad para salir, lo que significa que a veces corren ladrando por nuestro patio en mitad de la noche. Está claro que la gente tiene diferentes ideas sobre dónde deben dormir sus perros.

Lo que dice la ciencia sobre el colecho con perros

En un estudio sobre los labradores retrievers, algo más de la mitad (55 %) dormían solos por la noche dentro de casa y el 19 % lo hacía con otro animal.[1] El 21 % dormía en el interior con una persona, y en algunos de estos casos también estaba presente otra mascota. Solo el 4 %d e los labradores dormía en el exterior. En un estudio representativo realizado en Victoria (Australia), el 33 % de los perros con propietario dormía en una cama para perros en el interior, el 20 % en la cama de alguien, el 24 % en una perrera en el exterior y el 3 % en el exterior sin perrera.[2]

Un principio desafortunado de algunos adiestradores de perros es que no se debe permitir que los perros duerman en la cama o se *malcriarán* y no se comportarán muy bien. No hay pruebas de que esto estropee a los perros, y *malcriar* a los perros no está relacionado con problemas de comportamiento.[3] Por supuesto, usted puede o no querer que su perro duerma en su cama, y eso depende totalmente de usted. Algunos perros, especialmente si tienen problemas de manejo del cuerpo, corren el riesgo de alterarse si se les molesta y entonces gruñir o potencialmente morder. Mientras revisaba la bibliografía para este capítulo, me encontré con un informe de un perro que gruñía o intentaba morder si el dueño trataba de hacerle bajar de la cama, y otro al que se le permitía dormir en la cama a pesar de morder regularmente al dueño porque el perro ladraba toda la noche si se le dejaba fuera de la habitación. Pero muchos perros no suponen un riesgo para la seguridad de sus dueños u otras mascotas y, supongo, que les gustaría acurrucarse con sus dueños por la noche o, al menos, estar en la misma habitación.

Cuando los perros comparten la cama o el dormitorio de su dueño, se denomina colecho. Aunque no se sabe con exactitud cuán común es esta práctica, una encuesta australiana descubrió que el 10 % de las personas dormía con su mascota dentro o sobre la cama.[4] Los investigadores emparejaron a estas personas con otras de la misma edad y sexo que habían completado la encuesta, pero que no dormían juntamente con sus mascotas. Aunque las personas que dejaban que su mascota durmiera en la cama tardaban más en conciliar el sueño en comparación con las que no dormían con mascotas, la diferencia era bastante pequeña. Y aunque eran más propensos a decir que estaban cansados al despertarse por la mañana, no durmieron ni más ni menos que los que no dormían con sus mascotas, y no dijeron sentirse más cansados durante el día. Los investigadores concluyeron que, teniendo en cuenta la cantidad de personas que duermen con sus mascotas, deben sentir algún tipo de beneficio. Un estudio realizado por la antrozoóloga Christy Hoffman, del Canisius College de Nueva York, preguntó a las mujeres sobre quién más dormía en su cama —canino, felino o humano— y cómo se veía afectado su sueño.[5] Sorprendentemente, los perros fueron los mejores compañeros de sueño, ya que se percibe que proporcionan más comodidad y seguridad que otro humano o uno o más gatos. Además, las mujeres con perro se levantan antes, se acuestan antes y tienen horarios de sueño más regulares (algo que ayuda a conciliar el sueño) que las que no lo tienen. Entre las que dejan que su perro duerma en la cama, piensan por término medio que el perro pasó al menos el 75 % de la noche en la cama.

Dormir en la misma habitación que su dueño puede ser lo que muchos perros preferirían. En un estudio de perros remitidos a una clínica por problemas de comportamiento, alrededor del 20 % dormía en la cama de su dueño, y de ellos, la mayoría eran perros ansiosos.[6] Otras disposiciones para dormir no mostraron diferencias entre los perros ansiosos y los agresivos.

Por supuesto, los perros ansiosos pueden preferir estar cerca de sus dueños, pero por razones de seguridad la gente puede optar por no permitir que los perros potencialmente agresivos duerman en su cama.

Existen pocos estudios sobre dónde prefieren dormir, pero, como los perros pasan mucho tiempo descansando y durmiendo, las camas para perros deben ser importantes para ellos. Un estudio realizado con doce beagles de laboratorio reveló que preferían las camas blandas;[7] cuando se les dio una cama en el suelo, pasaron allí el 83 % de las diez horas nocturnas, en comparación con el 21 % del tiempo si la cama estaba a treinta centímetros (doce pulgadas) del suelo. Por supuesto, a los perros ancianos les puede resultar más difícil meterse en una cama elevada, y no se sabe si los perros más jóvenes tendrían la misma preferencia. Otro estudio realizado con beagles de laboratorio reveló que preferían pasar el tiempo de descanso en una cama, si estaba disponible, en lugar de en el suelo.[8] Por lo tanto, es importante dar a los perros una cama, y parece una buena idea darles la posibilidad de elegir entre diferentes tipos de cama y de ropa de cama.

Es difícil reducirlo a una sola cosa, pero me voy a decantar por la consagración en la ley de los derechos básicos de los perros, algo así como la Declaración Universal de los Derechos Humanos de la ONU. Esta ley incluiría aspectos básicos como la ausencia de maltrato, dolor y sufrimiento, así como refugio y cama blanda, libertad de movimiento, buena alimentación y atención médica. Pero también incluiría el derecho a tener comportamientos normales de la especie: olfatear, jugar, masticar, interactuar con otros perros si así lo desean, y los documentos educativos correspondientes para que las personas que tienen perros de compañía o trabajan con ellos reconozcan el miedo, la preocupación, la angustia u otros signos de que un perro no está prosperando. Esta declaración ayudaría a que la gente cumpliera con estos principios voluntariamente, y si no es suficiente, deberíamos intentar aplicarlo de manera más vigorosa.

Jean Donaldson, autora de *El choque de culturas: una nueva forma revolucionaria de entender la relación entre humanos y perros domésticos* y directora de la Academia de Adiestradores ASPCA

Cómo entender los patrones de sueño de los perros

El sueño es esencial para la buena salud, que es una de las necesidades de bienestar de los perros. Habrá notado que los perros duermen mucho. Los perros adultos jóvenes duermen entre once y catorce horas al día.[9] Y, al igual que las personas, los perros tienen fases de sueño, algunas en las que hay movimiento ocular rápido (REM) y otras sin él. Pero también hay diferencias en nuestros patrones de sueño. Una de ellas es obvia para todos: a los perros se les suele ver echando siestas durante el día. Mientras que la mayoría de las personas duermen por la noche y están despiertas todo el día, los perros duermen y se despiertan muchas veces durante un periodo de veinticuatro horas. Esto se llama ciclo de sueño polifásico, en contraste con nuestro propio patrón monofásico de un solo bloque de sueño.

La doctora Deirdre Barrett es psicóloga de Harvard y autora de *The Committee of Sleep: How Artists, Scientists, and Athletes Use Their Dreams for Creative Problem-Solving —and How You Can Too* (*El comité del sueño: cómo los artistas, los científicos y los atletas utilizan sus sueños para resolver problemas de forma creativa y cómo usted también puede hacerlo*), que estudia el sueño y los sueños en las personas. Explicó que nuestro conocimiento del sueño humano dio un gran paso adelante a mediados de la década de 1950, cuando los científicos utilizaron los electroencefalogramas (EEG) para medir el patrón de actividad eléctrica en el cerebro.

Descubrieron el ciclo de sueño REM y no REM, dijo Barrett, que dura «noventa minutos [en los que] alternamos entre un sueño cerebral muy inactivo y luego una etapa en la que el cerebro está tan activo como cuando estamos despiertos (aunque en diferentes áreas), que es el sueño de movimientos oculares rápidos, llamado así porque los globos oculares se mueven como *locos*. Pero los electroencefalogramas seguían siendo caros y escasos en aquella época, así que no fue hasta los años sesenta cuando se realizaron muchas investigaciones sobre el sueño en animales. Se estudió a los perros, junto con un centenar de otras especies, utilizando la conexión del EEG y se descubrió que tenían el mismo tipo de ciclo de sueño que variaba entre el sueño REM y el no REM».

La duración del ciclo de sueño varía según la especie: «El cerebro está muy tranquilo al principio durante el sueño y, luego, sin llegar a despertarse, la actividad cerebral se intensifica mucho. Esta parte es válida para la mayoría de los mamíferos, incluidos los perros, y hay una especie de correlación de tamaño con el ciclo… Los elefantes pasan más de noventa minutos y los ratones mucho menos tiempo». De hecho, un artículo científico de 1984 detallaba la duración del ciclo de sueño de muchas especies diferentes, como el pato doméstico, el erizo europeo, el esturión y las cucarachas. En él se informaba de que en un estudio realizado con seis perros pointer se comprobó que la duración de un ciclo de sueño era de cuarenta y cinco minutos.[10]

¿Cuánto duermen los perros?

En general, los perros duermen entre el 60 % y el 80 % de la noche y entre el 30 % y el 37 % del día, aunque se ha comprobado que los perros de los refugios duermen mucho menos durante el día, tal vez debido al ajetreado horario de los refugios.[11] Los niveles bajos de luz antes de acostarse parecen ayudar a los perros a conciliar el sueño, probablemente porque la luz baja aumenta la producción de una hormona llamada melatonina que ayuda a regular el sueño. Se trata de la misma hormona asociada al sueño humano.

A medida que los perros envejecen, sus patrones de sueño cambian. Un estudio realizado con beagles de tres grupos de edad diferentes descubrió que los jóvenes (de 1,5 a 4,5 años) son más activos por la noche en comparación con los mayores (de 7 a 9 años) y los perros senior (de 11 a 14 años).[12] Durante el día, los perros senior eran menos activos que los otros dos grupos. Curiosamente, este estudio también descubrió que alimentar a los perros dos veces al día en lugar de una sola vez provocaba una mayor actividad nocturna, principalmente debido a un inicio más temprano de la actividad por la mañana. Sin embargo, no se han estudiado los efectos de programar las comidas de forma diferente.

Un estudio de seguimiento analizó la cantidad de tiempo que los perros de diferentes edades pasaban despiertos o dormidos en un ciclo de doce horas de luz y oscuridad.[13] Por la noche, los perros dormían durante ocho horas y siete minutos (los adultos jóvenes) y nueve horas y un minuto (los adultos mayores), mientras que los mayores se situaban en un punto intermedio con un tiempo total de sueño de ocho horas y cuarenta y cinco minutos. Durante el día, los perros adultos jóvenes dormían unas tres horas y diecinueve minutos, los adultos mayores tres horas y cincuenta y nueve minutos, y los perros senior cuatro horas y doce minutos en total.

Aunque es normal que el patrón de sueño de un perro cambie a medida que envejece, los cambios significativos justifican una visita al veterinario en caso de que exista una enfermedad subyacente. Las afecciones cardíacas y tiroideas pueden afectar al sueño, y las alteraciones del ciclo de sueño-vigilia del perro son uno de los signos de la disfunción cognitiva canina (DCC, similar a la enfermedad de Alzheimer en los humanos).[14] Los perros con DCC duermen más durante el día y están despiertos e inquietos por la noche. Se cree que esto se debe a cambios en el ritmo circadiano como resultado del proceso de la enfermedad (otros cambios que pueden indicar la DCC son que el perro está más ansioso, tiene menos interés en la interacción y a veces parece desorientado).

Los cachorros y los perros senior necesitan dormir más que los perros adultos jóvenes (Fuente: Bad Monkey Photography).

EL ESTADO DE ALERTA DE LOS PERROS

Anoche, me despertó de un profundo sueño Bodger saltando de su cama y corriendo por ahí mientras ladraba. No sé a qué ladró, ya que yo estaba dormida, pero volvió a la cama y se tranquilizó fácilmente. Un ladrido de falsa alarma, tal vez. Estaba tan aturdido que pensé que debía ser casi de día hasta que miré el reloj y vi que era poco antes de la una de la madrugada.

Afortunadamente, esto no ocurre a menudo, o querría desterrarlo del dormitorio. ¿Qué hace que los perros se despierten tan repentinamente cuando están profundamente dormidos?

Resulta que los perros se despiertan rápidamente en respuesta a los ruidos, tanto si están en una fase de sueño activa como pasiva. Investigadores australianos observaron los patrones de sueño y vigilia nocturna de doce perros en sus patios, donde normalmente pasaban la noche.[15] Llamaron al sueño activo o pasivo porque no podían decir definitivamente si se estaba produciendo el sueño REM o no. En nombre de la investigación, reprodujeron diferentes sonidos para ver cómo respondían los perros. Los sonidos incluían aquellos que podían ser especialmente importantes para los perros (otro perro ladrando una vez, y una secuencia de ladridos repetidos) o importantes para los dueños (el sonido de la rotura de cristales y de jóvenes alborotados discutiendo sobre un robo, aunque, por supuesto, no se esperaba que el perro entendiera el significado de la conversación, solo el alboroto). Además, pusieron grabaciones de dos ruidos que probablemente no eran importantes ni para el perro ni para el dueño (un autobús y una moto).

Una de las conclusiones era poco sorprendente: los perros respondían más cuando estaban alerta que cuando dormían. Pero, a diferencia de los humanos, que responden más a los sonidos durante el sueño activo (REM), los perros respondieron a los mismos niveles durante el sueño activo y el pasivo. En general, los perros ladraron en respuesta al 29 % de las grabaciones de sonido. Pero —y puede que esto tampoco le sorprenda— era mucho más probable que ladraran en respuesta a los sonidos de los ladridos. También ladraban más si estaban en un grupo de perros que solos. Los investigadores llegaron a la conclusión de que estos ladridos podían molestar a los vecinos, incluidos los dueños.

Los perros tienen muchos más ciclos de sueño y vigilia durante la noche que las personas. Otro estudio realizado por los mismos investigadores australianos observó a veinticuatro perros durante la noche.[16] Veinte de ellos eran perros con dueño (la mayoría de los cuales dormían al aire libre toda la noche) y cuatro vivían en una casa de animales de la universidad. Los científicos grabaron vídeos con cámaras de luz roja e hicieron observaciones de los perros por la noche, incluso vigilando el vecindario desde un vehículo cercano o un edificio adyacente. Tras catorce meses de observaciones encubiertas y manifiestas, calcularon que, durante un periodo de ocho horas por la noche, cada perro tenía veintitrés ciclos de sueño y vigilia. Por término medio, cada ciclo duraba veintiún minutos, con dieciséis minutos de sueño seguidos de cinco minutos en los que el perro estaba despierto. Los perros que estaban en patios cercados tenían un tiempo de sueño más largo, de diecinueve minutos, mientras que los que estaban libres tenían un tiempo de sueño de catorce minutos (y era más probable que salieran del alcance de la cámara de vídeo).

Una de las perras no tuvo un sueño activo y tuvo muchos ciclos de sueño-vigilia en su primera noche en el animalario, lo que sugiere que el estrés puede haber afectado a sus patrones de sueño. Otro hallazgo interesante fue que cuando dos perros dormían juntos, sus ciclos de sueño-vigilia no se sincronizaban y no eran los mismos, excepto cuando ambos se despertaban al mismo tiempo por los ladridos de otro perro.

Estas observaciones detalladas muestran que los perros tienen muchos ciclos cortos de sueño y vigilia durante la noche. También muestran que los que duermen en el exterior pueden realizar actividades distintas del sueño y ser molestados por otros perros y personas del vecindario. Los perros pueden tener menos molestias si duermen en el interior.

EL PAPEL DEL SUEÑO

Todos conocemos la sensación de que algo malo ocurre durante el día y luego no podemos dormir por la noche. Resulta que, al igual que los humanos, el sueño de los perros se ve afectado por las malas experiencias, pero los efectos no son exactamente los mismos. En un estudio sobre dieciséis perros publicado en *Proceedings of the Royal Society B*, los científicos utilizaron un electroencefalograma para medir los efectos del estrés en los perros mientras dormían después de una experiencia buena o mala.[17]

En el transcurso de tres sesiones, de las cuales la primera fue una práctica, los perros tuvieron una experiencia buena o mala de seis minutos de duración, seguida de tres horas de sueño. En la experiencia buena, se acariciaba al perro cada vez que se dirigía a su dueño, se lo mimaba amablemente y se jugaba a buscar o a tirar de la cuerda, como ellos preferían. En la mala experiencia, la correa del perro estaba atada a la pared y se los dejó solos durante dos minutos, luego apareció su dueño, pero los ignoró y, por último, se acercó un investigador en actitud amenazante y se sentó a mirar al perro sin responderle.

Durante las tres horas posteriores a la mala experiencia, los perros durmieron una media de setenta y dos minutos y la duración de un ciclo de sueño fue de cincuenta y seis minutos. Después de la experiencia buena, los perros tardaron más en dormirse, y tuvieron una media de sesenta y cinco minutos de sueño con un ciclo de sueño de cincuenta y un minutos. Después de la experiencia negativa, los perros tuvieron un periodo más largo de sueño REM, lo que era de esperar porque el sueño REM está asociado al procesamiento emocional. El sueño no REM, que es cuando se produce el sueño más profundo, fue mayor después de las experiencias positivas. Después de las experiencias negativas, los perros tuvieron menos sueño profundo. Se cree que estos cambios en el sueño tras el estrés son una respuesta protectora.

Los investigadores también descubrieron que la personalidad de los perros estaba relacionada con su comportamiento con el propietario. Por ejemplo, los perros calificados como más agradables y menos abiertos se escondían más detrás de su dueño cuando el investigador se sentaba y los miraba en la experiencia negativa. A su vez, algunas de estas diferencias de comportamiento estaban relacionadas con cambios en el ciclo del sueño. Esto significa que las diferencias individuales en la forma en que los perros respondían a las experiencias también se reflejaban en los cambios en su sueño. Aunque ya sabemos que el sueño de los humanos se ve afectado por los acontecimientos estresantes, es la primera vez que se demuestra que las experiencias buenas o malas afectan al sueño de los perros.

La relación entre el sueño y el aprendizaje

Otro estudio descubrió que el aprendizaje influye en el sueño y viceversa.[18] Quince perros domésticos participaron en una condición de aprendizaje y otra de no aprendizaje en días diferentes. En la condición de no aprendizaje, los perros practicaron dos órdenes que ya conocían en húngaro —sentarse y tumbarse— antes de la sesión de sueño. En la condición de aprendizaje, se enseñaron las órdenes en inglés a los perros para estos dos comportamientos. Después de cada sesión, los perros tuvieron tiempo para dormir y se tomaron registros de su actividad de ondas cerebrales (el término técnico es polisomnografía). Los resultados mostraron cambios en su actividad cerebral durante el sueño no REM y REM después del aprendizaje; estos cambios son consistentes con la consolidación de los recuerdos durante este tiempo. Después de la sesión de sueño de tres horas, el rendimiento de los perros en las órdenes del nuevo lenguaje mejoró.

En un segundo experimento, cincuenta y tres perros domésticos recibieron la misma tarea de aprender las órdenes inglesas *sit* y *lie down*, que ya conocían en húngaro, y luego se les asignaron cuatro actividades diferentes de una hora de duración: dormir, dar un paseo con correa, realizar otra actividad de aprendizaje o jugar con un juguete Kong relleno de comida. A continuación, fueron sometidos a una prueba de las nuevas órdenes inmediatamente y también una semana después. En la repetición inmediata de la prueba, los perros que habían dormido o dado un paseo con correa obtuvieron los mejores resultados; se pensó que el juego había excitado a los perros y que la otra tarea de aprendizaje había interferido en la consolidación de los recuerdos. En la nueva prueba de una semana, los perros de las condiciones de sueño, paseo con correa y juego obtuvieron buenos resultados, pero los perros a los que se había asignado otra actividad de aprendizaje extra siguieron obteniendo malos resultados. Estos resultados sugieren que lo que los perros hacen después de aprender es importante; dar al perro un descanso mental parece ayudar a largo plazo, mientras que pedirle que haga otra actividad dificulta su aprendizaje. El hecho de que los perros duerman regularmente en casa durante la semana posterior a la sesión de aprendizaje parece ayudar a consolidar la memoria.

El papel del sueño podría explicar los resultados de otro estudio que analizaba la frecuencia con la que se debía entrenar a los perros.[19] Los científicos se dedicaron a entrenar a cuarenta y cuatro beagles de laboratorio para que fueran a una cesta y se quedaran allí, una tarea complicada que se desglosó en dieciocho pasos. La mitad de los perros fueron entrenados una o dos veces por semana y la otra mitad diariamente; además, algunos de los perros recibieron sesiones de entrenamiento cortas y otras más largas. Los resultados mostraron que los perros entrenados una o dos veces a la semana tenían un mejor rendimiento que los entrenados a diario (aunque, obviamente, tardaban más en tener suficientes sesiones de entrenamiento para aprender la tarea). También se comprobó que era mejor tener una sesión de entrenamiento más corta. Sin embargo, cuando se examinó a los perros cuatro semanas después, todos recordaban y acudían a su cesta cuando se les ordenaba. Los investigadores sugirieron que las sesiones más cortas requerían un mayor esfuerzo cognitivo (y, por tanto, daban lugar a una mejor memoria) y que un mayor número de oportunidades para dormir entre sesiones también ayudaba a la memoria. En conjunto, estos estudios sugieren que dejar que los perros duerman bien entre las sesiones de adiestramiento los ayudará a aprender.

POR QUÉ SE MUEVEN LOS ANIMALES Y GIMEN MIENTRAS DUERMEN

Cuando veo a Bodger mover las patas en sueños, me gusta pensar que está soñando con correr detrás de una pelota. En el caso de Fantasma, diría que está soñando con perseguir conejos. Le pregunté a la doctora Deirdre Barrett si podemos deducir de este movimiento que están soñando. «No, seguro», dijo y comparó a los perros dormidos con los humanos dormidos. «La mayoría de los sueños están asociados al sueño de movimientos oculares rápidos.» Durante el sueño REM, los músculos se paralizan temporalmente para que no podamos movernos. Barrett explicó que el sonambulismo, cuando las personas se levantan y se mueven durante el sueño, se produce en el sueño no REM, por lo que no hay un sueño asociado. «En el caso de los perros, nuestra mejor apuesta es que la mayoría de esos movimientos no tienen un sueño asociado. Simplemente es una activación repentina del área motora. No hay mucho más», dijo.

¿Y qué pasa con esos ruiditos que hacen mientras duermen? Barrett me explicó: «Lo mismo ocurre con el habla durante el sueño. Alrededor del 80 % se produce en el sueño no REM de los humanos y no tiene un sueño asociado, y alrededor del 20 % del habla en el sueño de los humanos se produce directamente en los sueños y se asocia con la tienda de sueños. Así que, de nuevo, esos estudios no se han hecho en perros». Me decepcionó descubrir que las sacudidas y los gemidos no significaban que mis perros estuvieran soñando, pero ahora lo sé. Y eso no me impidió preguntarme con qué sueñan los perros.

«Obviamente, no podemos entrevistarlos», dijo Barrett. «Los estudios en humanos se hacen preguntando a la gente sobre lo que sueña, es decir, a veces mientras se miran sus electroencefalogramas y otras cosas al mismo tiempo, pero siempre obteniendo un informe de los sueños. Los gorilas se encuentran en el límite de este comportamiento. Penny Patterson dice que la gorila Koko expresa, mediante lengua de signos, lo que piensa o sueña cuando se despierta por la mañana. Y creo que es plausible, aunque ciertamente no está probado. Pero ya sabes, con los perros nunca vamos a tener eso». Sin embargo, establece algunas conexiones con lo que sabemos de los humanos. «En el caso de los humanos, sueñan con las mismas cosas que les preocupan durante el día: las personas importantes para ellos, los problemas a los que se enfrentan, los entornos en los que se encuentran con frecuencia. Aunque los veamos transformados de forma distorsionada y extravagante, el contenido básico es el mismo que el de su pensamiento despierto, aunque sea de una forma lineal menos lógica y con un énfasis mucho más visual. Así que creo que es muy probable que los perros, que son mascotas, deben soñar mucho con sus dueños. Quiero decir que los humanos sueñan con sus seres queridos, y los perros están tan centrados en nosotros durante el día que creo que deben seguramente soñar con nosotros por la noche. Y, probablemente, sus comidas y juguetes favoritos y los parques por los que corren se mezclan en alguna combinación en sus sueños», añadió.

Tal vez Fantasma sí soñaba con perseguir conejos, pero no cuando le temblaban las piernas.

Cómo aplicar la ciencia en casa

- Sepa que los cachorros necesitan dormir más que los perros adultos. Los cambios en los patrones de sueño ocurren con la edad, al igual que en las personas, pero cualquier cambio repentino o significativo justifica una visita al veterinario en caso de que haya una condición subyacente.
- Ofrezca a su perro experiencias felices durante el día para ayudarlo a dormir bien.
- Elija si deja que su perro duerma en su habitación o en su cama, y sea consecuente.
- Asegúrese de que su perro tiene camas cómodas para dormir.
- Si tiene una casa donde hay mucha gente todo el día, asegúrese de que su perro tenga un tiempo tranquilo para dormir durante el día.
- Asegúrese de que su perro duerme bien después de una sesión de entrenamiento para ayudar a consolidar la memoria y mejorar el aprendizaje.
- Si tiene que ir a un nuevo lugar, es posible que su perro no duerma tan bien la primera noche, así que lleve ropa de cama de casa para que se sienta más cómodo.

CAPÍTULO 13
EL MIEDO Y OTROS PROBLEMAS

Cuando Fantasma llegó a vivir con nosotros, no quería comer. Lo llevamos a ver al veterinario, que fue a buscar una lata de comida barata para perros. Al ponerla en un cuenco, cayó una gran mancha en el suelo. Fantasma se lo comió. El veterinario le ofreció el cuenco a Fantasma, pero este apartó la cabeza y se lamió los labios, ambos signos de estrés. Entonces el veterinario dejó caer deliberadamente algo de comida al suelo. Fantasma se la comió enseguida. «Tiene miedo del plato de comida», dijo el veterinario. De hecho, parecía que cualquier ruido que hiciera el cuenco no le gustaba. Si tenía la precaución de dejarlo en silencio, se acercaba a él y al poco tiempo ya no le molestaba.

Otro miedo tardó más en desaparecer: Fantasma se alejaba de nuestras manos si nos acercábamos a él. Aprendí a poner mi mano y esperar a que decidiera si quería acercarse o no; si se le daba la opción, a menudo lo hacía. Le encantaba que lo acariciaran, pero a su manera. Pasaron seis meses antes de que dejara de alejarse de nuestras manos como si fueran a hacerle daño.

Por desgracia, el miedo puede tardar mucho en resolverse, si es que se resuelve, pero es fácil de inculcar. El miedo está detrás de muchos problemas de comportamiento, pero los problemas médicos, el aburrimiento, la falta de ejercicio físico, de oportunidades para utilizar el cerebro, de recursos necesarios (como los juguetes para masticar) y simplemente el desconocimiento de las normas también pueden contribuir a los problemas de comportamiento. Los más comunes de los que informan los propietarios son la agresividad y el miedo/ansiedad, incluidos el miedo a los ruidos y la ansiedad por separación.[1]

La percepción de los propietarios sobre los problemas de comportamiento es importante, no solo porque algunos problemas pueden pasar desapercibidos (como en algunos casos de miedo), sino también porque lo que constituye un problema está en los ojos del propietario. Algunas personas pueden tolerar una indiscreción ocasional en el adiestramiento de la casa, mientras que para otras será una transgresión grave. Los problemas de comportamiento pueden ser un problema de bienestar para el perro y un problema para el propietario, pero lo más preocupante es que estos últimos no reconozcan los problemas de bienestar, porque significa que no los abordarán.

Los comportamientos indeseables se consideran uno de los problemas más importantes para el bienestar de los perros, según una encuesta de expertos (los otros problemas importantes son la cría inadecuada y la falta de conocimientos de los propietarios, que, por supuesto, pueden contribuir a los comportamientos indeseables).[2] Las fobias al ruido y los comportamientos relacionados con la separación se destacan como un problema de bienestar particular.

Si tuviera que elegir una sola cosa que mejorara el mundo para los perros, pediría a los humanos que se tomaran los malos comportamientos de sus perros de forma menos personal. Su perro no está intentando ser el jefe o arruinarle el día; está intentando satisfacer sus necesidades. Imagínese que cada reto de adiestramiento al que nos enfrentamos —para crear un perro más receptivo, cooperativo y civilizado— se viera como una invitación a ser más curiosos sobre cómo funciona y cambia el comportamiento. Entonces, cada perro que lance, ladre o muerda sería reconocido como un aprendiz, evolutivamente preparado para adaptar su repertorio de comportamiento al entorno cambiante. Qué libertad tendríamos para dejar de castigar y empezar a explorar la alegría del verdadero diálogo con otra especie.

Kathy Sdao, MA, especialista en comportamiento animal aplicado, Bright Spot Dog Training, y autora de *Plenty in Life Is Free*.

Otro problema de bienestar se produce cuando la gente confunde el comportamiento de su perro con la culpa, el rencor o la terquedad. Hay una mirada con la cabeza inclinada y los ojos suplicantes que mucha gente cree que significa que el perro se siente culpable. Pero para sentir culpa, los perros necesitan saber que han hecho algo malo (de lo contrario, no hay nada por lo que sentirse culpable). Es importante señalar que no podemos afirmar con rotundidad si los perros a veces se sienten culpables o no, pero sí sabemos que la mirada que muchos percibimos como culpable no está vinculada a una mala acción. Esto fue comprobado por la doctora Alexandra Horowitz, científica de la cognición canina del Barnard College, que invitó a catorce propietarios y a sus perros a acudir al laboratorio.[3]

Se colocó una galleta en la mesa y se pidió a los dueños que le dijeran a su perro que no se la comiera; luego el dueño salió de la habitación. A lo largo de cuatro repeticiones del escenario, a veces el perro conseguía comerse la galleta y a veces no. Cuando el dueño volvía a la habitación, se le decía si su perro se había comido la galleta o no, pero la información era cierta solo la mitad de las veces. Los dueños regañaban al perro cuando creían que se había comido la galleta, y el análisis del vídeo demostró que los comportamientos caninos que asociamos con la «mirada culpable» no estaban relacionados con el hecho de que el perro hubiera hecho o no algo malo, sino con el hecho de que el dueño lo hubiera regañado o no. Curiosamente, las denominadas miradas de culpabilidad eran más pronunciadas cuando el perro no se había comido la galleta, pero el dueño le regañaba creyendo que lo había hecho.

Algunas personas dicen que su perro parece culpable incluso antes de descubrir lo que ha hecho mal. La investigadora de animales y bloguera de *Dog Spies*, Julie Hecht, y sus colegas idearon un experimento en el que se dejaba a los perros domésticos solos en una habitación con un trozo de perrito caliente que no debían comer.[4] Un cuestionario que rellenaron los dueños de los perros mostró que la mayoría de ellos creen que los perros pueden sentir culpa, y dijeron que regañan menos a su perro por ese comportamiento culpable. Sin embargo, no hubo diferencias en los *comportamientos culpables* entre los perros que habían comido la comida y los que no. Aunque los perros individuales mostraron sutiles diferencias en su comportamiento de saludo en los distintos escenarios, los propietarios no fueron capaces de detectar con fiabilidad si su perro había transgredido y se había comido la comida.

Una mejor comprensión del comportamiento del perro ayudaría mucho a prevenir y tratar los problemas de comportamiento. En el resto de este capítulo se examinarán problemas de comportamiento específicos y lo que se puede hacer para ayudar.

MIEDO

A veces, por la noche, oigo la llamada del cárabo norteamericano: «who-cooks-for-you, who-cooks-for-you-all».* Me gustaba hasta que Bodger vino a vivir con nosotros. A Bodger le aterroriza este ruido. Se pone a ladrar y tarda mucho en calmarse. Comprendo su miedo porque el búho es enorme. ¿Podría cargar con un perro pequeño? No lo sé, pero estoy bastante segura de que no podría con un perro del tamaño y el peso de Bodger (es grande para un pastor australiano). Pero, en cualquier caso, está sano y salvo dentro de la casa. A veces, me siento con él a primera hora, acariciándolo (porque lo quiere y parece que ayuda) y dándole golosinas cuando el búho llama. Me ayuda en el momento, pero me deja cansada al día siguiente.

Decidí hacer algo con este miedo y encontré una grabación del cárabo norteamericano en Internet. Un día la puse en mi estudio, cuando Bodger estaba en otra habitación, a un volumen muy bajo con la esperanza de que le pareciera bien el sonido a ese nivel. Pero se produjo una erupción instantánea

---

* Los búhos y demás rapaces nocturnas, como el cárabo, tienen una llamada distintiva con un patrón de inflexión ascendente y descendente que suena como «hoo hoo HOO aw». Este patrón es similar a la frase: «Who cooks for you? Who cooks for all of you?» (¿quién cocina para ti? ¿Quién cocina para todos vosotros?). Este juego de palabras es reconocido en los países anglosajones y lo hemos mantenido en su versión original en esta edición.

de gruñidos y silbidos. Bodger entró corriendo en la habitación ladrando y buscando al búho. Mi intento de desensibilización había salido completamente mal; solo es desensibilización si el perro está relajado y feliz. Intenté salvar la situación deteniendo la grabación de inmediato y dándole a Bodger algunas de sus golosinas de salchicha favoritas, lo cual es un contracondicionamiento sin desensibilización (capítulo 3). Las golosinas eran simplemente por haber oído al búho, y las habría recibido sin importar el comportamiento que mostrara. He hecho esto varias veces, y acostumbrar a Bodger al búho es un trabajo en progreso. Mientras tanto, a veces deseo que el búho se mude al patio de otra persona. La reacción de Bodger ante el búho fue de miedo. El miedo provoca una respuesta fisiológica y activa lo que llamamos «lucha» o huida reflejo», ya que la respuesta de un animal ante un peligro inminente es, por lo general, luchar, huir, tambalearse o congelarse. En una situación de peligro, esta respuesta primitiva puede ayudarnos a sobrevivir. Aunque la ansiedad se nos parece mucho cuando miramos a un perro, no es lo mismo que el miedo. La ansiedad es una preocupación más duradera ante una posible amenaza. Como los signos externos son los mismos y no podemos decir si el perro está respondiendo a algo inminente o futuro, tiene sentido pensar en el miedo y la ansiedad como un espectro.

Cuando un perro tiene miedo, la gente se apresura a culpar a algo que debe haber sucedido en la vida del perro. En realidad, hay varias causas potenciales del miedo. La falta de socialización, la genética, el estrés prenatal de la madre, las experiencias tempranas y las malas experiencias en cualquier momento de la vida pueden causar miedo. El simple hecho de no tener suficientes experiencias positivas durante el periodo sensible de socialización, desde las tres hasta las doce o catorce semanas, es suficiente para causar miedo a cosas o personas nuevas (véase el capítulo 2). En un estudio sobre cachorros de perro guía, los que tuvieron una experiencia aterradora con otra persona durante el periodo sensible eran más propensos a tener miedo de las personas cuando fueran perros adultos.[5] Del mismo modo, los que habían sido amenazados por otro perro durante el periodo sensible eran más propensos a tener miedo de otros perros cuando fueran adultos.

Hasta cierto punto, el miedo y la ansiedad son genéticos. Aunque antes se hablaba de comportamientos naturales (biológicos) o naturales (culturales), cada vez está más claro que están estrechamente relacionados. Algunos estudios han identificado incluso genes específicos asociados a respuestas de miedo en determinadas razas de perros.[6] Una buena socialización es esencial, pero no es la única parte del rompecabezas. Si puede, intente ver a los dos padres del perro antes de adquirir un cachorro y compruebe que son perros amistosos y no temerosos.

Algunas de las causas del miedo comienzan, incluso, antes de que nazca el cachorro. Este fenómeno no es específico de los perros, y la investigación sobre las especies como los humanos, los gatos y las ratas, que también tienen que cuidar de sus crías, son relevantes en este caso. El estrés prenatal puede afectar al desarrollo del cachorro, ya que la madre produce hormonas del estrés que circularán hacia el feto. Estas experiencias estresantes pueden provocar cambios epigenéticos, que pueden afectar a la expresión de los genes, según las investigaciones en curso.[7] Uno de estos mecanismos es un proceso químico denominado metilación del ADN, que básicamente puede desactivar el gen. Otro proceso es la modificación de las histonas, que afecta a la facilidad de transcripción de partes del gen. Además, los procesos relacionados con el ARN también pueden afectar a la expresión de los genes. Estos cambios epigenéticos afectan a todo el sistema, no solo al cerebro, y pueden ser adaptativos si ayudan a que el animal se adapte al entorno, o desadaptativos si no son necesarios para el entorno donde va a vivir el animal.

Las experiencias estresantes también pueden afectar al desarrollo del sistema nervioso y las hormonas del feto, y esto puede continuar en el periodo posterior al nacimiento. El estrés prenatal puede afectar al comportamiento de las crías; cuando las madres gatas están sometidas a estrés por no tener suficiente comida, sus gatitos muestran anomalías en el desarrollo de su comportamiento, incluyendo un mal equilibrio y menos interacciones sociales con la madre.[8]

El cuidado materno de los cachorros durante sus primeras semanas también puede influir en el estrés y la ansiedad de los perros adultos. Como los cachorros nacen sordos y ciegos, el comportamiento de la madre hacia ellos en esas primeras semanas es muy importante. Además de amamantar a los cachorros, la madre les lame la región anogenital para estimular la micción y la defecación, protege a los cachorros de cualquier daño, les proporciona calor corporal mientras son demasiado jóvenes para regular su propia temperatura corporal e interactúa con ellos a través de los hocicos y los lametones. El cachorro puede jugar con otros de la camada y empezar a explorar el entorno. Un estudio sobre veintidós camadas de pastor alemán, criados para el ejército sueco, concluyó que un mejor cuidado materno —medido por el tiempo en la caja, el tiempo en contacto con los cachorros y el tiempo empleado en amamantarles— estaba vinculado a un mayor compromiso social y físico cuando los cachorros eran perros adultos.[9] Otro estudio descubrió que los cachorros que recibían más cuidados maternos, durante las tres primeras semanas de vida, ya eran más exploradores y estaban menos estresados a las ocho semanas de edad. [10]

Por supuesto, las experiencias traumáticas también pueden causar miedo. Un estudio con un cuestionario publicado en *Frontiers in Veterinary Science* descubrió que muchas personas atribuyen los problemas de comportamiento de su perro a una experiencia traumática, especialmente cuando el perro ha experimentado dos o más eventos de este tipo.[11] El 43 % de los perros había sufrido al menos uno de los siguientes acontecimientos traumáticos: cambio de dueño, estancia en un refugio, pérdida de más de un día, cambios en la familia (como el nacimiento de un hijo o la mudanza), lesiones traumáticas, enfermedades de larga duración o cirugía. Estos perros tenían más probabilidades de no estar sanos, lo que demuestra los efectos del estrés a largo plazo en la salud. Los propietarios pueden mitigar algunos de estos factores; por ejemplo, enseñando a recordar y asegurándose de que el perro tiene una identificación para no perderse, pero estos resultados también muestran la importancia de ayudar a los perros a afrontar los traumas.

En el capítulo 5, escribí que a algunas personas les cuesta reconocer los signos de miedo de su perro en el veterinario. Un estudio publicado en *PLOS ONE* descubrió que la experiencia real con los perros, como trabajar como adiestrador o peluquero durante muchos años, ayuda a las personas a reconocer los signos del miedo.[12] Una de las razones puede ser que presten atención a más partes del perro, por lo que es probable que vean y junten las diferentes señales. En particular, en este estudio, prestaron atención a las orejas, cosa que no hicieron las personas con menos experiencia. Los ojos, las orejas, la boca y la lengua resultaron ser útiles para detectar el miedo. Por desgracia, el simple hecho de tener un perro no cuenta como experiencia en este estudio.

Al igual que los viajes al veterinario, sabemos que los fuegos artificiales y otros ruidos fuertes pueden ser aterradores para los perros. En un amplio estudio se preguntó a la gente si su perro tenía miedo a los ruidos, y el 25 % respondió que sí.[13] Sin embargo, cuando un subgrupo de personas participó en una entrevista estructurada en la que se les preguntó por ruidos fuertes específicos, como la aspiradora y los fuegos artificiales, y por respuestas de comportamiento específicas, como temblores o búsqueda de personas, el 49 % de los propietarios afirmó que su perro mostraba una respuesta de miedo ante los ruidos fuertes. El 43 % dijo que había visto a su perro temblar o sacudirse en respuesta a un ruido, el 38 % informó de que su perro ladraba y el 35 % informó de que su perro buscaba a la gente. La realidad es que muchas personas podrían buscar ayuda para el miedo de su perro a los ruidos fuertes, pero no lo hacen porque no se dan cuenta de que hay un problema.

Si tiene un perro miedoso, su prioridad es ayudarlo a sentirse seguro. Obligar a su perro a enfrentarse a sus miedos probablemente empeorará las cosas. Si ha utilizado métodos aversivos para adiestrar a su perro, deje de hacerlo, porque esto solo aumenta su estrés. Está bien que lo consuele si cree que puede ayudar (no todos los perros lo quieren), pero también debe elaborar una estrategia para ayudarlo a largo plazo. Esto puede implicar la modificación del comportamiento y la visita a su veterinario para determinar si la medicación puede ayudar.

Agresión

La agresividad no solo significa morder. Una encuesta publicada en *Applied Animal Behaviour Science* definió la agresión como «ladrar, embestir, gruñir o morder».[14] El 3 % de los propietarios de perros en esta encuesta dijo que su perro es agresivo con los miembros de la familia, el 7 % informó de la agresión a personas que no conocen cuando entran en la casa y el 5 % dijo que su perro es agresivo con la gente que no conoce cuando está fuera de casa. Los mismos perros no estaban en las tres categorías. Por ejemplo, un perro que era agresivo con los miembros de la familia no solía serlo con personas desconocidas, ni en casa ni fuera de ella. Esto significa que, si un perro es agresivo en una situación, puede no serlo en otra. Lo que hay que recordar es que cualquier perro puede morder si se le pone en una situación en la que se siente amenazado.

Desgraciadamente, algunos gobiernos de Canadá, Estados Unidos y el Reino Unido han introducido una legislación específica para cada raza (BSL, Breed Specific Legislation, por su siglas en inglés) que regula o prohíbe a los propietarios tener determinadas razas de perros con el fin de reducir los ataques a personas u otros animales. Por ejemplo, Ontario prohíbe los pitbulls, que define como staffordshire bull terriers, American staffordshire terriers, american pitbull terriers y cualquier perro con «apariencia y características físicas sustancialmente similares».[15] En algunas partes de Estados Unidos se han prohibido razas como los chow chows, pastores alemanes, rottweilers, doberman pinschers y american staffordshire bull terriers.[16] Sin embargo, esta legislación da la impresión errónea de que algunas razas son «peligrosas» y otras «seguras».

En el Reino Unido, que prohibió cuatro razas (el tosa japonés, el dogo argentino, el fila brasileño y el pitbull terrier) en 1991, las mordeduras de perro han seguido aumentando, lo que ha llevado a organizaciones como la RSPCA a hacer campaña para poner fin a la BSL.[17] En Irlanda, donde las hospitalizaciones por mordeduras de perro también han aumentado, existe la preocupación de que la BSL esté contribuyendo a los riesgos.[18] Un estudio sobre las mordeduras de perro en Odense (Dinamarca) reveló que la prohibición de ciertas razas no tuvo ningún efecto, como tampoco lo tuvo la obligación de llevar bozal y correa en público; además, la mayoría de las lesiones se produjeron en espacios privados (no públicos).[19] No hay pruebas de que la BSL funcione; por el contrario, penaliza a las personas que tienen perros bien educados que casualmente se encuentran entre las razas prohibidas. Un estudio, incluso, encontró diferencias en lo que se cree que es un pitbull en el Reino Unido y Estados Unidos.[20] Debido a las dificultades para identificar las razas, no se dispone de información precisa sobre las razas de perros responsables de las mordeduras.

A diferencia de la BSL, en el año 2000, la ciudad de Calgary (Alberta) introdujo un modelo basado en la propiedad responsable que ha demostrado ser eficaz para reducir el número de mordeduras de perro.[21] Esto se conoce ahora como el modelo de Calgary. En lugar de prohibir determinadas razas, la ciudad se ha centrado en campañas de educación pública sobre la seguridad de los perros y en la concesión de licencias y la aplicación de las leyes, haciendo hincapié en que los propietarios deben obtener sus perros de una fuente ética, esterilizarlos, socializarlos y entrenarlos, y no dejarlos sueltos o que sean una molestia. Las mordeduras de perro y los incidentes agresivos con perros o gatos deben notificarse a la ciudad, y cuando hay una denuncia, los funcionarios de la ley pueden ayudar al propietario de un perro agresivo a encontrar una solución que puede incluir el adiestramiento. El resultado final es que, aunque la población de Calgary ha crecido considerablemente, el número de incidentes con perros agresivos ha descendido de más de 2 000 en 1985 a 641 en 2014, de los cuales 244 fueron mordeduras.[22]

Uno de los problemas que plantea la prevención de las mordeduras de perro es que la gente puede no darse cuenta de que está en riesgo. Con el paso de los años, la gente ha empezado a creer que debería ser capaz de hacer cosas como quitarle la comida a un perro, lo que en el pasado se habría considerado bastante estúpido. Cuando los científicos entrevistaron a personas que habían sido mordidas por un perro, una de las cosas que encontraron fue la creencia de «a mí no me va a pasar» y que la gente confía en su propio perro.[23] Una cosa que sí se correlaciona con el hecho de que un perro muerda a alguien es que el perro haya mostrado signos previos de agresividad, como embestir, ladrar o gruñir a la gente.[24] Así que, si observa este comportamiento en su perro, busque ayuda cuanto antes. Los estudios también muestran una correlación entre el uso de métodos de adiestramiento aversivos y la agresividad (una de las muchas buenas razones para utilizar el refuerzo positivo en su lugar).[25]

ANSIEDAD DE SEPARACIÓN

Los perros con ansiedad por separación se alteran mucho cuando se separan de su dueño. Los signos incluyen destrozos, como mordiscos y arañazos, a menudo cerca de la salida de la que se fue el dueño; vocalizaciones como gemidos, ladridos y aullidos; y posiblemente micciones y/o defecaciones como resultado del estrés.[26] Es importante destacar que estos signos solo se dan cuando el propietario está ausente y se producen a los pocos minutos de que este se marche, aunque el perro puede mostrar signos de ansiedad cuando el propietario se está preparando para salir (poniéndose los zapatos, etc.). El comportamiento destructivo mientras el dueño está fuera puede tener otras causas, como el aburrimiento o que ocurra algo que dé miedo durante ese tiempo, por lo que un vídeo de su mascota puede ayudar a hacer un diagnóstico.

La buena noticia es que la ansiedad por separación es tratable, aunque requiere tiempo y esfuerzo. En un ensayo clínico, los perros con ansiedad por separación se sometieron a un programa estandarizado de doce semanas que comenzó con ausencias cortas del propietario y progresó sistemáticamente a ausencias más largas.[27] No se incluyó ninguna medicación. Los perros de este programa mostraron una mejora en su ansiedad en comparación con los perros que no recibieron ningún tratamiento y no mejoraron en absoluto. Parece probable que un programa adaptado a cada perro sería aún más beneficioso, y así es cómo funcionan los tratamientos de la ansiedad por separación.[28] El tratamiento también suele incluir el uso de medicación prescrita por un veterinario o un conductista veterinario.

VIGILANCIA DE LOS RECURSOS

La vigilancia de los recursos significa proteger (o intentar proteger) recursos como la comida, los comederos o las camas de los perros de otros perros o personas. A menudo se considera que se debe al miedo a los recursos que les quiten, quizá un resabio evolutivo de cuando los recursos podían ser escasos. La vigilancia de los recursos se asocia con la ingesta rápida de alimentos, el uso de estrategias para evitar que les quiten un recurso (por ejemplo, moviéndolo a otro lugar o poniendo su cuerpo en el camino) y la demostración de amenazas y agresividad. Un estudio publicado en *Applied Animal Behaviour Science* descubrió que las personas que veían vídeos de vigilancia de recursos eran buenas para reconocerlos cuando había signos de agresión manifiesta (mordiscos y chasquidos), pero no eran tan buenas para detectar los primeros signos.[29] Las amenazas, como congelar o gruñir, enseñar los dientes y tensar el cuerpo, se detectaron con más frecuencia que cuando los perros comían rápidamente o evitaban que les quitaran el recurso. Si las personas aprendieran a reconocer todas estas señales, podrían actuar antes de que el perro se volviera agresivo. Las personas que asistían a clases de adiestramiento canino o que decían tener experiencia en comportamiento canino eran mucho más capaces de reconocer esos primeros signos, lo que sugiere que la educación es beneficiosa. La investigación ha demostrado que cuando se identifica la vigilancia de los recursos en los perros de los refugios, no se produce necesariamente en el nuevo hogar; del mismo modo, los perros que no hacían guardia en los refugios pueden hacerlo en casa.[30] Como resultado, muchos refugios ya no realizan pruebas de vigilancia de recursos. Quitarle el plato al perro durante las comidas está relacionado con una vigilancia más grave y frecuente, así que no lo haga.[31] Por el contrario, añadir comida agradable en el plato durante las comidas está relacionado con una vigilancia menos grave (pero puede que no sea seguro intentarlo en casos graves). Para resolver el problema de la vigilancia de los recursos puede ser necesario enseñar al perro que está bien que se acerque al recurso y se lo quite (desensibilización y contracondicionamiento), enseñarles a soltar los objetos o entrenar un comportamiento como *sentarse* que es imposible de hacer al mismo tiempo que la vigilancia (lo que se conoce técnicamente como refuerzo diferencial de un comportamiento incompatible). Dado que es muy fácil pasar por alto las señales (como la congelación), sería aconsejable buscar ayuda profesional.

CUESTIONES RELATIVAS A LA FORMACIÓN DE LA CASA

El adiestramiento en casa puede ser un problema común, ya que hay que enseñar a los perros a no ensuciar la casa. El adiestramiento doméstico consiste en sacar al perro al exterior para que haga sus necesidades con la suficiente frecuencia como para que no tenga la oportunidad de entrar en la casa; los cachorros jóvenes no pueden retener la vejiga durante mucho tiempo y puede ser necesario sacarlos al exterior cada treinta minutos. Además, es importante acompañar al perro y recompensarlo en cuanto termine de hacer pis o caca. Esto significa planificar con antelación para tener siempre golosinas a mano. En caso de accidentes en la casa, utilice un limpiador enzimático para eliminar completamente el olor, ya que el olfato de los perros es mucho mejor que el nuestro. Haz siempre una prueba con el limpiador para comprobar que es seguro para el suelo.

Por desgracia, a veces la gente grita o castiga a su perro por los accidentes en la casa. Esto es esencialmente lo contrario del adiestramiento en casa. Lo que puede ocurrir es que su perro tenga miedo de hacer sus necesidades delante de usted y, en su lugar, espere hasta que esté en casa y usted no esté presente. Los problemas médicos pueden ser una causa común de problemas de adiestramiento en casa, por lo que cada vez que un perro previamente adiestrado tenga un accidente en casa, consulte a su veterinario. Se dice que los perros pequeños son más difíciles de educar en casa, pero no se entienden las razones.[32]

MERECE LA PENA PEDIR AYUDA

Cuando su perro tiene un problema de comportamiento, puede resultar muy difícil. Es importante recordar que hay que cuidarse, ya que esto nos ayuda a ser más resistentes. Además, recuerde que el comportamiento de su perro no se debe al rencor o a la terquedad, e intente sentir cierta empatía por él.

Aunque existen buenos recursos en forma de libros y páginas web, también hay mucha información deficiente. Si va a contratar a un adiestrador de perros para que lo ayude, busque a alguien con una cualificación (véase el capítulo 3), que sea miembro de una organización profesional, utilice métodos basados en la recompensa para adiestrar a su perro (no métodos aversivos que corren el riesgo de empeorar las cosas) y se dedique al desarrollo profesional continuo. Esta información debería aparecer en su página web. En algunos casos, su veterinario puede remitirle a un conductista veterinario especialmente formado para ayudar con los problemas de comportamiento que puede prescribir medicamentos psicotrópicos.

Algunos problemas de comportamiento se deben a una condición médica subyacente. Es difícil que los perros nos digan cuándo no se sienten bien, pero cualquier cambio repentino en el comportamiento, como que un perro que ya está entrenado empiece a orinar en la casa, justifica una visita al veterinario para descartar problemas médicos. Algunas investigaciones recientes sugieren, incluso, que el dolor puede estar detrás de las fobias al ruido de aparición tardía.[33] La resolución de los problemas médicos puede ser parte de la solución, o incluso la solución completa, de algunos problemas comunes.

La buena noticia es que la ayuda adecuada puede marcar una verdadera diferencia en todo tipo de problemas de comportamiento. En un estudio realizado con perros remitidos a un veterinario especialista en comportamiento por problemas como la ansiedad, la vigilancia de los recursos y la agresividad relacionada con el miedo, los resultados fueron muy positivos.[34] Mientras que el 36 % de los propietarios había pensado en realojar o aplicar la eutanasia a su perro antes de la primera consulta, solo el 5 % lo había hecho tres meses después de la consulta. Los resultados mostraron que hay una serie de factores de riesgo, aparte del problema de comportamiento del perro, que están relacionados con las decisiones de realojamiento/eutanasia, en particular factores relacionados con el propietario y el entorno.

«Si se observan los datos —asegura el doctor Carlo Siracusa, veterinario especialista en comportamiento animal y uno de los autores del estudio— se sabe que haber experimentado una separación traumática es un factor de riesgo. Así, por ejemplo, haber perdido un perro, tener un hijo que partió para ir a la universidad o haber experimentado la pérdida de una persona querida, te presionan psicológicamente. Cuando se sufre una pérdida o una separación, se es más vulnerable a posibles problemas». Y añade: «Si adquieres un nuevo perro y este goza de buena salud y no tiene problemas de comportamiento, puede que disfrutes de su compañía y todo vaya bien. Pero si al poco tiempo se adquiere un perro, porque uno se encuentra en un estado vulnerable y probablemente confiaba en el perro para que lo ayudara a pasar el duelo y a curarse, y luego el propio perro resulta tener un problema, la capacidad de las personas para tolerar el problema es mucho menor. Su compasión está agotada; ya que vienen de una experiencia traumática».

Siracusa afirma que los problemas de comportamiento de un perro pueden afectar a su relación con él. «Muchas veces el problema de comportamiento hace que el perro sea muy diferente de lo que a uno le hubiera gustado», dijo. «Hay gente que nos dice: "Esta no es la relación que pensaba tener con el perro". Si hay un problema de agresividad, por ejemplo, y sobre todo de agresividad hacia la familia, no poder medicar al perro ni cuidarlo, son factores de riesgo para el rechazo.»

Añadió que, «aunque los veterinarios especialistas en comportamiento expliquen que el perro se siente amenazado y está ansioso, algunos propietarios dicen: "Sí, lo entiendo, pero esto no es lo que quería de una relación con el perro"». Y para ellos esto puede ser una razón para no abordar el comportamiento o para renunciar al perro. En cambio, Siracusa recomienda que, si el adiestramiento en casa no funciona para resolver el problema, se acuda al veterinario, que puede recomendar un especialista en comportamiento.

Siracusa asegura que la ayuda puede consistir en medicación para el perro, educación sobre el comportamiento canino y aprender a leer el lenguaje corporal canino y desescalar las situaciones antes. Su último consejo es para cuando las cosas son muy difíciles: «Antes de tomar una decisión, especialmente si es una decisión que los propietarios toman cuando están bajo estrés, por ejemplo, si su perro muerde a alguien, no tome la decisión de dormir a su perro o de entregarlo cuando todavía está muy afectado por el episodio. Debe calmarse y pensar en ello de forma más racional; hable con su veterinario, acuda a un experto en conducta animal si es necesario. De nuevo, es posible que el experto no pueda arreglar a su perro, pero puede ayudarlo a controlar el problema en gran medida». En definitiva, lo que este estudio nos muestra es que el tratamiento del problema de comportamiento de un perro puede evitar su realojamiento y salvar su vida.

Los problemas de comportamiento no son solo una preocupación en sí mismos. El miedo, la ansiedad y los problemas médicos también pueden limitar la capacidad de un perro para aprender o aprovechar las oportunidades de enriquecimiento que se le presentan. La sensación de seguridad y control es importante para los perros. El tratamiento de los problemas de comportamiento casi siempre incluye ayudar al perro a sentirse seguro, lo que también incluye dejar de utilizar el castigo.

A lo largo de los años, he trabajado con muchos perros de refugio temerosos, lanzando golosinas en su dirección desde una distancia segura, haciéndome lo más pequeña posible y evitando el contacto visual, esperando a ver si deciden acercarse a mí. El perro siempre tiene la opción de quedarse en la perrera conmigo, esconderse debajo de su cama o salir por la puerta del perro y esperar fuera, desde donde a veces vienen a mirarme y asoman la cabeza para comer un trozo de pollo. Cuando por fin uno de estos perros decide venir a tumbarse a mi lado, me emociona, pero no me muevo. Mi objetivo es siempre que el perro se sienta seguro.

Cómo aplicar la ciencia en casa

• Si tiene una perra embarazada, intente mantener su rutina predecible y reducir el estrés para que se sienta segura. Esto es bueno para la salud del comportamiento de sus cachorros.

• Aprenda los signos de miedo, ansiedad y estrés para poder reconocerlos en su perro (por ejemplo, cola recogida, postura corporal baja, sacudidas y temblores, búsqueda de personas, esconderse o dibujarse, etc.).

• Comente con su veterinario cualquier cambio repentino de comportamiento por si la causa es un problema médico.

• Si su perro tiene un problema de comportamiento, no utilice el castigo. No enseña a su perro qué hacer en lugar del comportamiento problemático e interfiere con la sensación de seguridad del perro.

• Haga que sea una prioridad ayudar a su perro a sentirse seguro. Un perro temeroso no es capaz de aprovechar las experiencias positivas que se le ofrecen.

• Si su perro tiene un problema de comportamiento, sepa que no está solo. Busque ayuda lo antes posible, ya que esto puede evitar que los problemas empeoren y que se resuelvan antes. Un buen consejo y tratamiento sobre el comportamiento puede suponer una gran diferencia.

CAPÍTULO 14
PERROS MAYORES Y CON
NECESIDADES ESPECIALES

Dodger ya cuenta como viejo. Los años han pasado en un instante. ¿Por qué no puede seguir siendo joven? Pero sigue estando feliz y animado. Y todavía tiene el impulso del perro pastor de vigilar a toda la familia, saber dónde estamos todos, y sigue prefiriendo cuando nos encontramos todos juntos. Creo que siempre será excitable, aunque ha aprendido a sentarse amablemente y a esperar una golosina cuando ocurre algo potencialmente emocionante, como una bicicleta que se acerca por la carretera o una persona que lleva una azada de jardín. A veces salto o bailo solo para excitarlo. Me gusta ver cómo cambia la expresión de su cara y cómo se le levantan las cejas y las orejas. Entonces, de repente, se levanta y corre para coger su cuerda. En esos momentos, es difícil imaginar que pueda ir más despacio. En cambio, los paseos de Fantasma empezaron a ralentizarse demasiado pronto, y los problemas de salud que tenía desde el principio no ayudaron. Cuando empezó a tener problemas para entrar y salir del coche, encontramos un escalón que podía utilizar. Sus paseos eran más lentos, más cortos, y no siempre con Bodger, que quería correr delante mientras Fantasma se tomaba su tiempo. Su rutina era la misma, y como casi siempre estamos en casa, casi siempre tenía compañía. Su tamaño no le favorecía. Los perros grandes parecen envejecer antes.

No podemos decir que un año humano es igual a X años de perro porque los cachorros se desarrollan rápidamente y por eso estos años, quizá equivalentes a la infancia, cuentan como mucho, mientras que el ritmo de maduración varía a lo largo de la vida. Las diferentes razas tienen una expectación de vida diferente, y las razas más grandes no viven tanto, por lo que una forma de pensar en ello es agruparlas por tamaño de raza. Utilizando este tipo de medida, las razas grandes y gigantes —perros que pesan más de 22,7 kilos— cuentan como seniors cuando tienen entre seis y ocho años, y se consideran geriátricos cuando alcanzan los nueve años. La situación es un poco mejor en el caso de las razas medianas y pequeñas, que se consideran seniors a partir de los siete años y geriátricos a partir de los once. Por lo tanto, se convierten en senior más tarde y siguen siéndolo durante más tiempo. En un estudio sobre los border collie, se les clasificó como cachorros tardíos de seis meses a un año; adolescentes de uno a dos años; adultos en tres etapas: temprana (2-3 años), mediana edad (3-5 años) y tardía (6-8 años); seniors de ocho a diez años; y geriátricos a los diez años o más.[1] A los diez años, Bodger es un senior.

¿QUÉ LES OCURRE A LOS PERROS CUANDO ENVEJECEN?

En muchos aspectos, los cambios en los perros a medida que envejecen son similares a los que vemos en los humanos. Como esto hace que los perros sean un modelo útil para algunos tipos de envejecimiento humano, es probable que veamos más investigaciones sobre los perros a medida que envejecen. El envejecimiento afecta a todos los sistemas del perro.[2] Algunos de los cambios son visibles para nosotros: un pelaje menos brillante que antes, menos músculos, algunos cambios en los patrones de sueño y variaciones en la frecuencia con la que vienen a interactuar con nosotros. Es probable que sean menos activos y juguetones y se entusiasmen menos con los paseos, aunque algunos perros siguen siendo atléticos a medida que envejecen. La mayoría de los perros tendrán cambios en su composición corporal, con una mayor proporción de grasa corporal, aunque esto es menor en los perros que siguen siendo activos. Esta reducción de la actividad y los cambios en el proceso metabólico hacen que los perros mayores necesiten un 20 % menos de ingesta energética, a menos que sigan siendo muy activos. Pero, aunque necesitan menos comida, tienen una mayor necesidad de proteínas, un 50 % más según un estudio. Pueden sufrir cambios en sus hábitos de alimentación y bebida, como no terminar la comida, beber menos, dedicar menos tiempo a masticar y tener más dificultades para localizar la comida que se les cae al suelo.

A los perros mayores les puede resultar más difícil saltar a los muebles o subir al coche. Los cambios en los folículos pilosos pueden provocar la aparición de pelos blancos, especialmente en el hocico y la cara. Los perros mayores pierden gradualmente la visión nocturna, y los cambios en el núcleo del cristalino hacen que este sea más denso y que adquiera una tonalidad azulada (aunque esto no suele afectar a la visión). Algunos perros tendrán cambios cognitivos, mientras que otros no. Algunos cambios pueden tardar en detectarse, como la reducción gradual de la visión o la pérdida de audición. Los problemas de visión pueden no ser obvios a menos que la audición se vea afectada. Otros cambios no son hasta que el veterinario nos los comunica.

Los perros mayores tienen más riesgo de padecer cáncer, problemas cardiovasculares y renales, enfermedades periodontales (especialmente en los perros pequeños) y diabetes *mellitus*. El envejecimiento también afecta al sistema endocrino, incluidas las glándulas suprarrenales, lo que significa que los perros mayores no soportan tan bien el estrés. Para nosotros, como propietarios, es difícil saber lo que se debe simplemente al envejecimiento saludable y lo que debemos discutir con el veterinario. El veterinario puede pedirle ver al perro más a menudo, tal vez dos veces al año para un chequeo de salud en lugar de una vez, para detectar cualquier problema más pronto que tarde.

Es importante ayudar a los perros ancianos a seguir formando parte de la familia y a continuar con el tipo de experiencias que les gustan. En un artículo publicado en *Veterinary Record*, la doctora Naomi Harvey, de la Universidad de Nottingham, escribió que el miedo a perder un día a su gato, y el hecho de saber que ese día se acercaba, la llevó inadvertidamente a

pasar menos tiempo con él y a prestarle menos atención.[3] Pero
el gato seguía necesitando sus habituales mimos, atención y
juegos, y una vez que Harvey se dio cuenta de ello, pudo volver a pasar más tiempo con él. Me dijo: «Los perros ancianos
pueden tener necesidades diferentes, pero aun así pueden ser
compañeros maravillosos y merecen la misma atención y cari-
ño que los perros más jóvenes y activos».

Y añade: «Es un hecho triste que mucha gente prefiera realojar a un cachorro antes que a un perro mayor y los estudios
han demostrado que la gente suele estar menos apegada a sus
perros a medida que envejecen. Cuidar de una mascota anciana significa adaptarse, pero los pequeños ajustes pueden suponer una gran diferencia. Puede que ya no sean capaces de caminar, correr o tirar de la cuerda, pero todavía tienen mentes
activas y disfrutan de la estimulación de olfatear y oler cosas, y
usted puede interactuar con ellos mediante el entrenamiento y
los juegos mentales. Si no pueden caminar mucho, no los deje
atrás; considere la posibilidad de llevarlos en un remolque para
mascotas, en un cochecito o en un transportín para que sigan
teniendo la experiencia de ir con usted y ver/oler las vistas y
los olores con usted».

A medida que los perros envejecen, experimentan una disminución de la atención al igual que las personas mayores.
Un estudio tomó perros de compañía de entre seis y algo más
de catorce años y los dividió en tres grupos de edad: adultos
tardíos (6-8 años), seniors (8-10 años) y geriátricos (10 años o
más).[4] Había 75 border collie y 110 perros de otras razas y
razas mixtas. Todos ellos participaron en dos experimentos diseñados para que los perros no necesitaran entrenamiento previo. Los propietarios rellenaron un cuestionario que incluía la
participación del perro en trece tipos diferentes de actividades
de adiestramiento, entre ellas la de cachorro y el adiestramiento de perros pastores. En el primer experimento se comprobó
hasta qué punto un estímulo social (una persona en movimiento) o un estímulo no social (un juguete en movimiento) podía
captar y mantener la atención del perro. Tanto los perros mayores como los geriátricos tardaron más tiempo en mirar el

estímulo que los adultos. Todos los perros miraron durante más tiempo a la persona que al juguete. La atención sostenida disminuyó con la edad y fue peor en los perros geriátricos. Pero los perros con un alto nivel de adiestramiento de por vida mantuvieron su atención en el estímulo durante más tiempo que los que tenían un bajo nivel de adiestramiento.

Los perros mayores pueden necesitar un poco más de cuidados, pero siguen siendo parte de la familia (Fuente: Jean Ballard).

El segundo experimento analizó la atención selectiva. Cada perro participó en una sesión de entrenamiento con *clicker* de cinco minutos. La investigadora llamó al perro y le lanzó un trozo de salchicha al suelo. Luego, cada vez que el perro hacía contacto visual, ella hacía clic y lanzaba otro trozo de salchicha. Si el perro perdía el interés, le lanzaba la bolsa de plástico (¡todos sabemos que es una buena forma de llamar la atención del perro!). Esta tarea requería que el perro cambiara su atención de hacer contacto visual con la persona a encontrar la comida en el suelo. A diferencia de los humanos, la edad no afectó a la atención selectiva en esta tarea.

Los perros con puntuaciones más altas en el adiestramiento de por vida y también aquellos con experiencia previa en el adiestramiento con *clicker* establecieron contacto visual más rápidamente que los que tenían niveles bajos de adiestramiento de por vida y los que no tenían experiencia específica en el adiestramiento con *clicker*. Los perros más viejos tardaron más en encontrar la comida en el suelo, siendo los perros geriátricos los que más tardaron, lo que se relaciona con trabajos anteriores sobre el envejecimiento de los perros. No hubo diferencias debidas al adiestramiento de toda la vida en el tiempo para encontrar la comida, pero los perros con experiencia previa en el adiestramiento con *clicker* fueron más rápidos en encontrar la comida que los que no tenían esa experiencia. Los perros entrenados con *clicker* tenían más experiencia en buscar la comida después del *clic,* por definición, y los investigadores dicen que también pueden haber aumentado la anticipación de la comida. A partir de estos resultados, no es posible separar los efectos del adiestramiento con *clicker* específicamente de otros tipos de adiestramiento, ya que el adiestramiento con *clicker* contribuyó a las puntuaciones del adiestramiento de toda la vida. Todos los perros mejoraron en la tarea de hacer contacto visual durante la sesión de cinco minutos, lo que demuestra que se pueden enseñar nuevos trucos a un perro viejo.

Este equipo de investigadores también ha estudiado la idea de que los juegos de ordenador podrían utilizarse para proporcionar estimulación mental a los perros mayores.

Mientras tanto, los estudios realizados en beagles de laboratorio demuestran que el enriquecimiento adicional y/o una dieta mejorada pueden, al menos a corto plazo, marcar la diferencia en el envejecimiento cognitivo. Un ensayo clínico en perros de compañía con disfunción cognitiva canina descubrió que los suplementos nutricionales mejoraban las interacciones sociales con las personas y disminuían los errores de adiestramiento y la desorientación en comparación con los perros alimentados con una dieta placebo.[5] Otro estudio dio a los perros de entre nueve y once años y medio una dieta normal o una dieta que los científicos denominaron «mezcla de protección cerebral», que incluía aceite de pescado, vitaminas del grupo B, antioxidantes y L-arginina.[6] Las pruebas demostraron que los perros que recibieron la dieta especial obtuvieron mejores resultados en algunas tareas de aprendizaje complejas (pero no en otras). Si nota cambios en el comportamiento de su perro a medida que envejece, acuda al veterinario. Mientras tanto, parece que una dieta mejorada está en la categoría de «no puede hacer daño, podría ayudar» para los perros mayores.

Jean Donaldson, de la Academia de Adiestradores de Perros, afirma que es importante que los perros mayores se sometan a revisiones periódicas de bienestar con el veterinario para asegurarse de que el perro está cómodo. «La fortaleza física es muy importante—afirma—. Desde el punto de vista del comportamiento, creo que debería hacer un llamamiento para no descuidar el bienestar del comportamiento de los perros senior, solo porque podemos salirnos con la nuestra un poco más. Creo que cuando los perros son jóvenes, si no enriquecemos su entorno o les damos muchos estímulos y ejercicio y el adiestramiento, pagamos un precio y eso nos impulsa a hacer algo. Los perros senior, como son un poco más indulgentes, a veces creo que no reciben tanto como podrían».

«Creo que el mayor error que veo una y otra vez y que es bastante grave, es traer un perro muy joven en una especie de intento de compañía o porque hay tiempo disponible para ello. Dicen que a algunos perros senior les encanta tener un compañero, pero no a todos», añadió. Así que antes de tomar la decisión de traer otra mascota —especialmente un perro, yo diría que los gatos son menos problemáticos—, hay que estar seguros de que no estamos cometiendo el error de tener el equivalente a una señora de sesenta o setenta años que tiene que convivir con un chico de quince años que va a escuchar *Death Metal* y tener piercings y hacer fiestas en la casa, etc.

«Una de las cosas a las que soy más o menos sensible es que, solo porque un perro senior se aguante o gruña ocasionalmente, no digamos "bueno, es un gruñón". Cuando en realidad tenemos a este perro que ahora es senior, ahora quizá un poco más ansioso, un poco más frágil, que tiene cierta consideración, y necesita tener un poder de veto en si se trae o no otro perro a la familia.» Es un recordatorio de que a menudo es más fácil convivir con los perros mayores, pero aun así hay que tener en cuenta sus necesidades.

La comunidad de refugios de animales ha hecho enormes progresos para reducir el número de perros que viven en refugios de animales; sin embargo, hay trabajo pendiente si queremos mantener a los perros con las personas que los quieren, pero que necesitan ayuda. El mundo sería mejor para los perros si más propietarios de perros conocieran los refugios de mascotas en sus comunidades. Reconozcámoslo, cualquiera de nosotros puede pasar por momentos difíciles, lo que puede convertir en una lucha el cuidado de nuestros perros.

Afortunadamente, muchas comunidades cuentan con despensas de alimentos para mascotas, servicios veterinarios de bajo coste y opciones de alojamiento asequibles y aptas para mascotas para personas con dificultades económicas, pero estos servicios no son útiles a menos que las personas que los necesitan los conozcan. Algunos de mis alumnos del máster de Antrozoología del Canisius College dedicaron el mes pasado a recopilar información sobre los refugios de mascotas en sus comunidades. Muchos descubrieron que existían excelentes refugios, pero localizarlos solía requerir hacer múltiples llamadas telefónicas, enviar muchos correos electrónicos e, incluso, hacer visitas en persona a las organizaciones. Mis alumnos se dieron cuenta de que las personas que atraviesan crisis financieras pueden no tener el tiempo y la tecnología necesarios para dedicarle el tiempo a buscar refugios animales difíciles de encontrar. Este proyecto nos ayudó a mis alumnos y a mí a darnos cuenta de que es importante que la información sobre los refugios llegue a los amantes de los animales y que sería una forma de hacer un mundo mejor para los perros.

Christy Hoffman, doctora, antrozoóloga, Canisius College

PERROS CON NECESIDADES ESPECIALES

Los perros mayores no son los únicos que necesitan cuidados y atención extra. Los perros con necesidades especiales también pueden necesitar ayuda extra, aunque puede que no sea tanta cómo crees. Hace poco conocí a un cachorro de labrador negro que era tan simpático y tenía tantas ganas de conocer a la gente como cabría esperar de cualquier cachorro. Su ceguera no era en absoluto evidente, y me dijeron que tampoco se notaba cuando jugaba con otros cachorros. A lo largo de los años, he conocido a algún perro con pérdida de visión o audición y he llegado a la conclusión de que, en muchos aspectos, son como cualquier otro perro.

Adaptación a las deficiencias auditivas y visuales

Dado que se sabe muy poco sobre cómo se comportan los perros con pérdida auditiva o visual heredada o adquirida, en un estudio publicado en el *Journal of Veterinary Behavior* se encuestó a los propietarios de 461 perros con discapacidad auditiva y/o visual.[7] Los propietarios completaron el C-BARQ, una herramienta ampliamente utilizada para evaluar los rasgos de comportamiento de los perros. Los resultados mostraron muchas similitudes entre los perros con una discapacidad auditiva o visual (HVI) y los que no. Los perros sin HVI fueron calificados como más agresivos y excitables que los que tenían HVI. Había algunas diferencias en comportamientos específicos: los perros sin HVI eran más propensos a perseguir conejos y a comer o revolcarse en las heces, mientras que los perros con HVI eran más propensos a ladrar demasiado, lamer mucho o morder objetos inadecuados. Dado que ladrar, lamer y masticar son formas de obtener algún tipo de estimulación, parece posible que estas diferencias se deban a una menor aportación sensorial. Dado que en la encuesta se preguntaba a los propietarios por otros problemas de salud, la salud no es la causa de esta diferencia.

Los científicos creen que los perros con HVI compensan la falta de información de sus oídos u ojos con comportamientos que involucran sus otros sentidos. Esto sugiere que los propietarios de perros con problemas auditivos o visuales deberían hacer un esfuerzo explícito para asegurarse de que su perro tiene suficiente información sensorial. Una buena idea es el enriquecimiento con juguetes, incluidos los que vibran, los Kong y los juguetes para masticar, así como las sesiones de entrenamiento que involucren al cerebro del perro. Muchos de estos perros también pueden asistir a clases de agilidad, *flyball*, obediencia o incluso de baile para perros, que les proporcionan oportunidades de enriquecimiento y socialización. A los perros sordos se les puede enseñar a comprobar que te miran a menudo. Los perros HVI del estudio tenían más probabilidades de haber recibido un entrenamiento formal, y a menudo utilizaban más signos manuales e indicaciones físicas que los perros no HVI, y los niveles más bajos de agresividad y excitabilidad podrían deberse a este motivo. Estos resultados también sugieren que los perros con HVI pueden ser buenos animales de compañía.

Adaptación a la discapacidad física

Los perros a los que se les ha amputado una extremidad por un traumatismo, un cáncer o alguna otra causa suelen llamarse perros trípodes. Los que he conocido siempre han parecido felices dedicándose a sus actividades como perros. Una encuesta realizada a cuarenta y cuatro propietarios de perros a los que se les había amputado una extremidad descubrió que cuarenta y uno de los perros se adaptaron muy bien, mientras que tres tuvieron más dificultades (de los cuales se dijo que uno estaba bien y los otros dos tenían metástasis que tristemente provocaron su eutanasia).[8] Casi todos los perros se habían adaptado a tener tres patas al mes de la operación, algunos incluso más rápido. La mitad de los propietarios no querían inicialmente proceder a la amputación cuando se les aconsejó, pero en casi todos estos casos el perro salió mucho mejor de lo esperado.

Los perros que necesitan un poco más de cuidados, por la razón que sea, pueden seguir siendo mascotas felices y muy queridas. La relación con el veterinario es aún más importante a medida que los perros envejecen o tienen otros problemas, así que recuerde los consejos del capítulo 5 sobre cómo establecer una relación con un veterinario que le guste. No olvide tener en cuenta las necesidades de su perro (y cómo cambian) para mantenerlo feliz durante toda su vida.

CÓMO APLICAR LA CIENCIA EN CASA

• Mantenga el estrés al mínimo, ya que a los perros mayores les resulta más difícil afrontarlo.

• Mantenga una rutina y siga pasando tiempo con su perro, ya que los perros mayores siguen beneficiándose de estos aspectos de la vida familiar.

• Alimente a los perros con la mejor calidad posible, ya que los perros mayores tienen menos necesidades energéticas, pero una mayor necesidad de proteínas.

• Lleve a su perro al veterinario; los perros mayores pueden necesitar visitas más frecuentes al veterinario. No atribuya las cosas a la vejez. El veterinario podrá distinguir lo que es un envejecimiento normal y lo que es una enfermedad que puede necesitar tratamiento.

• Asegúrese de que los perros mayores o con necesidades especiales sigan teniendo muchas oportunidades de enriquecimiento.

CAPÍTULO 15
EL FINAL DE LA VIDA

No sabíamos la edad de Fantasma cuando lo adoptamos y, con el paso del tiempo, su salud empezó a decaer. Aunque tenía altibajos, siempre se animaba de nuevo, incluso después de que nos dijeran que solo le quedaban unas semanas de vida. Si hay algo en lo que todos los propietarios de perros están de acuerdo es en que los perros no viven lo suficiente; no se conservan datos centrales y hay muchos factores, como el tamaño y la raza, que influyen en la duración de la vida.

A menudo, los perros no mueren por una causa natural, sino por eutanasia cuando se ha decidido que su calidad de vida se resiente. La eutanasia también puede producirse por otros motivos, por ejemplo, si un perro causa graves lesiones por mordedura (cuando, en algunos casos, puede ser exigida por las autoridades locales).

LA VIDA DE LOS PERROS
Según un estudio publicado en la revista *Preventive Veterinary Medicine*, que analizó los datos de casi 300 000 perros asegurados en la empresa Anicom, la vida media de un perro es de 13,7 años. Los investigadores elaboraron una tabla de vida en la que se analizaron las causas de muerte de todos los perros fallecidos durante el ejercicio 2010 (4 169 perros). Los perros que pesan entre 5 y 10 kilos (11-22 libras) tienen la vida media más alta, con 14,2 años, y los perros de juguete que pesan menos de 5 kilos (11 libras) y los perros que pesan entre 10 y 20 kilos (22-

44 libras) tienen una vida de 13,8 años. Cuanto más grande es el perro, más corta es la vida media: los perros de 20 a 40 kilos tienen una vida de 12,5 años, y los perros de más de 40 kg tienen una vida útil de 10,6 años. La tabla muestra el número medio de años que permanecen los perros de diferentes tamaños a diferentes edades. Aunque para las razas *toy*, pequeñas y medianas la tabla llega hasta los 17 años o más, para las razas grandes llega hasta los 16 años o más, y para las razas gigantes hasta los 13 años o más.

Promedio de años de vida restantes para perros de diferentes grupos de razas a diferentes edades					
Edad del perro	Perros miniatura (<5 kg)	Perros pequeños (5-10 kg)	Perros medianos (10-20 kg)	Perros grandes (20-40 kg)	Perros gigantes (>40 kg)
<1	13.8	14.2	13.6	12.5	10.6
1–2	13.0	13.4	12.8	11.7	9.8
2–3	12.0	12.4	11.9	10.7	9.0
3–4	11.1	11.5	10.9	9.8	8.1
4–5	10.1	10.5	10.0	8.9	7.2
5–6	9.2	9.6	9.1	8.0	6.5
6–7	8.2	8.6	8.2	7.2	5.9
7–8	7.3	7.7	7.3	6.3	5.6
8–9	6.4	6.8	6.4	5.6	5.1
9–10	5.5	5.9	5.6	4.9	4.7
10–11	4.6	5 .1	4.8	4.3	4.6
11–12	3.9	4.3	4.1	3.8	4.9
12–13	3.2	3.5	3.4	3.3	4.9
13–14	2.7	2.9	2.8	2.8	6.3 (+13 años)
14–15	2.1	2.2	2.2	2.7	
15–16	1.7	1.7	1.7	2.8	
16–17	1.4	1.3	1.2	3.0 (+16 años)	
+17	1.6	1.0	1.2		

Fuente: Datos de Inoue (2015).[2] Reimpreso en *Preventive Veterinary Medicine*, 120(2), Mai Inoue, A. Hasegawa, Y. Hosoi, K. Sugiura, *A current life table and causes of death for dogs insured in Japan*, 210-218, copyright 2015, con permiso de Elsevier.

Los científicos señalaron que, dado que la gente a veces decide no renovar sus pólizas de seguro si no considera que tiene una buena relación calidad-precio (por ejemplo, si el perro está sano), es probable que el estudio subestime la longevidad. Las dos causas más comunes de muerte en este estudio fueron el cáncer y las enfermedades cardiovasculares.

En el Reino Unido, una encuesta realizada a casi 14 000 propietarios de perros de raza dio como resultado una esperanza de vida de once años y tres meses. Solo el 20 % de los perros estaban vivos a los catorce años, y solo el 10 % a los quince años. Al igual que el estudio anterior, estos resultados también muestran que los perros grandes no viven tanto como los pequeños.

Algunos perros longevos, como un schnauzer estándar que vivió hasta los veinte años (la media de edad al morir para esta raza era de casi doce años), un border terrier que vivió hasta los veintidós años (la media de edad al morir era de catorce años) y un king charles spaniel que vivió hasta los veintitrés años (la media de edad al morir era de diez años). Una de mis razas favoritas, el perro de montaña de Berna, tiene una vida media de solo ocho años. Hay once razas con una edad media de siete años o menos en el momento de la muerte, como el gran danés, el shar pei, el shiba inu (japonés), el lobero irlandés, el bulldog y el dogo de Burdeos. En el extremo más feliz de las cosas, hay catorce razas que viven, de media, al menos 13,5 años, entre ellas el caniche toy, el caniche miniatura, el perro de Canaan, el border terrier, el cairn Terrier, el basenji y el galgo italiano.

Entonces, ¿por qué los perros más grandes tienen más probabilidades de morir jóvenes? Una de las razones podría ser que son más propensos a morir de enfermedades específicas que los perros más pequeños. Un estudio publicado en el *Journal of Veterinary Internal Medicine* analizó la causa de la muerte de todos los perros que habían fallecido en un hospital universitario veterinario de Estados Unidos en los veinte años transcurridos hasta 2004.[4] Tras excluir los casos en los que el perro había muerto a su llegada o no se había dado ninguna razón, disponían de información sobre las muertes de casi 75 000 perros.

En general, las cinco causas más comunes de muerte fueron las enfermedades gastrointestinales, neurológicas, musculoesqueléticas, cardiovasculares y urogenitales. Los perros más grandes tienen más probabilidades de morir de cáncer y por problemas musculoesqueléticos o gastrointestinales. Los perros más pequeños, aunque tienen menos probabilidades de padecer cáncer, son más propensos a morir por problemas metabólicos. Tanto los perros pequeños como los grandes mueren por traumatismos en proporciones similares. También hay diferencias debidas a la edad: las enfermedades infecciosas y gastrointestinales son las causas más comunes de muerte en los perros más jóvenes, mientras que los perros de más edad tienen más probabilidades de morir de cáncer o enfermedades neurológicas.

Un estudio publicado en la revista *Veterinary Journal* analizó las causas de muerte de los perros de compañía en Inglaterra a partir de los datos de ochenta y seis consultas veterinarias.[5] En los perros menores de tres años, los problemas de comportamiento fueron la principal causa de muerte (14,7 %), seguidos de los trastornos gastrointestinales (14,5 %) y los accidentes de tráfico (12,7 %). En el conjunto de la muestra, la mediana de edad en el momento de la muerte fue de doce años, siendo los tumores la principal causa de muerte (16,5 %), seguidos de los trastornos musculoesqueléticos (11,3 %) y los neurológicos (11,2 %).

Teniendo en cuenta el tamaño, los perros de raza mixta vivían 1,2 años más que los de raza pura. Aunque es posible que esto se deba a un menor número de defectos genéticos, es importante recordar que es probable que otros factores también difieran, por lo que se desconoce la causa de esta diferencia. La esperanza de vida varía mucho entre las razas, siendo los poodles en miniatura y los collies barbudos los que tienen una mayor esperanza de vida, con 14,2 y 13,7 años, respectivamente, y el dogo de Burdeos y el gran danés con 5,5 y 6 años, respectivamente, lo que menos.

En este estudio, el 86,4 % de las muertes fueron por eutanasia. Muchos perros no mueren por causas naturales porque parte de nuestro papel como guardianes es darles una muerte oportuna, sin sufrimiento. Quizá esta sea la parte más difícil de compartir nuestra vida con un perro.

TOMAR DECISIONES AL FINAL DE LA VIDA

Incluso ahora me resulta difícil hablar de Fantasma sin que se me haga un nudo la garganta. Sus problemas de salud comenzaron con un tumor que hubo que extirparle del trasero a las pocas semanas de adoptarlo, y un malestar general intermitente. Cuando le extirparon otro tumor diferente del trasero, cuatro años después del primero, la veterinaria me dijo que, si aparecía otro, no podría volver a operarlo por su ubicación y el riesgo de incontinencia fecal. Cuando tenía que hacer caca, tenía que hacer caca, y si no estábamos allí para sacarlo inmediatamente fuera, no podía evitar tener accidentes en la casa. Esto le hacía sumiso, aunque siempre limpiamos el desorden sin una palabra.

La falta de energía de Fantasma era intermitente, y algunos días eran mejores que otros. Pero seguía queriendo sus paseos, aunque cada vez más lentos, y se interesaba mucho por olfatear todo. Cuando lo llevábamos a uno de sus lugares favoritos junto al río, siempre se resistía a volver hacia el coche, aunque temíamos que si caminábamos demasiado estaría agotado para el resto del día. Mantuvimos su rutina y cada vez que tenía que tomar una medicación, se la dábamos a mano escondida en un queso o un trozo de salami para ayudar a que bajara. Empezó a desconfiar tanto del queso como del salami. Teníamos que ofrecerle varios trozos sin adulterar para que los oliera con precaución y luego se los comiera, antes de darle el que contenía el antibiótico o el esteroide. A pesar de todo, parecía feliz. Entonces, volvió a aparecer algo en su trasero.

A veces se dice: «Lo sabrás cuando sea el momento», pero ¿cómo conseguir el equilibrio entre querer que su perro tenga una vida lo más larga posible y no querer que sufra? ¿Y cómo se intenta considerar lo que el perro puede querer cuando no es capaz de decírtelo? Cuando un perro tiene una condición médica que empeora gradualmente, su percepción cambia con el tiempo mientras se acostumbra a cada nueva normalidad. La eutanasia no es una decisión fácil. Y a veces uno se queda tanto con la certeza de haber hecho lo correcto como con el sentimiento de culpa de haber quitado una vida. Al final, solo podemos hacer lo mejor para nuestra querida mascota. Esto casi siempre implicará discusiones con el veterinario sobre qué es lo mejor, cómo sopesar las diferentes opciones de tratamiento (si las hay) o si los cuidados paliativos pueden ayudar a que la vida sea lo suficientemente buena por ahora.

Una buena relación con su veterinario lo ayudará en estas discusiones. Puede ser útil iniciar estas conversaciones antes que después, cuando pensar en el final de la vida de su perro sea un tema menos emotivo para usted, y así estar prevenido sobre lo que debe tener en cuenta en términos de calidad de vida. También puede ayudar a planificar qué es lo mejor para usted y para su mascota cuando llegue el momento; por ejemplo, ¿debe ir al veterinario o sería mejor que el veterinario fuera a su casa (si ofrecen este servicio)?

Pensar en cuándo es el momento adecuado para la eutanasia también puede hacernos reflexionar sobre nuestra propia mortalidad y la de los miembros de la familia humana, algo que puede ser difícil de contemplar. Nuestros propios sentimientos también forman parte de la decisión. Por un lado, puede haber momentos en los que el estado del perro dificulte la vida del propietario (por ejemplo, cuando se producen frecuentes desórdenes en la casa o si el comportamiento del perro cambia como consecuencia de su estado, quizá haciéndolo imprevisiblemente gruñón o difícil). Algunas personas pueden desear la eutanasia de un animal antes, mientras que otras pueden preferir esperar, incluso si el animal ya no tiene una buena calidad de vida.[6] Las discusiones sobre lo que hay que hacer se basan en nuestra propia ética y en nuestra evaluación —en la medida en que podamos decirlo— de la calidad de vida del perro.

Reunir pruebas

Una escala sobre la calidad de vida puede ser de ayuda a la hora de tomar una decisión sobre cómo mejorar la calidad de vida de su perro y para saber si su vida merece la pena. Un artículo de la revista *Veterinary Journal* señala que muchas de estas escalas están diseñadas para problemas de salud específicos, como la artrosis, las lesiones de la médula espinal o el dolor relacionado con el cáncer.[7] Además, pocos de los cuestionarios definen realmente la calidad de vida. Al mismo tiempo, estos cuestionarios pueden ser muy específicos con respecto a los efectos de una enfermedad, pero también existe un concepto más amplio de calidad de vida general. Aunque es evidente que se necesita más investigación, el artículo identifica una serie de cuestionarios que los propietarios de perros o los veterinarios podrían encontrar útiles para evaluar la calidad de vida de un perro en particular.

Los cuidados paliativos, también conocidos como cuidados de apoyo, consisten en mantener al perro lo más cómodo posible en su casa. Algunos consultorios veterinarios se especializan en estos cuidados y realizan visitas a domicilio para hablar de la calidad de vida actual y de lo que puede hacerse para mejorarla, así como de cualquier modificación en el hogar que pueda ayudar (como una rampa para sustituir los escalones para los perros con problemas de movilidad). Los cuidados paliativos permiten a una familia mantener a su perro cómodo en casa, durante unos días o semanas extra, mientras se despiden de su mascota.[8] Un estudio de perros sometidos a radioterapia paliativa para tumores descubrió que el 79 % de los propietarios estaban contentos con la decisión de que el perro recibiera tratamiento, y el 78 % informó de que mejoraba la calidad de vida de su mascota; sin embargo, el 18 % creía que el tratamiento podría ser curativo.[9] Existe un equilibrio moral entre la prolongación de la vida y la posible prolongación del sufrimiento. En última instancia, los cuidados paliativos suelen acabar con la eutanasia cuando se considera la mejor opción para el perro.

El veterinario Adrian Walton dice que la gente debería pensar en dos componentes de la eutanasia si tienen una mascota anciana o con una enfermedad crónica: «Está la calidad de vida de la mascota y también la calidad de vida del propietario. Una de las cosas que digo como veterinario es que mi trabajo no es salvar la vida de su mascota; mi trabajo es salvar su relación con ella». Explicó que «habrá ocasiones, especialmente cuando hablamos de situaciones propias del final de la vida, como por ejemplo enfermedades renales, diabetes, enfermedades cardíacas, en las que los medicamentos acaban provocando que los animales, digamos, se orinen por todas partes, o se desorienten, o ya no parezcan la mascota a la que estamos acostumbrados. Y lo que encuentro es que a veces los dueños se ponen tan nerviosos y se estresan tanto por esta etapa de la vida de la mascota que les afecta negativamente. Y más allá de eso, también afecta a las mascotas... Una de las cosas que encontramos con los perros con insuficiencia renal es que a menudo se los aísla en un lavadero, en el baño o en el garaje, por lo que la gente puede contener el pipí, por así decirlo. Pero entonces, de repente, la mascota se desconecta de la familia y es cuando vemos muchos casos de abandono involuntario. Así que una de las cosas que yo diría es que, si ve que esto está afectando negativamente a su vida, entonces la eutanasia es una opción. Pero en cuanto a la mascota, lo más sencillo es que cuando los días malos superan a los buenos, entonces seguro

que la eutanasia es una opción».

Saber que la toma de decisiones puede ser difícil
A veces, la decisión de intentar (o continuar) un tratamiento o aplicar la eutanasia puede ser complicada. En algunos casos será obvia, como en el caso de un declive catastrófico repentino o un accidente de tráfico, pero en otros puede haber más de una respuesta correcta desde el punto de vista ético. Un estudio publicado en *Acta Veterinaria Scandinavica* analizó precisamente este tipo de situaciones.[10] Los científicos entrevistaron a doce propietarios de mascotas en las que las notas del expediente del veterinario indicaban que se había hablado de la eutanasia; en algunos casos, el animal había sido eutanasiado en los ocho meses anteriores, y en otros, el animal seguía vivo y recibiendo tratamiento. Los perros padecían enfermedades como epilepsia, diabetes, asma, demencia y cáncer.

A las personas les resultaba más fácil tomar la decisión si la mascota sufría o se deterioraba repentinamente, si la persona tenía dificultades o si no había más opciones de tratamiento.

Era más difícil cuando había un deterioro gradual o cuando los días mejores se alternaban con los peores, lo que hacía difícil saber cuándo trazar una línea, o por qué tomar la decisión en un día concreto en comparación con el día anterior o cualquier otro día similar.

Otra cosa que la gente dijo que dificultaba la decisión era la falta de conocimiento, ya fuera la comprensión de la enfermedad, dificultad en asimilar lo que el veterinario decía sobre ella o no ser capaz de evaluar el bienestar del perro. Las personas informaron de conflictos cuando era difícil saber si había que probar un tratamiento, si este tratamiento podía tener efectos secundarios o si podía provocar mayor sufrimiento en el perro sufriera durante más tiempo. También dijeron que les resultaba difícil saber si era correcto tener en cuenta sus propias necesidades y luchas con la condición del perro o solo considerar la perspectiva del perro. La responsabilidad de la decisión en sí también pesaba mucho.

Obviamente, el conocimiento experto del veterinario es necesario para ayudar a tomar la decisión, pero también la gente descubrió que era útil que el veterinario los guiara, ya que ayudaba a compartir la responsabilidad de la decisión. Por lo tanto, el veterinario podría ser de gran apoyo, no solo para ayudar a tomar la decisión correcta para el bienestar del perro, sino también para ayudar al tutor del perro a hacer frente a la dificultad de tomar la decisión.

Este punto de vista está respaldado por la investigación de *Anthrozoös* sobre el dolor de las personas tras la pérdida de una mascota.[11] Los sentimientos de pena, dolor, rabia y culpa son comunes tras la eutanasia de una mascota. Los sentimientos de culpa parecen ser menores si las personas pueden decir que la decisión que tomaron era la correcta para su mascota en ese momento, y si los veterinarios y su personal los han apoyado a la hora de tomar esa decisión. Los sentimientos de rabia y culpa eran menores cuando la mascota había tenido cáncer, y los sentimientos de rabia eran mayores en situaciones en las que el animal había tenido una muerte repentina. Cuando la muerte de la mascota es repentina, o cuando el propietario tiene un apego muy fuerte a la mascota, la persona puede necesitar apoyo adicional después de la muerte de la mascota. En la actualidad, cada vez es más frecuente el asesoramiento en materia de duelo para quienes lo necesitan, incluso por parte de consejeros especializados en la pérdida de mascotas.

El apoyo social de amigos y familiares también es importante. Las personas que han perdido recientemente una mascota (ya sea por eutanasia o por muerte natural) muestran mayores niveles de estrés y menores aspectos físicos, psicológicos y relacionales de la calidad de vida. Un estudio publicado en *PLOS ONE* analizó el estrés y la calidad de vida de los propietarios que practican la eutanasia a sus perros y descubrió que las personas suelen experimentar una falta de apoyo social.[12] Cuando alguien pierde a una persona, la gente asume que se necesita apoyo social, pero no siempre se da cuenta de la profundidad de los sentimientos ante la pérdida de una mascota.

Mientras que algunas personas sienten la necesidad de conseguir otra mascota de inmediato, otras necesitan hacer el duelo durante mucho tiempo antes de estar preparadas. No hay respuestas correctas, y depende de usted lo que crea que es mejor para usted y su familia.

Eutanasia: qué esperar

Una cosa que preocupa a mucha gente es estar o no en el momento de la muerte de su perro. «Eso depende completamente del propietario —dice el doctor Walton—. Algunas personas necesitan estar presentes; otras no. La verdad es que al animal le da igual una cosa u otra porque no sabe lo que está pasando. En un momento están ahí, en otro no… Así que le digo a la gente que es algo que es una decisión individual.»

Para muchas personas, la eutanasia de un animal de compañía es su primera experiencia con la muerte, así que le pregunté a Walton qué se necesita saber sobre el proceso en sí y qué se debe esperar: «La gente no es consciente de lo rápido que es —dijo—. Creo que lo que la gente espera es que el perro desaparezca lentamente durante un periodo de cinco minutos, cuando en realidad son más bien treinta segundos.

La otra cosa es… la gente no es consciente de que después de la muerte los ojos no se cierran. La mayoría de la gente cree, por ver la televisión, que los ojos se cierran cuando el animal muere, cuando en realidad permanecen abiertos y básicamente miran al espacio». Y añadió: «Hay ciertas reacciones que el cuerpo experimenta y de las que la gente no es consciente. La primera se llama respiración agonal, y lo que es, es cuando el corazón se detiene porque el cerebro ya no está enviando una señal, el dióxido de carbono se acumula en el torrente sanguíneo y hay un reflejo real, con pequeños receptores en la arteria carótida, que básicamente obligará al pecho a expandirse. Y lo que obtienes es esto —tomó dos respiraciones agudas y ruidosas—. Y eso puede durar varios minutos y la gente no es consciente de ello».

»Y luego, por supuesto, también está el hecho de que pueden estirarse, puedes ver que los músculos se contraen, puedes ver la pérdida de control del intestino o de la vejiga. Muchas veces hago una eutanasia en casa y el perro está tumbado en la alfombra persa de una persona y tratas de explicarle que tenemos que poner al perro sobre una manta o un plástico, para que lo entienda.»

Por último, señaló, para las personas cuyos perros han muerto de la noche a la mañana, existe el *rigor mortis*: «Mucha gente no sabe que su animal se volverá rígido».

PREPARAR A LAS MASCOTAS
PARA LA MUERTE DE UN COMPAÑERO

Parece natural que los perros se aflijan cuando fallece uno de sus compañeros. En una encuesta realizada a propietarios de mascotas se les pidió que informaran sobre el comportamiento de su perro o gato cuando otro perro o gato de la casa fallecía.[13] El 60 %d e los perros se mostraban pendientes del lugar en el que normalmente descansaba su compañero de casa y el 61 % querían más afecto o se mostraban más dependientes o necesitados. El 35 % de los perros comía menos y el 31 % comía más despacio tras la muerte de su compañero; un porcentaje similar pasó más tiempo durmiendo. Todo esto es coherente con el hecho de que el perro experimente un duelo y, curiosamente, se observaron los mismos cambios tanto si se trataba de un perro como de un gato que había fallecido. En este estudio, el 58 % de los perros había visto el cadáver tras la muerte de su compañero, y el 73 % de ellos se había tomado el tiempo de olerlo. Sin embargo, no hubo diferencias en los cambios de comportamiento declarados si habían visto o no el cadáver, lo que demuestra que no es necesario para que experimenten el duelo.

Las cenizas de Fantasma viven en una maceta cerca de la televisión, y la huella de su pata está en una estantería donde la veo muchas veces al día. Pienso en él a menudo. ¿Sabéis que a veces se habla de tener un «perro de corazón», un alma gemela canina? Para mí, Fantasma era la criatura más increíble que podríamos haber traído a vivir a nuestra casa. Echo de menos sus alegres ¡guau guau!, la forma en que se sentaba y me miraba cuando yo veía la televisión, todos los paseos en los que me acompañaba. Echo de menos ver su cola enroscada sobre su espalda, y la forma en que estaba tan atento a la naturaleza. Echo de menos la forma en que se acercaba y ponía su gran cabeza en mi rodilla cuando quería que lo acariciara. Echo de menos el tacto de mis dedos en su espeso pelaje. Sobre todo, echo de menos su compañía.

Durante esos primeros días sin él, Bodger me ayudó mucho. Él mismo estaba triste, pero seguía necesitando que lo pasearan, le dieran de comer, lo acariciaran y jugaran al tira y afloja. Se ha acostumbrado a ser el único perro de la casa. Ahora mismo, está mirando por la ventana, pero tiene medio ojo puesto en mí, porque sabe que es casi la hora de su paseo. Miro la lluvia y me pregunto si querrá pasear o si elegirá quedarse en casa. Cada perro es un individuo, y en vida o en muerte, tratamos de honrarlos lo mejor posible.

Planificar lo inesperado

Por supuesto, también es importante planificar por si nos hospitalizan o fallecemos. Hay que hacer saber a los amigos y a la familia lo que se quiere, así como hablar con un abogado para tomar decisiones sobre testamentos, fideicomisos y poderes. En

Texas, el Stevenson Companion Animal Life-Care Center cuida de los animales de compañía en un entorno similar al de un hogar tras la muerte de sus dueños. Algunas organizaciones acogen a las mascotas cuando sus dueños están hospitalizados o no pueden cuidarlas por otros motivos (como cuando huyen de la violencia doméstica, como en el caso del Dogs Trust Freedom Project). Cuando designe a alguien para que cuide de su mascota, manténgase en contacto con él, ya que sus circunstancias o las necesidades de su mascota pueden cambiar con el tiempo.

Intente elegir a alguien que tenga experiencia en el cuidado de mascotas y que respete sus deseos. Además, un amigo o vecino de confianza debería tener un juego de llaves de la casa y saber cómo cuidar de su perro en caso de que lo lleven al hospital o se retrase en llegar a casa por una emergencia. Una pegatina en la puerta o en la ventana puede indicar a los primeros intervinientes cuántas mascotas viven en su casa.

Algo que haría el mundo mejor para los perros es que pudiéramos abordar los factores subyacentes que contribuyen a su abandono. Los problemas de comportamiento y de alojamiento son algunas de las principales razones por las que la gente renuncia a sus mascotas. Me gustaría que la gente adquiriera perros no basándose en el aspecto físico o en las últimas tendencias, sino acudiendo a una fuente acreditada para encontrar el perro adecuado que se ajuste a su personalidad y estilo de vida. Los propietarios de perros pueden contar con el apoyo de fuentes reputadas, y muchos llegan a asociarse con entrenadores de perros y veterinarios locales. Por último, para mantener unidos a los perros y a sus dueños, me gustaría que la política de alquiler de viviendas considerara a las mascotas como parte de las familias de las personas. Los perros suelen estar prohibidos en las viviendas de alquiler, lo que repercute en la capacidad de las personas para tenerlos y cuidarlos.

Taryn Graham, doctora, investigadora asociada de la Universidad de York y fundadora de PAWSitive Leadership

También es buena idea pensar en los planes de emergencia para su mascota. Esto incluye pensar en los tipos de emergencias a los que podría tener que enfrentarse (como incendios domésticos, incendios forestales, terremotos y huracanes) y en dónde hay hoteles y albergues que aceptan mascotas en su vecindario. Un kit de emergencia para perros debe incluir una copia de los registros de vacunación, cualquier medicación necesaria, arnés y correa, juguetes para perros, comida y agua (suficiente para 3-7 días), así como cuencos, bolsas de caca, jabón para platos y artículos de limpieza, y mantas. Adiestrar a su perro es una buena idea en caso de que tenga que estar en una jaula en un refugio (por ejemplo, si vive en un lugar propenso a incendios forestales o huracanes). Si tiene que evacuar, llévese a su perro con usted. El adiestramiento es útil; tras el terremoto de magnitud 9 en Japón en 2011, entre las personas que pudieron evacuar con su mascota, el 46 % la había adiestrado y socializado; en cambio, entre los que tuvieron que dejarla atrás, solo el 26 % la había adiestrado y socializado.[14] La identificación de su mascota (microchips, tatuajes y su número de teléfono en el collar) lo ayudará a reunirse si se separa. También debería pensar en una sujeción segura para su perro en los vehículos, como un arnés, una jaula o una barrera a prueba de choques (de acuerdo con los requisitos legales del lugar donde vive) para proteger a su perro en caso de accidente automovilístico. La planificación anticipada es esencial, pero la preparación para las catástrofes no se limita a los suministros de emergencia, sino que también consiste en dotar a su perro de las habilidades necesarias para enfrentarse a la vida normal y cotidiana.

CÓMO APLICAR LA CIENCIA EN CASA

• Si su perro padece una enfermedad crónica, vea si hay ajustes que pueda hacer para mantener una buena calidad de vida. Hable de la eutanasia con su veterinario con suficiente antelación para saber a qué signos debe prestar atención que puedan indicar una reducción de la calidad de vida, y reflexionar sobre cómo gestionar la eutanasia (por ejemplo, en casa o en la clínica).

• Piense de antemano en cómo tomaría una decisión sobre el final de la vida. Las escalas de calidad de vida pueden ser útiles para tomar la decisión, pero a menudo solo se aplican a condiciones específicas. Una regla más general, como sugiere el doctor Walton, es cuando los días malos superan a los buenos.

• No tenga miedo de pedir consejo a su veterinario o de que le explique los pros y los contras de las distintas opciones de tratamiento (si las hay) para ayudarlo a tomar la decisión.

• Sea sensible a los animales de compañía. Los perros que permanezcan en el hogar pueden llorar la pérdida de su compañero y desear más afecto y atención. Si fallece una mascota de otra especie, como un gato, su perro también puede llorar por ella.

• Haga un plan para su(s) mascota(s) en caso de que enferme(n) o fallezca(n).

• Elabore un plan de emergencia para su familia (incluidas las mascotas). Averigüe qué hoteles cercanos admiten mascotas y tenga una bolsa de suministros de emergencia para su perro por si tiene que salir de casa en caso de emergencia.

CAPÍTULO 16
PERROS SEGUROS,
PERROS FELICES

He estado pensando en cómo sería la vida ideal de Bodger. Mi marido y yo no saldríamos más que para llevarle a dar un buen paseo en algún lugar bastante tranquilo, pero con suficiente gente y perros para proporcionar algo de interés. El sol brillaría y no habría más que una pequeña brisa. Toda la gente que conociera querría acariciarlo y esperaría que les lamiera los labios. El resto del tiempo, nos quedaríamos en casa con él para hacerle compañía.

Le gusta la comida para perros, pero estoy segura de que preferiría las comidas caseras, quizá un filete para el desayuno y algo con callos, salsa de queso y huevos para la cena. Habría muchos trocitos de queso y salchichas durante el día para mantener sus niveles de energía y motivación. Se reuniría con sus amigos perrunos para dar un paseo vespertino por el barrio y encontraría algo maloliente como un ratón muerto para revolcarse. Habría algo de caca de oso, y el oso habría estado comiendo fruta —manzanas, por ejemplo, o ciruelas— para que pudiera olerla bien y luego darle un mordisco a este manjar. Después del paseo, volveríamos a casa para acurrucarnos en el sofá.

Por supuesto, habría muchos juegos de tira y afloja y tal vez algunos minutos de búsqueda (pero nada demasiado agotador). Le gustaría que le acicalaran un poco, pero no demasiado a la vez. Los gatos se pasearían mucho por la casa para que pudiera seguirlos e intentar reunirlos o llevarlos a otra habitación. No habría búhos en el mundo. Y por la noche dormiría en la cama con nosotros y los gatos, aunque estos se mantendrían a una distancia respetuosa y no harían ninguna travesura.

La vida ideal de Fantasma habría incluido más paseos y oportunidades para vagar por el bosque y buscar moras, ratones y tal vez una ardilla antes de volver a casa a la misma comida de callos, salsa de queso y huevos. Los gatos estarían encerrados para no caer en la tentación, ya que es difícil tener un amigo que también sea comida. Habríamos tenido una larga sesión de acicalamiento —al menos media hora— para ayudarlo a relajarse al final del día. Y nunca habríamos salido o le habríamos dejado solo en casa.

Por desgracia, esta vida perfecta no es posible. A veces es necesario salir, aunque Bodger ya está acostumbrado y lo lleva bien. Le pido que deje la caca del oso, si la detecto a tiempo, y le dejo caer golosinas al suelo como agradecimiento, pero veo la mirada de arrepentimiento que le dedica a la caca mientras se aleja, y la forma en que la recuerda y quiere volver al mismo lugar en sus siguientes paseos. Y, es verdad que los gatos se excitan con demasiada facilidad en ocasiones, sobre todo cuando saltan a lo alto del árbol de los gatos y no bajan o cuando Melina —todavía una gatita pequeña— se sube a las cortinas del dormitorio. No soporto cocinar callos, así que tiene que conformarse con la variedad enlatada, aunque aparentemente es bastante buena también. Y, por supuesto, en el mundo perfecto de Bodger —al igual que en el mío—, Fantasma seguiría con nosotros.

Este libro ha esbozado lo que significa que los perros sean felices y cómo la ciencia canina contribuye a nuestra comprensión de lo que necesitan los perros de compañía. Aunque siempre se dice que hace falta más investigación y es, por supuesto, cierto. En particular, estaría bien ver más estudios con un mayor número de perros participantes, estudios longitudinales para seguir las diferencias a lo largo del tiempo y un buen equilibrio entre estudios experimentales y naturalistas.

Al pensar en el bienestar de los animales, el profesor David Mellor me dijo que tenemos que minimizar las experiencias negativas y ofrecer oportunidades para las experiencias positivas. Por ejemplo, si un animal siente dolor, no querrá jugar ni relacionarse con las personas y los animales de su hogar, por lo que debemos asegurarnos de que el dolor no sea intolerable y también ser conscientes de que puede interferir en la capacidad del perro para disfrutar de experiencias positivas. Esto significa que tanto las experiencias positivas como las negativas son importantes a la hora de considerar el bienestar del perro.

En la tabla se muestran algunos de los principales factores que afectan al bienestar de los perros de compañía, ordenados en función de los Cinco Ámbitos.

Factores de bienestar para perros felices				
Nutrición	Medio ambiente	Salud	Comportamiento	Salud mental
- Comida saludable y variada	- Entorno cerrado y seguro	- Buenas condiciones de salud	- Abundancia de experiencias positivas durante el período sensible de socialización	- Sensación de seguridad
	- Espacio de descanso y camas confortables	- Atención veterinaria en entornos de bajo estrés	- Compañía, tanto de otros perros como de seres humanos	
	- Un lugar para relajarse alejado de los niños	- Entrenamiento del dueño en técnicas de manejo y aseo del animal	- Oportunidades de juego	- Ayuda inmediata frente a posibles problema de comportamiento
- Agua	- Estatuto y marco jurídico adecuado	- Crianza responsable para evitar problemas hereditarios de salud	- Entrenamiento basado en el sistema de recompensas	- Opciones de socialización
		- Dar paseos y ejercicio físico	- Ayuda inmediata frente a posibles problema de comportamiento	

CÓMO PROMOVER EL BIENESTAR DE LOS ANIMALES

Hay una serie de cosas que podemos hacer para que nuestros perros sean felices:

- Ayude a su perro a sentirse seguro (capítulos 3, 7 y 13).
- Aprenda a reconocer las señales de miedo, ansiedad yestrés (capítulos 1 y 13).
- Socialice a los cachorros durante el periodo sensible de socialización (capítulo 2).

- Dé a su perro opciones (capítulo 2).
- Entrénelo con métodos basados en la recompensa (capítulos 3 y 4).
- Asegúrese de que su perro salga a pasear con regularidad y haga otro tipo de ejercicio (capítulo 9).
- Busque un veterinario que utilice técnicas de manejo de bajo estrés(capítulo 5).
- Pregunte a su veterinario por el peso de su perro (capítulo 11).
- Proporcione oportunidades de enriquecimiento, desde los *sniffaris* hasta el juego (capítulos 6 y 10).
- Haga cambios para reflejar las necesidades de su perro a medida que envejece (capítulo 14).

Y recuerde, cada perro es un individuo, y depende de usted encontrar lo que funciona para el suyo.

Para hacer felices a los perros, lo primero es aprender más sobre ellos. Hoy en día, es cada vez más fácil encontrar información sobre los perros y cómo cuidarlos. El problema es que gran parte de esta información es errónea y las cosas cambian constantemente a medida que la investigación sobre todos los aspectos del comportamiento, la cognición y el bienestar de los perros continúa a buen ritmo. Dada la escasa calidad de tanta información, algo que todos podemos hacer para ayudar a los perros es compartir buenos libros, blogs y sitios web cuando los encontramos. Siga mi propio blog, *Companion Animal Psychology*, para estar al día de los últimos avances y para obtener sugerencias de otros blogs (y libros) que también puede leer. Y considere que su perro participe en la ciencia canina si lo desea, ya sea en línea a distancia a través de grupos como Darwin's Ark, Dognition y Generation Pup, o muy posiblemente en persona en una universidad de una ciudad cercana. Son tiempos apasionantes para los perros y nuestra relación con ellos. Como muestra este libro, hay muchas cosas que los propietarios de perros están haciendo bien, pero también mucho margen de mejora.

La segunda parte para hacer que los perros sean más felices consiste en poner en práctica lo que hemos aprendido sobre el comportamiento canino y el bienestar animal y lo que usted sabe sobre las necesidades y preferencias de su propio perro. Al final del libro, he incluido una lista de comprobación por si quiere aplicar algunas de las ideas a su(s) propio(s) perro(s). Para confeccionar la lista, me he basado en la ciencia detallada en este libro, así como en mi propia experiencia en el adiestramiento de perros. Incluye preguntas sobre lo que hace feliz a su perro y sobre lo que puede provocarle miedo o estrés. No pretende sustituir los consejos de un profesional, por lo que, si tiene alguna duda, acuda a su veterinario o a un adiestrador o conductista de perros cualificado.

Bodger es una presencia casi constante en mi vida y pasamos juntos la mayor parte de las horas de vigilia. Por la noche, duerme en una cama para perros a los pies de la cama. A veces, cuando escribo, viene y se queda en mi estudio, a veces se queda dormido tan cerca que ya no puedo mover la silla. Escoge el lugar que solía ocupar Fantasma, así que es una de las formas en las que se ha adaptado a su ausencia. Pero me he dado cuenta de que hay todavía detalles que demuestran que no se ha adaptado completamente: a la hora de comer, toma el camino más largo hasta su cuenco de comida, como si Fantasma estuviera aquí y comiera en el espacio donde siempre comía. Estoy segura de que es solo porque se convirtió en un hábito dejar que Fantasma comiera en paz (mientras vigilaba en secreto las sobras). Pero demuestra que, aunque se haya ido, sigue habiendo un rastro del perro que queríamos. El impacto que tienen los perros en nuestras vidas es tremendo y debemos hacer lo que podamos para que sean felices.

Las necesidades de los perros cambian a lo largo de su vida, pero pueden seguir siendo felices a cualquier edad (Fuente: Jean Ballard).

LISTA DE CONTROL PARA UN PERRO FELIZ

Esta lista de comprobación está diseñada para ayudarle a reflexionar sobre algunas de las ideas de este libro en relación con su propio perro. No es un instrumento científicamente validado, ni sustituye a una opinión profesional. Si tiene alguna duda sobre su perro, consulte a un veterinario, un adiestrador de perros o un especialista en comportamiento animal.

Responda a cada pregunta con un sí o un no. Cuantas más respuestas afirmativas haya, mejor. Para las respuestas negativas, solucione la situación y vea si debe hacer cambios.

Nombre del perro:
Edad:
Raza:

Lista de control para un perro feliz			
Nombre del perro			
Edad			
Raza			
		Sí/No	Capítulo
1	Mi perro tiene un espacio seguro al que acudir si se siente estresado (por ejemplo, la cama del perro, la jaula).		1, 13
2	Todos los miembros de la casa respetan el espacio seguro del perro y lo dejan tranquilo cuando está allí.		1, 13
3	Mi perro tiene una rutina diaria.		1, 13
4	Todos los miembros de la familia son coherentes con las normas que se aplican al perro.		1, 13
5	Mi perro tiene la opción de interactuar o no con cada miembro de la familia.		1, 13
6	Los niños nunca pueden acercarse a mi perro cuando está sentado o tumbado.		8
7	Si los niños muy pequeños quieren acariciar a mi perro, un adulto les guía la mano para asegurarse de que lo hacen delicadamente.		8
8	Mi perro tiene al menos un paseo al día.		9
9	Mi perro tiene oportunidades de olfatear en los paseos.		9
10	Mi perro no se queda regularmente solo durante más de cuatro horas seguidas. En ese caso, me organizo para que alguien me ayude.		7
11	Mi perro tiene visitas anuales al veterinario (o como lo determine el veterinario).		5
12	Mi perro está al día con las vacunas recomendadas por su veterinario.		5
13	Mi perro tiene tratamientos regulares para los parásitos, según las recomendaciones del veterinario.		5
14	Mi perro tiene un peso saludable (en caso de duda, pregunte a su veterinario).		5, 11
15	Si mi perro es amigable con otros perros, tiene la oportunidad de socializar con otros perros similares.		6
16	Si a mi perro le resulta estresante socializar con otros perros, no está obligado a hacerlo.		6
17	Mi perro tiene la oportunidad de jugar con los juguetes de la comida.		10
18	Mi perro tiene juguetes para morder.		10
19	Mi perro tiene la oportunidad de ejercitar su nariz.		10
20	Ningún miembro de la familia utiliza el castigo positivo para adiestrar al perro.		3, 4, 13
21	El perro aprende regularmente cosas nuevas, mediante la técnicas de refuerzo positivo.		3, 4, 13
22	En los viajes en coche, el perro está asegurado de acuerdo con los requisitos legales del lugar donde vivo.		15
23	Mi perro es amigable con otras personas.		3, 4, 13
24	Mi perro es amable con los miembros de la familia.		3, 4, 13

25	Estoy atento a los signos de estrés de mi perro (por ejemplo, lamerse los labios, mirar hacia otro lado, temblar, esconderse, buscar a las personas) e intervengo para ayudar si es necesario.		1
26	He hecho planes para mi perro en caso de una eventualidad.		15
27	Mi perro está incluido en los planes de emergencia de mi familia.		15
28	Mi perro tiene un espacio propio y una cama en la que le gusta dormir.		12
29	En el caso de necesidad, he adaptado mi entorno para acomodar las necesidades especiales de mi perro		14
Los juguetes favoritos de mi perro son:			
Los juegos favoritos de mi perro son:			
Los lugares favoritos de mi perro para pasear son:			

NOTAS

Capítulo 1

1. American Pet Products Association, «Pet industry market size and ownership statistics», consultado el 17 de junio de 2019, americanpetproducts.org/press_industrytrends.asp

2. Statista, «Number of dogs in the United States from 2000 to 2017 (in millions)», consultado el 8 de agosto de 2018, statista.com/statistics/198100/dogs-in-the-united-states-since-2000/; Canadian Animal Health Institute, «Latest canadian pet population figures released», consultado el 28 de enero de 2019, cahi-icsa.ca/press-releases/latest-canadian-pet-popu lation-figures-released; Pet Food Manufacturers' Association, «Pet Population 2018», consultado el 8 de agosto de 2018, pfma.org.uk/pet-population-2018.

3. M. Wan, N. Bolger y F.A. Champagne, «Human perception of fear indogs varies according to experience with dogs», *PLOS ONE* 7, no. 12(2012): e51775.

4. Chiara Mariti *et al.*, «Perception of dogs' stress by their owners», *Journal of Veterinary Behavior* 7, no. 4 (2012): 213-219; Emily J. Black-well, John W.S. Bradshaw y Rachel A. Casey, «Fear responses to noises in domestic dogs: prevalence, risk factors and co-oc currence with other fear related behaviour», *Applied Animal Be-haviour Science* 145, no. 1-2 (2013): 15-25.

5. S. D. A. Leaver y T. E. Reimchen, «Behavioural responses of *Canis familiaris* to different tail lengths of a remotely-controlled life-size dog replica», *Behaviour* (2008): 377-390.

6. Marc Bekoff, *The Emotional Lives os Animals. A Leading Scientist Explores Animal Joy, Sorrow, and Empathy-and Why They Matter* (Novato, CA: New World Library, 2010); Jonathan Balcombe, *What a Fish Knows: The Inner Lives of Our Underwater Cousins* (Nueva York: Scientific American/Farrar, Straus and Giroux, 2016).

7. Jaak Panksepp, «Affective consciousness: Core emotional feelings in animals and humans», *Consciousness and Cognition* 14, no. 1 (2005): 30-80.

8. Archivos Nacionales, «Farm animal welfare council five freedoms», 2012, webarchive.nationalarchives.gov.uk/uk-gwa/20121010012427/http:/www.fawc.org.uk/freedoms.htm

9. John Webster, «Animal welfare: Freedoms, dominions and "a life worth living"», *Animals* 6, no. 6 (2016): 35.

10. People's Dispensary for Sick Animals, «Animal wellbeing PAW report», 2017, pdsa.org.uk/media/3291/pdsa-paw-report-2017_printable-1.pdf

11. David J. Mellor, «Updating animal welfare thinking: Moving beyond the "Five Freedoms" towards a "Life Worth Living"», *Animals* 6, no. 3 (2016): 21; David J. Mellor, «Moving beyond the "Five freedoms" by updating the "Five Provisions" and introducing aligned "Animal Welfare Aims"», *Animals* 6, no. 10 (2016): 59.

12. David J. Mellor, «Operational details of the Five Domains Model and its key applications to the assessment and management of animal welfare», *Animals* 7, n° 8 (2017): 60.

13. Alexander Weiss, Mark J. Adams y James E. King, «Happy orangutans live longer lives», *Biology Letters* (2011): rsbl20110543.

14. Lauren M. Robinson *et al.*, «Happiness is positive welfare in brown capuchins (*Sapajus apella*)», *Applied Animal Behaviour Science* 181 (2016): 145-151;Lauren M. Robinson *et al.*, «Chimpanzees with positive welfare are happier, extraverted, and emotionally stable», *Applied Animal Behaviour Science* 191 (2017): 90-97.

15. Nancy A. Dreschel, «The effects of fear and anxiety on health and life-span in pet dogs», *Applied Animal Behaviour Science* 125, no. 3-4 (2010):15-162.

16. Sociedad Americana para la Prevención de la Crueldad contra los Animales (ASPCA), «Facts about animal shelters», consultado el 7 de abril de 2018, aspca.org/ animal-homeless ness/shelter-intake- and-surrender/pet-statistics.

17. American Veterinary Society of Animal Behavior (AVSAB), «Position statement on puppy socialization», 2008, avsab.org/ wp-content/ uploads/2018/03/Puppy_Socialization_Posi tion_Statement_ Download_-_10-3-14.pdf.

18. Dan G. O'Neill *et al.*, «Longevity and mortality of owned dogs in England», *The Veterinary Journal* 198, no. 3 (2013): 638-643.

19. American Humane Association, «Keeping pets (dogs and cats) in homes: A three phase retention study. Phase II: Descriptive study of post-adoption retention in six shelters in three US cities», 2013, americanhumane.org/publication/ keeping-pets-dogs-and-cats-in- homes-phase-ii-descriptive-study-of-post-adoption-retention-in- six-shelters-in-three-u-cit ies/; BBC, «RSPCA launches puppy smart campaign», 1 de febrero de 2011, news.bbc.co.uk/local/cornwall/hi/people_ and_places/nature/newsid_9383000/9383583.stm

20. People's Dispensary for Sick Animals, «Paw report 2018», pdsa.org.uk/ media/4371/paw-2018-full-web-ready.pdf; Kate M. Mornement *et al.*, «Evaluation of the predictive validity of the behavioural assessment for re-homing K9's (B.A.R.K.) protocol and owner satisfaction with adopted dogs», *Applied Animal Behaviour Science* 167 (2015): 35-42.

Capítulo 2. Conseguir un perro

1. Lee Alan Dugatkin y Lyudmila Trut, *How to Tame a Fox (and Build a Dog): Visionary Scientists and a Siberian Tale of Jump-Started Evolution* (Chicago: University of Chicago Press, 2017).

2. Bridget M. Waller *et al.*, «Paedomorphic facial expressions give dogs a selective advantage», *PLOS ONE* 8, no. 12 (2013): e82686.

3. Stefano Ghirlanda, Alberto Acerbi y Harold Herzog, «Dog movie stars and dog breed popularity: A case study in media influence on choice», *PLOS ONE* 9, no. 9 (2014): e106565.

4. Stefano Ghirlanda *et al.*, «Fashion vs. function in cultural evolution: The case of dog breed popularity», *PLOS ONE* 8, no. 9 (2013): e74770.

5. Harold A. Herzog, «Biology, culture, and the origins of pet-keeping», *Animal Behavior and Cognition* 1, no. 3 (2014): 296-308.

6. Harold A. Herzog y Steven M. Elias, «Effects of winning the Westminster Kennel Club Dog Show on breed popularity», *Journal of the American Veterinary Medical Association* 225, no. 3 (2004): 365-367.

7. Kendy T. Teng *et al.*, «Trends in popularity of some morphological traits of purebred dogs in Australia», *Canine Genetics and Epidemiology* 3, n° 1 (2016): 2; Terry Emmerson, «Brachy-

cephalic obstructive airway syndrome: A growing problem», *Journal of Small Animal Practice* 55, nº 11 (2014): 543-544.

8. American Kennel Club, «Most popular dog breeds of 2018 (2019)», 20 de marzo de 2019, akc.org/expert-advice/news/most-popular- dog- breeds-of-2018/; Canadian Kennel Club, «Announcing Canada's top 10 most popular dog breeds of 2018», 18 de enero de 2019, ckc.ca/en/ News/2019/Jan uary/Announcing-Canada-s-Top-10- Most-Popular-Dog-Breeds; Kennel Club, «Top twenty breeds in registration or derfor the years 2017 and 2018», 2019, thekennelclub.org.uk/media/1160202/2017-2018-top-20.pdf.

9. Peter Sandøe *et al.*, «Why do people buy dogs with potential welfare problems related to extreme conformation and inherited disease? A representative study of danish owners of four small dog breeds», *PLOS ONE* 12, no. 2 (2017): e0172091.

10. R. M. A. Packer, A. Hendricks, y C. C. Burn, «Do dog owners perceive the clinical signs related to conformational inherited disorders as "normal" for the breed? A potential constraint to improving canine welfare», *Animal Welfare-The UFAW Journal* 21, no. 1(2012): 81.

11. R. M. A. Packer, D. Murphy y M. J. Farnworth, «Purchasing popular purebreds: Investigating the influence of breed-type on the pre- purchase motivations and behaviour of dog owners», *Animal Welfare- The UFAW Journal* 26, no. 2 (2017): 191-201.

12. M. Morrow *et al.*, «Breed-dependent differences in the onset of fear-related avoidance behavior in puppies», *Journal of Veterinary Behavior* 10, no. 4 (2015): 286-294.

13. D. Freedman, J. King y O. Elliot, «Critical period in the social development of dogs», *Science* 133, no. 3457 (1961): 1016-1017; C. Pfaffenberger y J. Scott, «The relationship between delayed socialization and trainability in guide dogs», *The Journal*

of Genetic Psychology 95, no. 1 (1959): 145-155; J. Scott y M. Marston, «Critical periods affecting the development of normal and mal-adjustive social behavior of puppies», *The Pedagogical Seminary and Journal of Genetic Psychology* 77, no. 1 (1950): 25-60.

14. James Serpell, Deborah L. Duffy y J. Andrew Jagoe, «Becoming a dog: Early experience and the development of behavior» en *The Domestic Dog: Its Evolution, Behavior and Interactions with People*, ed. James Serpell (Cambridge: Cambridge University Press, 2017); John Bradshaw, *In Defence of Dogs: Why Dogs Need Our Understanding* (Londres: Allen Lane, 2011).

15. F. McMillan *et al.*, «Differences in behavioral characteristics between dogs obtained as puppies from pet stores and those obtained from noncommercial breeders», *Journal of the American Veterinary Medical Association* 242, no. 10 (2013): 1359-1363.

16. Federica Pirrone *et al.*, «Owner-reported aggressive behavior towards familiar people may be a more prominent occurrence in pet shop-traded dogs», *Journal of Veterinary Behavior* 11 (2016): 13-17.

17. Franklin D. McMillan, «Behavioral and psychological outcomes for dogs sold as puppies through pet stores and/or born in commercial breeding establishments: Current knowledge and putative causes», *Journal of Veterinary Behavior* 19 (2017): 14-26.

18. C. Westgarth, K. Reevell y R. Barclay, «Association between prospective owner viewing of the parents of a puppy and later referral for behavioural problems», *Veterinary Record* 170, no. 20 (2012): 517.

19. Helen Vaterlaws-Whiteside y Amandine Hartmann, «Improving puppy behavior using a new standardized socialization program», *Applied Animal Behaviour Science* 197 (2017): 55-61.

20. Kate M. Mornement *et al.*, «Evaluation of the predictive validity of the behavioural assessment for re-homing K9's (B.A.R.K.) protocol and owner satisfaction with adopted dogs», *Applied AnimalBehaviour Science* 167 (2015): 35-42.

21. Sophie Scott et al, «Follow-up surveys of people who have adopted dogs and cats from an Australian shelter», Applied Animal Behaviour Science 201 (2018): 40-45.

Capítulo 3. Cómo aprenden los perros

1. Pamela Joanne Reid, *Excel-Erated Learning: Explaining in Plain English HowDogs Learn and How Best to Teach Them* (Berkeley, CA: James & Kenneth Publishers, 1996).

2. Enikő Kubinyi, Péter Pongrácz y Ádám Miklósi, «Dog as a model for studying conspecific and heterospecific social learning», *Journal of Veterinary Behavior* 4, no. 1 (2009): 31-41.

3. J. M. Slabbert y O. Anne E. Rasa, «Observational learning of an acquired maternal behaviour pattern by working dog pups: An alternative training method», *Applied Animal Behaviour Science* 53, no. 4 (1997): 309-316.

4. Claudia Fugazza y Ádám Miklósi, «Should old dog trainers learn new tricks? The efficiency of the Do as I Do method and shaping/*clicker* training method to train dogs», *Applied Animal Behaviour Science* 153, (2014): 53-61.

5. Dorit Mersmann *et al.*, «Simple mechanisms can explain social learning in domestic dogs *(Canis familiaris)*", *Ethology* 117, no. 8 (2011): 675-690.

6. Zazie Todd, «Barriers to the adoption of humane dog training methods», *Journal of Veterinary Behavior*, 25 (2018): 28-34.

7. Emily J. Blackwell *et al.*, «The relationship between training methods and the occurrence of behavior problems, as reported

by owners, in a population in domestics dogs», *Journal of Veterinary Behavior* 3, no. 5 (2008): 207-217.

8. Emily J. Blackwell *et al.*, «The relationship between training methods and the occurrence of behavior problems, as reported by owners, in a population in domestics dogs», *Journal of Veterinary Behavior* 3, no. 5 (2008): 207-217.

9. Christine Arhant *et al.*, «Behaviour of smaller and larger dogs: Effects of training methods, inconsistency of owner behaviour and level of engagement in activities with the dog», *Applied Animal Behaviour Science* 123, no. 3-4 (2010): 131-142.

10. Nicola Jane Rooney y Sarah Cowan, «Training methods and owner-dog interactions: Links with dog behaviour and learning ability», *Applied Animal Behaviour Science* 132, no. 3-4 (2011): 169-177.

11. Stéphanie Deldalle y Florence Gaunet,«"Effects of 2 training methods on stress-related behaviors of the dog (*Canis familiaris*) and on the dog-owner relationship», *Journal of Veterinary Behavior* 9, no. 2 (2014):58-65.

12. Meghan E. Herron, Frances S. Shofer e Ilana R. Reisner, «Survey of the use and outcome of confrontational and non-confrontational training methods in client-owned dogs showing undesired behaviors», *Applied Animal Behaviour Science* 117, no. 1-2 (2009): 47-54.

13. Gal Ziv, «The effects of using aversive training methods in dogs-a review», *Journal of Veterinary Behavior* 19 (2017): 50-60.

14. American Veterinary Society of Animal Behavior (AVSAB), «The AVSAB position statement on the use of punishment for behavior modification in animals», 2007, avsab.org/wp-content/uploads/2018/03/Punishment_ Position_State ment-download_-_10-6-14.pdf.

15. Jonathan J. Cooper *et al.*, «The welfare consequences and efficacy of training pet dogs with remote electronic training collars in comparison to reward based training», *PLOS ONE* 9, no. 9 (2014): e102722.

16. Nicole S. Starinsky, Linda K. Lord y Meghan E. Herron, «Escape rates and biting histories of dogs confined to their owner›s property through the use of various containment methods», *Journal of the American Veterinary Medical Association* 250, no. 3 (2017): 297-302.

17. Sylvia Masson *et al.*, «Electronic training devices: discussion on the pros and cons of their use in dogs as a basis for the position statement of the European Society of Veterinary Clinical Ethology (ESVCE)», *Journal of Veterinary Behavior* 25 (2018): 71-75.

18. Carlo Siracusa, Lena Provoost, y Ilana R. Reisner, «Dog -and owner- related risk factors for consideration of euthanasia or rehoming before a referral behavioral consultation and for euthanizing or rehoming the dog after the consultation», *Journal of Veterinary Behavior* 22 (2017): 46-56.

19. Juliane Kaminski, Josep Call y Julia Fischer, «Word learning in a domestic dog: Evidence for fast mapping», *Science* 304, no. 5677 (2004): 1682- 1683; John W. Pilley, y Alliston K. Reid, «Border collie comprehends object names as verbal referents», *Behavioural Processes* 86, no. 2 (2011): 184-195.

20. Rachel A. Casey *et al.*, «Human directed aggression in domestic dogs (*Canis familiaris*): Occurrence in different contexts and risk factors», *Applied Animal Behaviour Science* 152 (2014): 52-63.

21. Ai Kutsumi *et al.*, «Importance of puppy training for future behavior of the dog», *Journal of Veterinary Medical Science* 75, n° 2 (2013): 141-149.

ZAZIE TODD

22. American Veterinary Society of Animal Behavior (AVSAB), «AVSAB posi tion statement on puppy socialization», 2008, avsab.org/wp-content/ uploads/2019/01/Puppy-Socialization-Position-Statement-FINAL.pdf

23. J. H. Cutler, J.B. Coe y L. Niel, «Puppy socialization practices of a sample of dog owners from across Canada and the United States», *Journal of the American Veterinary Medical Association* 251, no. 12 (2017): 1415-1423.

CAPÍTULO 4. MOTIVACIÓN Y TÉCNICA

1. Federica Pirrone *et al.*, «Owner-reported aggressive behavior towards familiar people may be a more prominent occurrence in pet shop-traded dogs», *Journal of Veterinary Behavior* 11 (2016): 13-17.

2. Meghan E. Herron, Frances S. Shofer e Ilana R. Reisner, «Survey of the use and outcome of confrontational and non-confrontational training methods in client-owned dogs showing undesired behaviors», *Applied Animal Behaviour Science* 117, no. 1-2 (2009): 47-54.

3. Clare M. Browne *et al.*, «Examination of the accuracy and applicability of information in popular books on dog training, *Society & Animals* no. 25 (2017): 411-435.

4. Erica N. Feuerbacher y Clive D.L. Wynne, «Relative efficacy of human social interaction and food as reinforcers for domestic dogs and hand-reared wolves», *Journal of the Experimental Analysis of Behavior* 98, no. 1 (2012): 105-129.

5. Erica N. Feuerbacher y Clive D.L. Wynne, «Shut up and pet me! Domestic dogs (*Canis lupus familiaris*) prefer to petting to vocal praise in concurrent and single-alternative choice procedures», *Behavioural Processes* 110 (2015): 47-59.

6. Erica N. Feuerbacher y Clive D.L. Wynne, «Most domestic dogs (*Canis lupus familiaris*) prefer food to petting: Population, context, and schedules effects in concurrent choice», *Journal of the Experimental Analysis of Behavior* 101, no. 3 (2014): 385-405.

7. Yuta Okamoto *et al.*, «The feeding behavior of dogs correlates with their responses to commands», *Journal of Veterinary Medical Science* 71, no. 12 (2009): 1617-1621.

8. Megumi Fukuzawa y Naomi Hayashi, «Comparison of 3 different rein- forcements of learning in dogs (*Canis familiaris*)», *Journal of Veterinary Behavior* 8, no. 4 (2013): 221-224.

9. Stefanie Riemer *et al.*, «Reinforcer effectiveness in dogs-the influence of quantity and quality», *Applied Animal Behaviour Science* 206 (2018): 87-93.

10. Annika Bremhorst *et al.*, «Incentive motivation in pet dogs-preference for constant vs varied food rewards», *Scientific Reports* 8, no. 1 (2018): 9756.

11. Cinzia Chiandetti *et al.*, «Can clicker training facilitate conditioning in dogs?», *Applied Animal Behaviour Science* 184 (2016): 109-116.

12. Lynna C. Feng *et al.*, «Is clicker training (Clicker + food) better than food-only training for novice companion dogs and their owners?», *Applied Animal Behaviour Science*, 204 (2018): 81-93.

13. Lynna C. Feng, Tiffani J. Howell, y Pauleen C. Bennett, «Practices and perceptions of clicker use in dog training: A survey-based investigation of dog owners and industry professionals, *Journal of Veterinary Behavior* 23 (2018): 1-9.

14. Clare M. Browne *et al.*, «Delayed reinforcement – does it affect learning?», *Journal of Veterinary Behavior* 8, no. 4 (2013): e37-e38; Clare M. Browne *et al.*, «Timing of reinforcement

during dog training», Journal *of Veterinary Behavior* 6, no. 1 (2011): 58-59.

15. Nadja Affenzeller, Rupert Palme y Helen Zulch, «Playful activity post-learning improves training performance in Labrador Retriever dogs (*Canis lupus familiaris*)», *Physiology & Behavior* 168 (2017): 62-73.

CAPÍTULO 5. EL VETERINARIO Y EL CUIDADO DE LOS ANIMALES
1. John O. Volk *et al.*, «Executive summary of the Bayer veterinary care usage study», *Journal of the American Veterinary Medical Association* 238, nº 10 (2011): 1275-1282.

2. C. Mariti *et al.*, «The assessment of dog welfare in the waiting room of a veterinary clinic», *Animal Welfare* 24, no. 3 (2015): 299-305.

3. Chiara Mariti *et al.*, «Guardians "perceptions of dogs" welfare and behaviors related to visiting the veterinary clinic», *Journal of Applied Animal Welfare Science* 20, no. 1 (2017): 24-33.

4. Marcy Hammerle *et al.*, «2015 AAHA canine and feline behavior management guidelines», *Journal of the American Animal Hospital Association* 51, no. 4 (2015): 205-221.

5. Fear Free, «Fear Free veterinarians aim to reduce stress for pets», 2016, fearfreepets.com/fear-free-veterinarians-aim-to-reduce- stress-for-pets/

6. Bruno Scalia, Daniela Alberghina y Michele Panzera, «Influence of low stress handling during clinical visit on physiological and behavioural indicators in adult dogs: a preliminary study», *Pet Behaviour Science* 4 (2017): 20-22.

7. Karolina Westlund, «To feed or not to feed:Counterconditioning in the veterinary clinic», *Journal of Veterinary Behavior* 10, no. 5 (2015): 433-437.

8. Janice K.F. Lloyd, «Minimising stress for patients in the veterinary hospital: Why it is important and what can be done about it», *Veterinary Sciences* 4, no. 2 (2017): 22.

9. Erika Csoltova *et al.*, «Behavioral and physiological reactions in dogs to a veterinary examination: Owner-dog interactions improve canine well-being», *Physiology & Behavior* 177 (2017): 270-281.

10. Rosalie Trevejo, Mingyin Yang y Elizabeth M. Lund, «Epidemiology of surgical castration in dogs and cats in the United States», *Journal of the American Veterinary Medical Association* 238, n° 7 (2011): 898-904.

11. Margaret V. Root Kustritz y otros, «Determining optimal age for gonadectomy in the dog: A critical review of the literature to guide decision making», *Journal of the American Veterinary Medical Association* 231, no.11 (2007): 1665-1675.

12. Jessica M. Hoffman *et al.*, «Do female dogs age differently than male dogs?», *The Journals of Gerontology: Series A* 73, no. 2 (2017): 150-156.

13. James A. Serpell y Yuying A. Hsu, «Effects of breed, sex, and neuter status on trainability in dogs», *Anthrozoös* 18, no. 3 (2005): 196-207.

14. Paul D. McGreevy *et al.*, «Behavioural risks in male dogs with minimallifetime exposure to gonadal hormones may complicate population- control benefits of desexing», *PLOS ONE* 13, no. 5 (2018): e0196284.

15. Paul D. McGreevy, Joanne Righetti y Peter C. Thomson, «The reinforcing value of physical contact and the effect on canine heart rate of grooming in different anatomical areas», *Anthrozoös* 18, no. 3 (2005): 236-244.

16. Franziska Kuhne, Johanna C. Hößler y Rainer Struwe, «Effects of human-dog familiarity on dogs' behavioural responses to petting», *Applied Animal Behaviour Science* 142, no. 3-4 (2012): 176-181.

17. Helen Vaterlaws-Whiteside y Amandine Hartmann, «Improving puppy behavior using a new standardized socialization program», *Applied Animal Behaviour Science,* 197 (2017): 55-61.

18. Franklin D. McMillan *et al.*, «Differences in behavioral characteristics between dogs obtained as puppies from pet stores and those obtained from noncommercial breeders», *Journal of the American Veterinary Medical Association* 242, no. 10 (2013): 1359-1363.

19. Paul D. McGreevy *et al.*, «Dog behavior co-varies with height, body-weight and skull shape», *PLOS ONE* 8, no. 12 (2013): e80529.

20. Todd W. Lue, Debbie P. Pantenburg y Phillip M. Crawford, «Impact of the owner-pet and client-veterinarian bond on the care that pets receive», *Journal of the American Veterinary Medical Association* 232, no. 4 (2008): 531-540.

21. American Animal Hospital Association, «Frequency of veterinary visits», 2014, aaha.org/professional/resources/fre quency_of_veterinary_visits. Aspx

22. Zoe Belshaw *et al.*, «Owners and veterinary surgeons in the United Kingdom disagree about what should happen during a small animal vaccination consultation», *Veterinary Sciences* 5, n.º 1 (2018): 7; Zoe Belshaw *et al.*, «I Always Feel Like I Have to Rush…" Pet Owner and Small Animal Veterinary Surgeons Reflections on Time during Preventative Healthcare Consultations in the United Kingdom», *Veterinary Sciences* 5, no. 1 (2018): 20.

23. Lawrence T. Glickman *et al.*, «Evaluation of the risk of endocarditis and other cardiovascular events on the basis of the severity of periodontal dis- ease in dogs», *Journal of the American Veterinary Medical Association* 234, no. 4 (2009): 486-494; Lawrence T. Glickman *et al.*, «Association between chronic azotemic kidney disease and the severity of periodontal disease in dogs», *Preventive Veterinary Medicine* 99, no. 2-4 (2011): 193-200.

24. Steven E. Holmstrom *et al.*, «2013 AAHA dental care guidelines for dogs and cats», *Journal of the American Animal Hospital Association* 49, no. 2 (2013): 75-82.

25. Judith L. Stella, Amy E. Bauer y Candace C. Croney, «A cross- sectional study to estimate prevalence of periodontal disease in a population of dogs (*Canis familiaris*) in commercial breeding facilities in Indiana and Illinois», *PLOS ONE* 13, no. 1 (2018): e0191395.

Capítulo 6. El perro social

1. Marc Bekoff, «Social play behavior. Cooperation, fairness, trust, and the evolution of morality», *Journal of Consciousness Studies* 8, no. 2 (2001): 81-90.

2. S. E. Byosiere, J. Espinosa y B. Smuts, «Investigating the function of play bows in adult pet dogs (*Canis lupus familiaris*)», *Behavioural Processes* 125 (2016): 106-113.

3. Sarah-Elizabeth Byosiere *et al.*, «Investigating the function of play bows in dog and wolf puppies (*Canis lupus familiaris, Canis lupus occidentalis*)», *PLOS ONE* 11, no. 12 (2016): e0168570.

4. Alexandra Horowitz, «Attention to attention in domestic dog (*Canis familiaris*) dyadic play», *Animal Cognition* 12, no. 1 (2009): 107-118.

5. Marc Bekoff, «Play signals as punctuation: the structure of social play in canids», *Behaviour* (1995): 419-429.

6. Rebecca Sommerville, Emily A. O'Connor y Lucy Asher, «Why do dogs play? Function and welfare implications of play in the domestic dog", *Applied Animal Behaviour Science* 197 (2017): 1-8.

7. Marek Spinka, Ruth C. Newberry y Marc Bekoff, «Mammalian play: Training for the unexpected», *The Quarterly Review of Biology* 76, n° 2(2001): 141-168.

8. Zsuzsánna Horváth, Antal Dóka y Ádám Miklósi, «Affiliative and disciplinary behavior of human handlers during play with their dog affects cortisol concentrations in opposite directions», *Hormones and Behavior* 54, no. 1 (2008): 107-114.

9. Lydia Ottenheimer Carrier *et al.*, «Exploring the dog park: Relationships between social behaviours, personality and cortisol in companion dogs», *Applied Animal Behaviour Science* 146, no. 1-4 (2013): 96-106.

10. Melissa S. Howse, Rita E. Anderson y Carolyn J. Walsh, «Social behaviour of domestic dogs (Canis familiaris) in a public off-leash dog park», *Behavioural Processes* 157(2018): 691-701.

11. John Bradshaw y Nicola Rooney, «Dog social behavior and communication», en *The Domestic Dog: Its Evolution, Behavior and Interactions with People*, ed. J. Serpell (Cambridge: Cambridge University Press, 2017), 133-159.

12. Neta-li Feuerstein y Joseph Terkel, «Interrelationships of dogs (*Canis familiaris*) and cats (*Felis catus L.*) living under the same roof», *Applied Animal Behaviour Science* 113, no. 1-3 (2008): 150-165.

13. Jessica E. Thomson, Sophie S. Hall y Daniel S. Mills, "Evaluación de la relación entre gatos y perros que viven en el mismo hogar", *Journal of Veterinary Behavior* 27 (2018): 35-40.

14. Michael W. Fox, «Behavioral effects of rearing dogs with cats during the "critical period of socialization», *Behaviour* 35, no. 3-4 (1969): 273-280.

CAPÍTULO 7. LOS PERROS Y SU GENTE

1. Brian Hare y Michael Tomasello, «Human-like social skills in dogs?», *Trends in Cognitive Sciences* 9, no. 9 (2005): 439-444.

2. Juliane Kaminski, Andrea Pitsch y Michael Tomasello, «Dogs steal in the dark», *Animal Cognition* 16, no. 3 (2013): 385-394; Juliane Bräuer *et al.*, «Domestic dogs conceal auditory but not visual information from others», *Animal Cognition* 16, no. 3 (2013): 351-359.

3. Charles H. Zeanah, Lisa J. Berlin y Neil W. Boris, «Practitioner review: Clinical applications of attachment theory and research for infants and young children», *Journal of Child Psychology and Psychiatry* 52, no. 8 (2011): 819-833.

4. Elyssa Payne, Pauleen C. Bennett y Paul D. McGreevy, «Current perspectives on attachment and bonding in the dog-human dyad», *Psychology Research and Behavior Management* 8 (2015): 71.

5. Márta Gácsi *et al.*, «Human analogue safe haven effect of the owner: Behavioural and heart rate response to stressful social stimuli in dogs», *PLOS ONE* 8, no. 3 (2013): e58475.

6. Isabella Merola, Emanuela Prato-Previde, y Sarah Marshall-Pescini, «Social referencing in dog-owner dyads?», *Animal Cognition* 15, no. 2 (2012): 175-185.

7. Isabella Merola, Emanuela Prato-Previde y Sarah Marshall-Pescini, «Dogs' social referencing towards owners and strangers», *PLOS ONE* 7, no. 10 (2012): e47653.

8. Erica N. Feuerbacher y Clive D.L. Wynne, «ˉDogs don't always prefer their owners and can quickly form strong preferences for certain strangers over others», *Journal of the Experimental Analysis of Behavior* 108, no. 3 (2017): 305-317.

9. Gregory S. Berns, Andrew M. Brooks y Mark Spivak, «Scent of the familiar: An fMRI study of canine brain responses to familiar and unfamiliar human and dog odors», *Behavioural Processes* 110 (2015): 37-46.

10. Peter F. Cook *et al.*, «Awake canine fMRI predicts dogs' preference for praise vs food», *Social Cognitive and Affective Neuroscience* 11, n° 12 (2016): 1853-1862.

11. Deborah Custance y Jennifer Mayer, «Empathic-like responding by domestic dogs (*Canis familiaris*) to distress in humans: An exploratory study», *Animal Cognition* 15, no. 5 (2012): 851-859.

12. Emily M. Sanford, Emma R. Burt y Julia E. Meyers-Manor, «Timmy's in the well: Empathy and prosocial helping in dogs», *Learning & Behavior* 46, no. 4 (2018): 374-386.

13. Natalia Albuquerque *et al.*, «Dogs recognize dog and human emotions», *Biology Letters* 12, n° 1 (2016): 20150883.

14. Hannah K. Worsley y Sean J. O'Hara, «Cross-species referential signalling events in domestic dogs (*Canis familiaris*)», *Animal Cognition* 21, no. 4 (2018): 457-465.

15. Nicola J. Rooney, John W.S. Bradshaw e Ian H. Robinson, «A com- parison of dog-dog and dog-human play behaviour», *Applied Animal Behaviour Science* 66, no. 3 (2000): 235-248.

16. Nicola J. Rooney, John W.S. Bradshaw e Ian H. Robinson, «Do dogs respond to play signals given by humans?», *Animal Behaviour* 61, no. 4 (2001): 715-722.

17. Alexandra Horowitz y Julie Hecht, «Examining dog-human play: The characteristics, affect, and vocalizations of a unique interspecific inter- action», *Animal Cognition* 19, no. 4 (2016): 779-788.

18. Tobey Ben-Aderet *et al.*, "Dog-directed speech: why do we use it and do dogs pay attention to it?», *Proceedings of the Royal Society B* 284, n° 1846 (2017): 20162429.

19. Sarah Jeannin *et al.*, «Pet-directed speech draws adult dogs' attention more efficiently than Adult-directed speech», *Scientific Reports* 7, no. 1 (2017): 4980.

20. Alex Benjamin y Katie Slocombe, «Who's a good boy?!" Dogs prefer naturalistic dog-directed speech», *Animal Cognition* 21, no. 3 (2018): 353-364.

CAPÍTULO 8. PERROS Y NIÑOS
1. Carri Westgarth *et al.*, «Pet ownership, dog types and attachment to pets in 9-10 year old children in Liverpool, UK», *BMC Veterinary Research* 9, no. 1 (2013): 102.

2. Janine C. Muldoon, Joanne M. Williams y Alistair Lawrence, «Mum cleaned it and I just played with it": Children's perceptions of their roles and responsibilities in the care of family pets", *Childhood* 22, no. 2 (2015): 201-216.

3. Sophie S. Hall, Hannah F. Wright y Daniel S. Mills, «Parent perceptions of the quality of life of pet dogs living with neuro-typically developing and neuro-atypically developing children: An exploratory study», *PLOS ONE* 12, n° 9 (2017): e0185300.

4. Nathaniel J. Hall *et al.*, «Behavioral and self-report measures influencing children's reported attachment to their dog», *Anthrozoös* 29, no. 1 (2016): 137-150.

5. American Veterinary Medical Association (AVMA), «Dog bite prevention», consultado el 31 de marzo de 2018, avma. org/public/Pages/ Dog-Bite-Prevention.aspx

6. Ilana R. Reisner *et al.*, «Behavioural characteristics associated with dog bites to children presenting to an urban trauma centre», *Injury Prevention* 17, no. 5 (2011): 348-353.

7. Yasemin Salgirli Demirbas *et al.*, «Adults' ability to interpret canine body language during a dog-child interaction», *Anthrozoös* 29, no. 4 (2016): 581-596.

8. K. Meints, A. Racca y N. Hickey, «How to prevent dog bite injuries - Children misinterpret dog facial expressions», *Injury Prevention* 16, Suppl 1 (2010): A68.

9. Christine Arhant, Andrea Martina Beetz y Josef Troxler, «Caregiver reports of interactions between children up to 6 years and their family dog-impli-cations for dog bite prevention», *Frontiers in Veterinary Science* 4 (2017): 130.

10. Christine Arhant *et al.*, «Attitudes of caregivers to supervision of child- family dog interactions in children up to 6 years-an exploratory study», *Journal of Veterinary Behavior* 14 (2016): 10-16.

11. Jiabin Shen *et al.*, «Systematic review: Interventions to educate children about dog safety and prevent pediatric dog-bite injuries: A meta-analytic review», *Journal of Pediatric Psychology* 42, no. 7 (2016): 779-791.

12. Sato Arai, Nobuyo Ohtani y Mitsuaki Ohta, «Importance of bringing dogs in contact with children during their socialization period for better behavior», *Journal of Veterinary Medical Science* 73, n° 6 (2011): 747-752.

13. Carlo Siracusa, Lena Provoost e Ilana R. Reisner, «Dog-and owner-related risk factors for consideration of euthanasia

or rehoming before a referral behavioral consultation and for euthanizing or rehoming the dog after the consultation», *Journal of Veterinary Behavior* 22 (2017): 46-56.

CAPÍTULO 9. ¡ES LA HORA DEL PASEO!

1. Dawn Brooks *et al.*, «2014 AAHA weight management guidelines for dogs and cats», *Journal of the American Animal Hospital Association* 50, no. 1 (2014): 1-11.

2. C. A. Pugh *et al.*, «Dogslife: A cohort study of Labrador Retrievers in the UK», *Preventive Veterinary Medicine* 122, no. 4 (2015): 426-435.

3. Sarah E. Lofgren *et al.*, «Management and Personality in Labrador Retriever Dogs», *Applied Animal Behaviour Science* 156 (2014): 44-53.

4. Tiffani J. Howell, Kate Mornement y Pauleen C. Bennett, «Pet dog management practices among a representative sample of owners in Victoria, Australia», *Journal of Veterinary Behavior* 12 (2016): 4-12.

5. Carri Westgarth *et al.*, «Dog behavior on walks and the effect of use of the leash», *Applied Animal Behaviour Science* 125, no. 1-2 (2010): 38-46.

6. Carri Westgarth *et al.*, «I walk my dog because it makes me happy: A qualitative study to understand why dogs motivate walking and improved health», *International Journal of Environmental Research and Public Health* 14, n° 8 (2017): 936.

7. Chris Degeling y Melanie Rock, «It was not just a walking experience": Reflections on the role of care in dog-walking», *Health Promotion International* 28, no. 3 (2012): 397-406.

8. Christine Arhant *et al.*, «Behaviour of smaller and larger dogs: Effects of training methods, inconsistency of owner be-

haviour and level of engagement in activities with the dog», *Applied Animal Behaviour Science* 123, no. 3-4 (2010): 131-142.

9. Chris Degeling, Lindsay Burton y Gavin R. McCormack, «An investigation of the association between socio-demographic factors, dog-exercise requirements, and the amount of walking dogs receive», *Canadian Journal of Veterinary Research* 76, no. 3 (2012): 235-240.

10. Hayley Christian *et al.*, «Encouraging dog walking for health promotion and disease prevention», *American Journal of Lifestyle Medicine* 12, no. 3 (2018): 233-243.

11. Amanda Jane Kobelt *et al.*, «The behaviour of labrador retrievers in suburban backyards: The relationships between the backyard environment and dog behaviour», *Applied Animal Behaviour Science* 106, no. 1-3 (2007): 70-84.

12. Westgarth *et al.*, «Dog behavior on walks and the effect of use of the leash», *Applied Animal Behaviour Science* 125, no. 1-2 (2010): 38-46».

13. Rachel Moxon, H. Whiteside y Gary C.W. England, «Incidence and impact of dog attacks on guide dogs in the UK: an update», *Veterinary Record* 178, n° 15 (2016): 367.

14. Sociedad de San Francisco para la Prevención de la Crueldad contra los Animales (SF SPCA), «Prongs collars: Myths and facts», consultado el 31 de marzo de 2018, sfspca.org/prong/myths

15. John Grainger, Alison P. Wills y V. Tamara Montrose, «The behavioral effects of walking on a collar and harness in domestic dogs (*Canis familiaris*)», *Journal of Veterinary Behavior* 14 (2016): 60-64.

Capítulo 10. Enriquecimiento

1. Nicola J. Rooney y John W.S. Bradshaw, «An experimental study of the effects of play upon the dog-human relationship», *Applied Animal Behaviour Science* 75, no. 2 (2002): 161-176.

2. Ragen T.S. McGowan *et al.*, «Positive affect and learning: Exploring the "Eureka Effect" in dogs», *Animal Cognition* 17, no. 3 (2014): 577- 587.

3. Christine Arhant *et al.*, «Behavior of smaller and larger dogs: Effects of training methods, inconsistency of owner behaviour and level of engagement in activities with the dog», *Applied Animal Behaviour Science* 123, no. 3-4 (2010): 131-142.

4. John Bradshaw y Nicola Rooney, «Dog social behavior and communication», en *The Domestic Dog: Its Evolution, Behavior and Interactions with People*, ed. James Serpell (Cambridge: Cambridge University Press, 2017), 133- 159.

5. George M. Strain, «How well do dogs and other animals hear?», consultado el 31 de marzo de 2018, lsu.edu/deafness/HearingRange.html

6. Lori R. Kogan, Regina Schoenfeld-Tacher, y Allen A. Simon, «Behavioral effects of auditory stimulation on kenneled dogs», *Journal of Veterinary Behavior* 7, no. 5 (2012): 268-275.

7. A. Bowman *et al.*, «Four Seasons" in an animal rescue centre; classical music reduces environmental stress in kennelled dogs», *Physiology & Behavior* 143 (2015): 70-82.

8. Alexandra A. Horowitz, *Being a Dog: Following the Dog into a World of Smell* (Nueva York: Scribner, 2016).

9. C. Duranton y A. Horowitz, «Let me sniff! Nosework induces positive judgment bias in pet dogs», *Applied Animal Behaviour Science* 211 (2019): 61-66.

10. Jocelyn (Joey) M. Farrell *et al.*, «Dog-sport competitors: What motivates people to participate with their dogs in sporting events?», *Anthrozoös* 28, nº 1 (2015): 61-71.

11. Camilla Pastore *et al.*, «Evaluation of physiological and behavioral stress-dependent parameters in agility dogs», *Journal of Veterinary Behavior* 6, no. 3 (2011): 188-194.

12. Anne J. Pullen, Ralph J.N. Merrill y John W.S. Bradshaw, «Habituation and dishabituation during object play in kennel-housed dogs», *Animal Cognition* 15, no. 6 (2012): 1143-1150.

13. Lidewij L. Schipper *et al.*, «The effect of feeding enrichment toys on the behavior of kennelled dogs (*Canis familiaris*)», *Applied Animal Behaviour Science* 114, no. 1-2 (2008): 182-195.

14. Jenna Kiddie y Lisa Collins, «Identifying environmental and management factors that may be associated with the quality of life of kennelled dogs (*Canis familiaris*)», *Applied Animal Behaviour Science* 167 (2015): 43-55.

Capítulo 11. Alimentos y golosinas

1. Erik Axelsson *et al.*, «The genomic signature of dog domestication reveals adaptation to a starch-rich diet», *Nature* 495, no. 7441 (2013): 360.

2. Maja Arendt *et al.*, «Diet adaptation in dog reflects spread of prehistoric agriculture», *Heredity* 117, no. 5 (2016): 301.

3. Maja Arendt *et al.*, «Amylase activity is associated with AMY 2B copy numbers in dog: Implications for dog domestication, diet and diabetes», *Animal Genetics* 45, no. 5 (2014): 716-722.

4. Morgane Ollivier *et al.*, «Amy2B copy number variation reveals starch diet adaptations in ancient European dogs», *Royal Society Open Science* 3, no. 11 (2016): 160449.

5. Tiffani J. Howell, Kate Mornement y Pauleen C. Bennett, «Pet dog management practices among a representative sample of owners in Victoria, Australia», *Journal of Veterinary Behavior* 12 (2016): 4-12.

6. C. A. Pugh *et al.*, «Dogslife: A cohort study of Labrador Retrievers in the UK», *Preventive Veterinary Medicine* 122, no. 4 (2015): 426-435.

7. Kathryn E. Michel, «Unconventional diets for dogs and cats», *Veterinary Clinics: Small Animal Practice* 36, no. 6 (2006): 1269-1281.

8. Vivian Pedrinelli, Márcia de O.S. Gomes y Aulus C. Carciofi, «Analysis of recipes of home-prepared diets for dogs and cats published in Portuguese», *Journal of Nutritional Science* 6 (2017): e33.

9. Andrew Knight y Madelaine Leitsberger, «Vegetarian versus meat-based diets for companion animals», *Animals* 6, no. 9 (2016): 57.

10. Daniel P. Schlesinger y Daniel J. Joffe, «Raw food diets in companion animals: A critical review», *The Canadian Veterinary Journal* 52, nº 1 (2011): 50.

11. Freek P.J. van Bree *et al.*, «Zoonotic bacteria and parasites found in raw meat-based diets for cats and dogs», *Veterinary Record* 182, nº 2 (2018): 50.

12. J. Boyd, «Should you feed your pet raw meat? The real risks of a "traditional" dog diet», 2018, phys.org/news/2018-01-pet-raw-meat-real-traditional.html

13. ASPCA Poison Control, «People foods to avoid feeding your pet», consultado el 30 de septiembre de 2018, aspca.org/

petal- care/animal-poison- control/people-foods-avoid-feed ing-your- pets

14. Giada Morelli *et al.*, «Study of ingredients and nutrient composition of commercially available treats for dogs», *Veterinary Record* 182, n° 12 (2018): 351.

15. Ernie Ward, Alexander J. German y Julie A. Churchill, «The Global Pet Obesity Initiative position statement», consultado el 29 de diciembre de 2018, petobesityprevention.org/about

16. Elizabeth M. Lund *et al.*, «Prevalence and risk factors for obesity in adult dogs from private US veterinary practices», *International Journey of Applied Research in Veterinary Medicine* 4, no. 2 (2006): 177; P.D.; McGreevy *et al.*, «Prevalence of obesity in dogs examined by Australian veterinary practices and the risk factors involved», *Veterinary Record- English Edition* 156, no. 22 (2005): 695-701.

17. Alexander J. German *et al.*, «Dangerous trends in pet obesity», *Veterinary Record* 182, n° 1 (2018): 25.

18. Ellen Kienzle, Reinhold Bergler y Anja Mandernach, «A comparison of the feeding behavior and the human-animal relationship in owners of normal and obese dogs», *The Journal of Nutrition* 128, no. 12 (1998): 2779S-2782S.

19. Vanessa I. Rohlf *et al.*, «Dog obesity: Can dog caregivers' (owners') feeding and exercise intentions and behaviors be predicted from attitudes?», *Journal of Applied Animal Welfare Science* 13, no. 3 (2010): 213-236.

20. Marta Krasuska y Thomas L. Webb, «How effective are interventions designed to help owners to change their behaviour so as to manage the weight of their companion dogs? A systematic review and meta-analysis», *Preventive Veterinary Medicine* 159, n° 1 (2018): 40-50.

21. Carina Salt *et al.*, «Association between life span and body condition in neutered client-owned dogs», *Journal of Veterinary Internal Medicine* 33, nº 1 (2018): 89-99.

22. Hospital Veterinario Banfield, «Obesity is an epidemic», consultado el 29 de septiembre de 2018, banfield.com/state-of-pet- health/obesity

23. Jaak Panksepp y Margaret R. Zellner, «Towards a neurobiologically based unified theory of aggression», *Revue internationale de psychologie sociale* 17 (2004): 37-62.

24. Ray Coppinger y L. Coppinger, *Dogs: A Startling New Understanding of Canine Origin, Behavior and Evolution* (Nueva York: Scribner, 2001).

25. Monique A. R. Udell *et al.*, «Exploring breed differences in dogs (*Canis familiaris*): Does exaggeration or inhibition of predatory response predict performance on human-guided tasks?», *Animal Behaviour* 89 (2014): 99-105; D. Horwitz, *Blackwell's Five-Minute Veterinary Consult Clinical Companion: Canine and Feline Behavior*, 2ª edition (Oxford, Reino Unido: Wiley Blackwell, 2017).

Capítulo 12. Perros dormidos

1. C. A. Pugh *et al.*, «Dogslife: A cohort study of Labrador Retrievers in the UK», *Preventive Veterinary Medicine* 122, no. 4 (2015): 426-435.

2. Tiffani J. Howell, Kate Mornement y Pauleen C. Bennett, «Pet dog management practices among a representative sample of owners in Victoria, Australia», *Journal of Veterinary Behavior* 12 (2016): 4-12.

3. Victoria L. Voith, John C. Wright y Peggy J. Danneman, «Is there a relationship between canine behavior problems and

spoiling activities, anthropomorphism, and obedience train-ing?», *Applied Animal Behaviour Science* 34, no. 3 (1992): 263-272.

4. Bradley Smith *et al.*, «The prevalence and implications of human-animal co-sleeping in an Australian sample», *Anthrozoös* 27, no. 4 (2014): 543-551.

5. Christy L. Hoffman, Kaylee Stutz y Terrie Vasilopoulos, «An examination of adult women's sleep quality and sleep rou-tines in relation to pet ownership and bedsharing», *Anthrozoös* 31, no. 6 (2018): 711-725.

6. Simona Cannas *et al.*, «Factors associated with dog behav-ioral problems referred to a behavior clinic», *Journal of Veteri-nary Behavior* 24 (2018): 42-47.

7. Dorothea Döring *et al.*, «Use of beds by laboratory beagles» *Journal of Veterinary Behavior* 28 (2018): 6-10.

8. Dorothea Döring *et al.*, «Behavioral observations in dogs in 4 research facilities: Do they use their enrichment?», *Journal of Veterinary Behavior* 13 (2016): 55-62.

9. Brian M. Zanghi *et al.*, «Effect of age and feeding schedule on diurnal rest/activity rhythms in dogs», *Journal of Veterinary Behavior* 7, no. 6(2012): 339-347.

10. Scott S. Campbell e Irene Tobler, «Animal sleep: A review of sleep duration across phylogeny», *Neuroscience & Biobehavioral Reviews* 8, no. 3 (1984): 269-300.

11. Sara C. Owczarczak-Garstecka y Oliver H.P. Burman, «Can sleep and resting behaviours be used as indicators of welfare in shelter dogs (*Canis lupus familiaris*)?», *PLOS ONE* 11, no. 10 (2016): e0163620.

12. Brian M. Zanghi *et al.*, «Effect of age and feeding schedule on diurnal rest/activity rhythms in dogs», *Journal of Veterinary Behavior* 7, no. 6(2012): 339-347.

13. Brian M. Zanghi *et al.*, «Characterizing behavioral sleep using actigraphy in adult dogs of various ages fed once or twice daily», *Journal of Veterinary Behavior* 8, no. 4 (2013): 195-203.

14. R. Fast *et al.*, «An observational study with long-term follow-up of canine cognitive dysfunction: Clinical characteristics, survival, and risk factors», *Journal of Veterinary Internal Medicine* 27, no. 4 (2013):822-829.

15. G. J. Adams y K. G. Johnson, «Behavioral responses to barking and other auditory stimuli during night-time sleeping and waking in the domestic dog (*Canis familiaris*)», *Applied Animal Behaviour Science* 39, no. 2 (1994): 151-162.

16. G. J. Adams y K. G. Johnson, «Sleep-wake cycles and other night-time behaviors of the domestic dog *Canis familiaris*», *Applied Animal Behaviour Science* 36, no. 2 (1993): 233-248.

17. Anna Kis *et al.*, «Sleep macrostructure is modulated by positive and negative social experience in adult pet dogs», *Proceedings of the Royal Society B* 284, no. 1865 (2017): 20171883.

18. Anna Kis *et al.*, «The interrelated effect of sleep and learning in dogs (*Canis familiaris*); an EEG and behavioural study», *Scientific Reports* 7 (2017): 41873.

19. Helle Demant *et al.*, «The effect of frequency and duration of training sessions on acquisition and long-term memory in dogs», *Applied Animal Behaviour Science* 133, no. 3-4 (2011): 228-234.

Capítulo 13. El miedo y otros problemas

1. Niwako Ogata, «Separation anxiety in dogs: What progress has been made in our understanding of the most common behavioral problems in dogs?», *Journal of Veterinary Behavior* 16 (2016): 28-35.

2. E. L. Buckland *et al.*, «Prioritisation of companion dog welfare issues using expert consensus», *Animal Welfare* 23, no. 1 (2014): 39-46.

3. Alexandra Horowitz, «Disambiguating the "guilty look": Salient prompts to a familiar dog behaviour», *Behavioural Processes* 81, no. 3 (2009): 447-452.

4. Julie Hecht, Ádám Miklósi y Márta Gácsi, «Behavioral assessment and owner perceptions of behaviors associated with guilt in dogs», *Applied Animal Behaviour Science* 139, no. 1-2 (2012): 134-142.

5. James A. Serpell y Deborah L. Duffy, «Aspects of juvenile and adolescent environment predict aggression and fear in 12-month-old guide dogs», *Frontiers in Veterinary Science* 3 (2016): 49.

6. Isain Zapata, James A. Serpell y Carlos E. Álvarez, «Genetic mapping of canine fear and aggression», *BMC Genomics* 17, no. 1 (2016): 572.

7. Moshe Szyf, «DNA methylation, behavior and early life adversity», *Journey of Genetics and Genomics* 40, no. 7 (2013): 331-338; Jana P. Lim y Anne Brunet, «Bridging the transgenerational gap with epigenetic memory», *Trends in Genetics* 29, no. 3 (2013): 176-186.

8. Patricia Vetula Gallo, Jack Werboff y Kirvin Knox, «Development of home orientation in offspring of protein-restricted

cats», *Developmental Psychobiology: The Journal of the International Society for Developmental Psychobiology* 17, no. 5 (1984): 437-449.

9. Pernilla Foyer, Erik Wilsson y Per Jensen, «Levels of maternal care in dogs affect adult offspring temperament», *Scientific Reports* 6 (2016): 19253.

10. Giovanna Guardini *et al.*, «Influence of morning maternal care on the behavioural responses of 8-week-old Beagle puppies to new environmental and social stimuli», *Applied Animal Behaviour Science* 181 (2016): 137-144.

11. Lisa Jessica Wallis *et al.*, «Demographic change across the lifespan of pet dogs and their impact on health status», *Frontiers in Veterinary Science* 5 (2018): 200.

12. Michele Wan, Niall Bolger y Frances A. Champagne, «Human perception of fear in dogs varies according to experience with dogs», *PLOS ONE* 7, no. 12 (2012): e51775.

13. Emily J. Blackwell, John W.S. Bradshaw y Rachel A. Casey, «Fear responses to noises in domestic dogs: Prevalence, risk factors and co-occurrence with other fear related behaviour», *Applied Animal Behaviour Science* 145, no. 1-2 (2013): 15-25.

14. Rachel A. Casey *et al.*, «Human directed aggression in domestic dogs (*Canis familiaris*): Occurrence in different contexts and risk factors», *Applied Animal Behaviour Science* 152 (2014): 52-63.

15. Animal Legal and Historical Center, «Ontario Statutes-Dog Owners' Liability Act», consultado el 16 de marzo de 2019, animallaw.info/statute/canada-ontario-dog-owners-liability-act

16. L. S. Weiss, «Breed-specific legislation in the United States», Ani- mal Legal and Historical Center, 2001, animallaw.info/article/ breed-specific-legislation-united-states

17. Royal Society for the Prevention of Cruelty to Animals (RSPCA), «Breed specific legislation, a dog's dinner», 2016, rspca.org.uk/webContent/ staticImages/Downloads/BSL_Report.pdf

18. Páraic Ó Súilleabháin, «Human hospitalisations due to dog bites in Ireland (1998-2013): Implications for current breed specific legislation», *The Veterinary Journal* 204, no. 3 (2015): 357-359.

19. Finn Nilson *et al.*, «The effect of breed-specific dog legislation on hospital treated dog bites in Odense, Denmark-a time series intervention study», *PLOS ONE* 13, no. 12 (2018): e0208393.

20. Christy L. Hoffman *et al.*,«Is that dog a pit bull? A cross-country comparison of perceptions of shelter workers regarding breed identification», *Journal of Applied Animal Welfare Science* 17, no. 4 (2014):322-339.

21. Ciudad de Calgary, «Bylaws related to dogs», consultado el 31 de marzo de 2018, calgary.ca/CSPS/ABS/Pages/By laws-by- topic/Dogs.aspx

22. René Bruemmer, «How Calgary reduced dog attacks without banning pit Bulls», *Montreal Gazette*, 1 de septiembre de 2016.

23. Carri Westgarth y Francine Watkins, «A qualitative investigation of the perceptions of female dog-bite victims and implications for the prevention of dog bites», *Journal of Veterinary Behavior* 10, no. 6 (2015):479-488.

24. Nicole S. Starinsky, Linda K. Lord y Meghan E. Herron, «Escape rates and biting histories of dogs confined to their owner's property through the use of various containment methods», *Journal of the American Veterinary Medical Association* 250, no. 3 (2017): 297-302.

25. Meghan E. Herron, Frances S. Shofer e Ilana R. Reisner, «Survey of the use and outcome of confrontational and non-confrontational training methods in client-owned dogs showing undesired behaviors», *Applied Animal Behaviour Science* 117, no. 1-2 (2009): 47-54.

26. Karen Overall, *Manual of Clinical Behavioral Medicine for Dogs and Cats* (St. Louis, MO: Elsevier Health Sciences, 2013).

27. E. Blackwell, R. A. Casey y J. W. S. Bradshaw, «Controlled trial of behavioural therapy for separation-related disorders in dogs», *Veterinary Record* 158, no. 16 (2006): 551-554.

28. Malena DeMartini-Price, *Treating Separation Anxiety in Dogs* (Wenatchee, WA: Dogwise Publishing, 2014).

29. Jacquelyn A. Jacobs *et al.*, «Ability of owners to identify resource guarding behaviour in the domestic dog», *Applied Animal Behaviour Science* 188 (2017): 77-83.

30. Heather Mohan-Gibbons, Emily Weiss y Margaret Slater, «Preliminary investigation of food guarding behavior in shelter dogs in the United States», *Animals* 2, no. 3 (2012): 331-346; Amy R. Marder *et al.*, «Food-related aggression in shelter dogs: A comparison of behavior identified by a behavior evaluation in the shelter and owner reports after adoption», *Applied Animal Behaviour Science* 148, n° 1-2 (2013): 150-156.

31. Jacquelyn A. Jacobs *et al.*, «Factors associated with canine resource guarding behaviour in the presence of people: A cross-sectional survey of dog owners», *Preventive Veterinary Medicine* 161 (2018): 143-153.

32. En general, *Manual of Clinical Behavioral Medicine for Dogs and Cats*.

33. Ana Luisa Lopes Fagundes *et al.*, «Noise sensitivities in dogs: An explotion of signs in dogs with and without musculoskeletal pain using qualitative content analysis», *Frontiers in Veterinary Science* 5(2018): 17.

34. Carlo Siracusa, Lena Provoost e Ilana R. Reisner, «Dog- and owner-related risk factors for consideration of euthanasia or rehoming before a referral behavior consultation, and for euthanizing or rehoming the dog after the consultation», *Journal of Veterinary Behavior* 22 (2017): 46-56.

Capítulo 14. Perros mayores
Y con necesidades especiales

1. Lisa Jessica Wallis *et al.*, «Lifespan development of attentiveness in domestic dogs: Drawing parallels with humans», *Frontiers in Psychology* 5(2014): 71.

2. Jan Bellows *et al.*, «Common physical and functional changes asso- ciated with aging in dogs», *Journal of the American Veterinary Medical Association* 246, n° 1 (2015): 67-75; Hannah E. Salvin *et al.*, «The effect of breed on age-related changes in behavior and disease prevalence in cognitively normal older community dogs, *Canis lupus familiaris*», *Journal of Veterinary Behavior* 7, n° 2 (2012): 61-69.

3. Naomi Harvey, «Imagining life without Dreamer», *Veterinary Record* 182(2018): 299.

4. Durga Chapagain *et al.*, «Aging of attentiveness in Border Collies and other pet dog breeds: The protective benefits of lifelong training», *Frontiers in Aging Neuroscience* 9 (2017): 100.

5. Elizabeth Head, «Combining an antioxidant-fortified diet with behavioural enrichment leads to cognitive improvement and reduced brain pathology in aging canines: Strategies for healthy aging», *Annals of the New York Academy of Sciences* 1114, no. 1 (2007): 398-406.

6. Yuanlong Pan *et al.*, «Cognitive enhancement in old dogs from dietary supplementation with a nutrient blend containing arginine, antioxidants, B vitamins and fish oil», *British Journal of Nutrition* 119, no. 3 (2018): 349-358.

7. Valeri Farmer-Dougan *et al.*, «Behavior of hearing or vision impaired and normal hearing and vision dogs (*Canis lupis familiaris*): Not the same, but not that different», *Journal of Veterinary Behavior* 9, n°6 (2014): 316-323.

8. J. Kirpensteijn, R. Van, y N. Endenburg Bos, «Adaptation of dogs to the amputation of a limb and their owners' satisfaction with the procedure», *Veterinary Record* 144, no. 5 (1999): 115-118.

Capítulo 15. El final de la vida

1. Mai Inoue, Mai Inoue, «A current life table and causes of death for insured dogs in Japan», *Preventive Veterinary Medicine* 120, n° 2 (2015): 210-218.

2. V. J. Adams *et al.*, «Methods and mortality results of a health survey of purebred dogs in the UK», *Journal of Small Animal Practice* 51, no. 10 (2010): 512-524.

3. J. M. Fleming, K. E. Creevy y D. E. L. Promislow, «Mortality in North American dogs from 1984 to 2004:An investigation into age-, size-, and breed-related causes of death», *Journal of Veterinary Internal Medicine* 25, n° 2 (2011): 187-198.

4. D. G. O'Neill *et al.*, «Longevity and mortality of owned dogs in England», *The Veterinary Journal* 198, no. 3 (2013): 638-643.

5. Peter Sandøe, Clare Palmer y Sandra Corr, «Human attachment to dogs and cats and its ethical implications», en *22nd FECAVA Eurocongress* 31 (2016): 11-14.

6. Belshaw *et al.*, «Quality of life assessment in domestic dogs: An evidence- based rapid review», *The Veterinary Journal* 206, n° 2 (2015): 203-212.

7. Alice Villalobos, «Cancers in dogs and cats», en H*ospice and Palliative Care for Companion Animals: Principles and Practice*, eds. A. Shanan, T. Shearer y J. Pierce (Hoboken: Wiley-Blackwell, 2017): 89-100.

8. Vivian C. Fan *et al.*, «Retrospective survey of owners' experiences with palliative radiation therapy for pets», *Journal of the American Veterinary Medical Association* 253, no. 3 (2018): 307-314.

9. Stine Billeschou Christiansen *et al.*, «Veterinarians' role in clients" decision-making regarding seriously ill companion animal patients», A*cta Veterinaria Scandinavica* 58, no. 1 (2015): 30.

10. Sandra Barnard-Nguyen *et al.*, «Pet loss and grief: Identifying at-risk pet owners during the euthanasia process», *Anthrozoös* 29, no. 3 (2016): 421-430.

11. Lilian Tzivian, Michael Friger y Talma Kushnir, «Associations between stress and quality of life differences between owners keeping a living dog or losing a dog by euthanasia», *PLOS ONE* 10, no. 3 (2015): e0121081.

12. Jessica K. Walker, Natalie K. Waran y Clive J. C. Phillips, «Owners" perceptions of their animal's behavioral response to the loss of an animal companion», *Animals* 6, no. 11 (2016): 68.

13. Sakiko, Yamazaki, «A survey of companion-animal owners affected by the East Japan Great Earthquake in Iwate and Fukushima Prefectures, Japan», *Anthrozoös* 28, no. 2 (2015): 291-304.

AGRADECIMIENTOS

Muchas personas han apoyado este libro y se lo agradezco a todas ellas. Gracias a todos los que hablaron conmigo o respondieron a las preguntas por correo electrónico y se tomaron el tiempo de pensar en su investigación desde la perspectiva de un perro.

Jean Donaldson es la mejor mentora de adiestramiento canino que se puede pedir y yo recurro a la profunda formación de la Academia en materia de adiestramiento canino todo el tiempo.

Si no escribiera en el blog, no habría pensado en escribir este libro, y todos los que han dado me gusta, compartido o dejado un comentario agradable en *Psicología de los animales de compañía* me han animado a seguir adelante. Gracias, en particular, a Marc Bekoff, Mia Cobb, Mikel Delgado, Julie Hecht, Jessica Hekman, Hal Herzog, Kat Littlewood y Kate Mornement por poner el listón muy alto en los blogs de ciencia, a Eileen Anderson por su blog de adiestramiento de perros (¡quien no siga sus blogs debería hacerlo!), y a Malcolm M. Campbell por todos los juegos de palabras y lo compartido. Aprecio mucho al equipo de Science Borealis por todo lo que hacen para apoyar los blogs científicos canadienses.

Agradezco especialmente a Kristi Benson, Sylvie Martin y Beth Sautins su amistad y sus útiles comentarios sobre versiones anteriores de algunos capítulos. Agradezco a Suzanne Bryner, Nickala Squire, Cara Moynes, Nick Honor, Joan Hunter-Mayer, Tim Steele, Kathrine Mancuso Christ, Julie Parker, Jody Karow, Jenn Bauer, Joan Grassbaugh Forry, Kayla Block,

Lori Nanan, Melanie Diantoniis Cerone, Rachel Szumel, Linda Green, Erica Beckwith, Claudine Prud'homme, y todos los del grupo de escritura de la Academia por todo el ánimo y la comprensión a lo largo del camino. Las amables palabras de Kathy Sdao han significado más de lo que podéis imaginar. Y gracias a Roy y Frankie Todd, Stef Harvey, Bonnie Hartney, Helen Verte, Tracy Krulik, Kim Monteith, Eva Kifri, Nathalie Mosbach Smith, Corey Van't Haaff, José Kahan Oblatt, y a todo el grupo de caminantes por su apoyo.

Rummy Evans, de Bad Monkey Photography, Jean Ballard, Kristy Francis y Christine Michaud han tenido la amabilidad de permitirme utilizar sus maravillosas fotos de perros.

He aprendido de todos los perros con los que he estado y/o entrenado a lo largo de los años, pero en particular de Fantasma, Bodger, Charlie, Rex, Burton, Marshall, Tess, Johnny Ombré y Junior.

Siempre estaré agradecida a mi primera agente, Trena White, y a mi nueva agente, Fiona Kenshole, por sus inestimables consejos. Gracias a todas las personas de Greystone Books, que han trabajado tan duro para hacer realidad este libro y han ayudado a garantizar que sea lo mejor posible. Estoy especialmente agradecida a mi editora, Lucy Kenward, por su curiosidad, paciencia y orientación; el libro es mucho mejor gracias a su aportación. Gracias a mi correctora, Rowena Rae, por aportar consistencia y claridad al manuscrito.

Un agradecimiento especial a Al por su apoyo y ánimo en todo momento.

Ni que decir tiene que todos los errores y omisiones son míos.

Este libro se terminó de imprimir en el mes de marzo de 2022
en QP Quality Print Gestión y Producción Gráfica, S. L.
Molins de Rei (Barcelona).